中國全覆蓋背景下養老保險可持續發展研究
——以財務可持續為主線

唐 青○著

崧燁文化

摘　要

　　中國養老保險已經實現了製度全覆蓋，下一步將從製度全覆蓋向法定人員全覆蓋跨越，成效十分顯著。全覆蓋是養老保險改革發展的巨大成就，同時也給養老保險體系帶來巨大挑戰，製度實現全覆蓋之後，政策調整的空間將越來越小，財務平衡的風險急遽增大，實現養老保險製度的可持續發展顯得極為關鍵。尤其是在人口老齡化不斷加深的背景下，養老保險財務可持續性問題將更加凸顯。總體上講，中國多層次的養老保險體系雖已基本確立，製度架構正在逐步定型，基金整體上還是收大於支，但現行製度中仍然有諸多問題需要進一步探討論證，如全覆蓋後基本養老保險長期償付能力如何評估、政府在養老保險領域的財政責任有多大、製度架構是否有優化的空間、製度參數是否已經合理。該選題的意義在於探討如何進一步完善多層次養老保險體系的製度架構、改革路徑和關鍵技術，積極應對人口老齡化給養老保險基金帶來的現實和潛在的支付壓力，致力於如何更好地解決「老有所養」問題。

　　養老保險可持續發展不能被簡單地界定為基金收支長期平衡，應當從養老保險的本質去理解它與可持續發展理念之間的內在聯繫。本書將養老保險的本質界定為代際的交換關係，將謀求代際公平確定為養老保險可持續發展的核心命題，基金收支平衡僅僅是養老保險可持續發展的物質基礎，因此財務可持續只是養老保險製度可持續發展的表現形式。本書以財務可持續為主線，將製度、人口和其他相關參數等影響基金長期收支平衡的主要因素結合在一起進行綜合分析，闡明了在製度全覆蓋和人口老齡化趨勢難以改變的背景下，由於製度設計本身存在的重大缺陷，僅僅通過參量改革難以解決養老保險的財務可持續問題，只有回到製度建設本身，通過結構性改革，對製度進行全面優化，才有可能實現代際的分配正義和養老保險的可持續發展。

　　本書由七章構成：

　　第一章　導論。本章交代了研究的背景意義，對已有的相關文獻進行評述，

並提出研究思路和創新方向。

第二章 養老保險可持續發展的理論分析。本章分析養老保險、代際公平、可持續發展等核心概念之間的內在聯繫，闡明養老保險可持續發展是以實現代際公平為價值指向的發展。養老保險的代際公平問題可以從製度公平正義和基金的財務可持續性兩個層面來闡釋。儘管本書的主線是分析基金的財務可持續問題，但離開製度的目標去單純談基金收支平衡，必然缺乏價值評判的基礎。只有將二者結合起來，才能認識財務可持續的本質。

第三章 中國養老保險製度全覆蓋及運行評估。本章考察現行製度的沿革，評估參保擴面和基金收支狀況，反思製度設計存在的重大局限，闡釋財務不可持續的製度因素。目前製度中與可持續發展不協調的矛盾和問題主要有：城鎮職工養老保險缺乏系統性的頂層設計，對現收現付制和基金累積制的製度價值定位不明確，對個人帳戶性質的界定也是搖擺不定；多層次養老保險體系發展極不均衡，基本養老保險製度「一支獨大」，企業年金和商業養老保險發展遲滯；個人帳戶長期按照一年期存款利率計息，損害了參保人利益；統籌層次較低，基金地區分割不利於調劑使用和分散風險。

第四章 人口老齡化對養老保險財務可持續的影響。本章分析人口老齡化對養老保險財務可持續的影響。由於人口老齡化是影響養老保險可持續發展的最大約束條件，本章在人口預測的基礎上進一步測算了養老保險製度覆蓋人口，並以製度撫養比將人口老齡化與基金財務可持續聯繫在一起。預測表明，到2050年，勞動年齡人口與60歲以上人口的比值為1.2，16~64歲勞動年齡人口與65歲以上人口的比值為1.9。人口結構的改變必然導致養老保險製度撫養比的改變，在現有的退休製度下，到2050年城鎮職工養老保險的製度撫養比將下降為1左右。

第五章 養老保險財務可持續的參量約束分析。本章重點對工資增長率、利率、退休年齡、繳費率、替代率和財政補貼等影響基金收支的主要因素進行分析，證明僅僅進行參量調整是無法解決財務可持續性這一難題的。經濟增長速度對養老保險基金精算平衡的影響主要通過工資增長率和投資收益率兩個中間變量來實現。提高法定退休年齡從增加繳費人口和減少待遇領取人口兩個方面對基金收支發揮效果。測算表明：延遲退休後城鎮職工養老保險撫養比為1.52，比原退休製度下的撫養比高0.54。養老金替代率是衡量養老金水平的重要指標，也是影響養老保險基金平衡的重要參數。繳費率的問題主要是名義繳費率與實際繳費率之間的差距，在人口老齡化不斷加速的背景下，提高繳費率可以在一定程度上緩解養老金收支壓力。政府在養老保險基金精算平衡上負

有兜底的責任，對於目前三種養老保險製度，財政責任範圍不一樣。

第六章 製度優化與養老保險可持續發展。本章闡述優化養老保險製度設計的思路，即通過結構性改革和參量改革相結合的方式，來最終實現養老保險可持續發展的目標。

第七章 結論。本章提出本書的主要結論和一些政策建議。主要結論包括：

（1）養老保險可持續發展的核心在於公平公正地處理代際分配矛盾。

（2）人口老齡化是相當長時期內影響養老保險可持續發展的關鍵約束條件。

（3）解決人口老齡化背景下養老保險財務可持續問題的根本途徑在於提高勞動參與率和勞動生產率，實現經濟的健康可持續增長。

（4）擴大養老保險覆蓋面是追求代際公平的必然選擇，而不是為了保待遇發放的目標。

（5）做實個人帳戶不是應對人口老齡化的唯一有效措施，相反，做實的個人帳戶還會面臨基金貶值風險，個人帳戶採用名義帳戶制模式更為合理。

（6）提高法定退休年齡或降低公共養老保險替代率是必然的趨勢。

（7）繳費率調整對基金平衡的效應十分明顯，在降低名義繳費率的同時必須做實繳費基數，縮小實際繳費率與名義繳費率的差距。

（8）政府必須清晰界定自己在養老保險領域的責任，政府鎖定基本責任，將更高的替代率獲取交給市場和參保者個體去承擔。

（9）增強城鄉居民基本養老保險製度吸引力的關鍵是增加繳費補貼和制定合理的記帳利率。

（10）政府要通過稅收優惠和加強監管等途徑，積極支持企業年金和商業養老保險的健康發展。

本研究在以下幾個方面有所創新：

（1）以全覆蓋為背景對中國養老保險可持續發展進行系統性研究。社會保險「全覆蓋」是最近兩三年才出現的新提法和新要求，本書以「全覆蓋」為背景對養老保險的財務可持續問題進行了理論分析和實證分析，並提出了具有前瞻性的政策儲備，至少筆者目前沒發現有類似的研究。以「全覆蓋」為視角研究養老保險的新意體現在三個方面：其一，不再以某項製度、某類人群為劃分標準來對養老保險製度進行分類研究，而是將現行的多項製度視為養老保險體系的有機組成部分，統籌規劃整個養老保險體系的可持續發展。其二，設定「法定人員全覆蓋」的標準和時間節點，將所有適齡人口都納入製度覆蓋範疇，將總人口規模和結構分布作為製度覆蓋人口的假設條件，在此基礎上

預測社會養老保險項目的繳費人口數和待遇領取人口數，也為估算財政的總體負擔提供了依據。其三，對基本養老保險的三項製度同時進行研究，可以動態考慮不同製度之間的人員轉移接續問題。

（2）拓展了養老保險可持續發展概念的內涵。本書以代際關係為紐帶，將「養老保險」與「可持續發展」兩個概念有機結合起來。養老保險的本質是代際的交換關係，可持續發展的核心內容也是如何公正地處理代際關係，從這個意義上講，養老保險可持續發展就是以代際分配公平為價值取向的製度設計和製度運行。雖然公平性是養老保險的本質特徵這一觀點並不新奇，但是以代際關係為視角來分析，使得概念的邏輯關係更為嚴密，在製度的公平性與基金的財務可持續性關係上，內容與形式一目了然。

（3）對中國多層次養老保險製度優化提出新的方案並進行精算評估。本書在借鑑國內外研究成果的基礎上，在充分考慮現行製度的路徑依賴且不新增一項製度的前提下，通過結構性調整和參數調整，使原來雜亂無章的體系顯得更加清晰，製度目標更加明確，並採用精算方法對優化後的製度進行了可持續性評估。數據測算量大是本書的一大特點，所有測算沒有簡單地採用他人的現成數據，而是利用精算原理和會計平衡原理，對製度覆蓋人口、替代率、轉軌成本、財政補貼、基金缺口的測算方法進行詳細論證，然後選擇合理的參數假設計算得出自己的結果。通過與其他學者或研究機構的測算結果進行比對，本書的測算具有較高的可信度。書中養老保險製度覆蓋人口測算、提高法定退休年齡的效應測算、替代率和繳費率變動與基金收支缺口關係的測算、現行製度下養老保險的財政投入規模和基金缺口測算、養老保險轉軌成本測算、平均繳費年限估算等方法都有所創新。

關鍵詞： 養老保險製度優化　可持續發展　財務可持續　人口老齡化　全覆蓋

Abstract

Nowadays, the coverage of old-age insurance system has extended urban and rural areas in China. The task of making sure of the implement to each individual is in the next step. The reform has a remarkable achievement, also faced a huge challenge. With the policy adjustment space become smaller and smaller, the financial balance risk increase sharply. Especial under the background of population aging, the issue of system sustainability is particularly important.

Generally speaking, although China's multi-pillar old-age insurance system has been established, the system structure has been gradually finalized; the pension fund revenues are over expenditures, there are still many problems to be further discussed, such as: how to assess the long-term solvency of the pension system after full coverage; how to defined government financial responsibility in the field of old-age insurance; whether there is a space for system structure optimization; whether the system parameters are reasonable. The significance of this study is to discuss how to improve the system structure, the reform path and the key technology in multi-pillar pension system. Meanwhile, the research is respond to the potential payment pressure under aging and how to solve the 「security」 problem better.

The sustainable development of the old age insurance can't be defined as the long-term fund balance simply. It is necessary to understand the natural link between the concept of sustainable development and the nature of the old-age insurance. In this paper, the essence of old-age insurance is defined as the transfer-relationship between generations. Therefor, the intergenerational equity is a core proposition and key element for pension system sustainable development; the fund revenue and expenditure balance is only the material basis; the financial sustainability is only the manifestation too.

This paper takes the financial sustainability as the main line, makes a comprehensive analysis of the main factors (such as system, population & related parameters) that will affect the balance of fund payments in long-term; meanwhile, the research explain a fact that because of the major defects of the system design, it is difficult to solve the problem of pension insurance financial sustainability by the parameters reform under the background of full coverage and aging. As the result, the best way is only to pay attention to the construction of the system itself, optimize the system and take the structural reform. It is a possible way to make achievements in distribution justice and sustainable development of old-age insurance.

This paper consists of seven chapters:

The first chapter introduces the research background and significance, makes a review of the existing literatures, and puts forward to the research framework and innovation direction.

The second chapter analyzes the inner link among old-age insurance, the intergenerational equity and the sustainable development; explain the sustainable development of old-age insurance is to realize the intergenerational equity.

The issue of intergenerational equity of old-age insurance can be explained from two aspects: one is system equity and justice; the other is financial sustainability of the fund. It is ineffective and lack of basic value judgment to talk about the fund balance of payments if not consider the system. Only by combining the two together, the financial sustainability evaluation system can be determined.

The third chapter inspects the evolution of the current system construction; assess system coverage expansion and fund revenue and expenditure; rethink the major limitations of system design; explain factors that make system unsustainable in finance.

The fourth chapter is to predict and study China's aging trend. Consider population aging is the biggest constraint on the sustainable development of old-age insurance, the system coverage is further calculated on the basis of population prediction in this chapter, the aging and financial sustainable are also linked based on the point of dependency ratio.

The fifth chapter focuses on some main factors (such as wage growth rate, interest rate, retirement age, contribution rate, replacement rate and financial subsidy) that effect on fund balance. And it is proved that only through parameter adjustment unable to solve the problem of financial sustainability.

The sixth chapter discusses how to optimize the system design. It is necessary to combine structural reform with parametric reform to achieve the goal of sustainable development.

The seventh chapter is the main conclusions and policy recommendations.

The main conclusions are following:

(1) The key content of the system sustainable development is to deal with intergenerational conflict.

(2) Population aging is a key constraint to the system sustainable development in the present and the future.

(3) It is ineffective measures that make real individual accounts, on the contrary, that will face the depreciation fund risk.

(4) System design should take the principle of actuarial balance; pension fund balance is the material base to realize the intergenerational equity in long term.

(5) Expand system coverage is the inevitable choice for pursuit of intergenerational equity, rather than to get the treatment target.

(6) Wage growth rate has not obvious effect on pension fund balance.

(7) It is obvious that the effect of payment rate and replacement rate on fund balance.

(8) It is an inevitable trend to rise the legal retirement age and to reduce the public pension replacement rate. However, consider the two factors refer to intergeneration fairness and justice, more cautious needed.

(9) Government must play a more active role in the system sustainable development.

The main innovations are following:

(1) Redefine the connotation and extension of the pension system sustainable development.

(2) Assess China's pension system financial sustainability under the full coverage, improve the predict model and methods of the data analysis.

(3) Put forward to the new scheme of multi-pillar pension system optimization and make a empirical test.

Keywords: Public Pension the Financial Sustainability;
System Optimization Population AgingFull Coverage

目　錄

1　導論 / 1
    1.1　選題背景和意義 / 1
        1.1.1　問題的提出 / 1
        1.2.1　研究意義和價值 / 4
    1.2　相關研究文獻評述 / 5
        1.2.1　關於養老保險可持續發展研究 / 5
        1.2.2　關於養老保險基金平衡的精算方法及應用研究 / 8
        1.2.3　關於國內養老保險製度模式選擇及改革方案的研究 / 10
        1.2.4　文獻評述小結 / 13
    1.3　研究思路與方法 / 14
        1.3.1　研究思路和邏輯框架 / 14
        1.3.2　主要內容 / 15
        1.3.3　主要研究方法 / 17
        1.3.4　本研究的創新與不足 / 18
        1.3.5　概念辨析 / 19

2　**養老保險可持續發展的理論分析** / 21
    2.1　代際交換與養老製度 / 21
        2.1.1　家庭養老是家庭內部的代際交換 / 21
        2.1.2　社會養老是社會化的代際交換 / 24
        2.1.3　養老保險本質是代際經濟交換關係 / 27
        2.1.4　養老保險代際交換關係的經濟學模型 / 30

2.2 養老保險可持續發展的內涵 / 32
  2.2.1 代際公平與可持續發展具有相同的價值指向 / 32
  2.2.2 養老保險代際公平的界定 / 33
  2.2.3 謀求代際公平是養老保險製度可持續發展的核心命題 / 35
  2.2.4 養老保險可持續發展的評價體系 / 36
2.3 養老保險可持續發展的精算約束條件 / 40
  2.3.1 基金精算平衡是實現養老保險製度目標的物質基礎 / 40
  2.3.2 養老保險的代際核算模型 / 41
  2.3.3 基金累積制下的精算模型 / 42
2.4 與養老保險可持續發展相關的幾個理論問題探討 / 44
  2.4.1 基金制與現收現付制同樣面臨人口老齡化的挑戰 / 44
  2.4.2 養老保險製度模式選擇對公平與效率的影響 / 47
  2.4.3 養老保險製度選擇對風險分擔機制的影響 / 50
2.5 本章小結 / 51

3 中國養老保險製度全覆蓋及運行評估 / 53
 3.1 逐步實現全覆蓋的養老保險製度 / 53
  3.1.1 計劃經濟體制下的養老保險製度 / 53
  3.1.2 城鄉養老保險製度改革與全覆蓋歷程述評 / 55
 3.2 基本養老保險擴面與基金收支現狀分析 / 61
  3.2.1 養老保險覆蓋率不斷擴大 / 61
  3.2.2 基本養老保險基金收入與支出 / 64
 3.3 養老保險可持續發展面臨的主要製度性障礙 / 68
  3.3.1 多層次養老保險體系功能定位不清晰 / 68
  3.3.2 公共養老保險的某些重大理論問題尚需論證 / 70
  3.3.3 地區分割統籌是重大的製度缺陷 / 74
 3.4 本章小結 / 78

4 人口老齡化對養老保險財務可持續的影響 / 80
 4.1 中國人口老齡化趨勢研判 / 80

  4.1.1 人口預測模型及參數選擇 / 80

  4.1.2 中國人口老齡化趨勢 / 85

 4.2 **人口老齡化與養老保險基金平衡關係的分析框架** / 89

  4.2.1 人口變量是養老保險可持續發展的基本約束條件 / 89

  4.2.2 人口老齡化與現收現付制的關係 / 91

  4.2.3 人口老齡化與基金累積制的關係 / 94

 4.3 **老齡化和全覆蓋背景下的製度撫養比變動趨勢** / 95

  4.3.1 養老保險製度覆蓋人口預測的思路 / 96

  4.3.2 製度覆蓋人口預測模型及結果 / 97

  4.3.3 製度撫養比對基金收支平衡影響的實證分析 / 104

 4.4 **本章小結** / 106

5 養老保險財務可持續的參量約束分析 / 108

 5.1 **經濟增長速度對養老保險財務可持續的影響** / 108

  5.1.1 中國經濟發展與工資增長率變動趨勢 / 108

  5.1.2 利率、工資增長率與養老保險基金收支的關係 / 110

 5.2 **提高法定退休年齡對養老保險財務可持續的影響** / 112

  5.2.1 退休年齡對基金平衡影響的理論分析 / 112

  5.2.2 利用生命表估算平均繳費年限 / 114

  5.2.3 提高法定退休年齡影響撫養比的實證分析 / 116

 5.3 **替代率變動對養老保險財務可持續的影響** / 118

  5.3.1 養老金替代率水平的國際比較 / 118

  5.3.2 現行養老保險製度的替代率水平 / 121

  5.3.3 目標替代率的確定及其對基金平衡的影響 / 130

 5.4 **繳費率變動對養老保險財務可持續的影響** / 132

  5.4.1 企業職工基本養老保險的繳費基數與實際繳費率 / 132

  5.4.2 企業職工養老保險最優繳費率分析 / 134

  5.4.3 繳費率變動對基金平衡的影響 / 140

 5.5 **基本養老保險基金平衡中的財政責任** / 141

- 5.5.1 政府承擔養老保險基金平衡責任的依據 / 142
- 5.5.2 企業職工基本養老保險轉軌成本估算 / 143
- 5.5.3 機關事業單位養老保險製度改革成本測算 / 148
- 5.5.4 城鄉居民基本養老保險財政投入測算 / 150
- 5.5.5 養老保險的財政補貼能力限度和基金缺口 / 151

5.6 本章小結 / 155

6 製度優化與養老保險可持續發展 / 157

6.1 國際養老保險製度改革的實踐與啟示 / 157
- 6.1.1 國際養老保險製度改革趨勢的回顧與展望 / 157
- 6.1.2 幾個典型國家養老保險製度改革的評述 / 161
- 6.1.3 國際養老保險製度改革的經驗與啟示 / 167

6.2 優化養老保險製度可持續性的改革思路 / 170
- 6.2.1 優化養老保險製度設計的總體思路與基本原則 / 170
- 6.2.2 多層次養老保險體系的製度框架 / 171
- 6.2.3 完善基本養老保險的主要思路和措施 / 175

6.3 養老保險製度優化後的可持續性評估 / 176
- 6.3.1 製度的公平性 / 176
- 6.3.2 保障的充足性 / 178
- 6.3.3 繳費的可承擔性和權利與義務的對等性 / 182
- 6.3.4 基金支付能力的長期可持續性 / 182
- 6.3.5 財政負擔的可控性 / 184

6.4 本章小結 / 184

7 結論 / 186

7.1 主要結論與政策建議 / 186
- 7.1.1 養老保險可持續發展的核心在於公平公正地處理代際分配矛盾 / 186
- 7.1.2 人口老齡化是相當長時期內影響養老保險可持續發展的關鍵約束條件 / 187

  7.1.3 解決人口老齡化背景下養老保險財務可持續問題的根本途徑
     在於發展經濟 / 187

  7.1.4 擴大養老保險覆蓋面是追求代際公平的必然選擇，而不是
     為了實現基金增收的目標 / 187

  7.1.5 做實個人帳戶不是應對人口老齡化的唯一有效措施，相反，
     做實的個人帳戶還會面臨基金貶值風險 / 188

  7.1.6 提高法定退休年齡或降低公共養老保險替代率是必然的
     趨勢 / 188

  7.1.7 繳費率調整對基金平衡的效應十分明顯 / 188

  7.1.8 工資增長率對養老保險基金平衡影響不明確 / 188

  7.1.9 政府在養老保險可持續發展中必須扮演更加積極的角色 / 189

  7.1.10 增強城鄉居民基本養老保險製度吸引力的關鍵是制定合理
     的記帳利率 / 189

  7.1.11 必須大力發展補充養老保險 / 189

7.2 進一步研究的主要設想 / 190

參考文獻 / 191

附表 / 200

1 導論

1.1 選題背景和意義

1.1.1 問題的提出

伴隨著經濟社會改革發展，中國的養老保險從覆蓋國有企業到逐步將各種所有制類型的企業及其職工、城鎮個體工商戶及其雇工、城鎮自由職業者納入製度範圍，從城鎮走進農村，從城鎮就業人口擴大到城鄉所有年滿 16 週歲的居民。1997 年中國實施城鎮職工基本養老保險製度之初只有 5,000 萬人參與其中，之後經過不斷對城鎮職工養老保險（簡稱「城保」）參保範圍的調整和積極開展擴面工作，2010 年覆蓋人數達到 2.57 億人；新型農村社會養老保險（簡稱「新農保」）和城鎮居民社會養老保險（簡稱「居保」）相繼實施後，覆蓋範圍更是迅速擴大，2014 年幾項社會養老保險覆蓋總人數達到全部應保人口的 83% 左右[1]，逐步向著人人享有社會保障目標邁進，為保障老年收入和減輕老年貧困奠定了製度基礎。從覆蓋部分人口到面向所有適齡人口的製度全覆蓋意味著中國養老保險製度已經具備了普惠性特徵[2]。《中共中央關於制定「十三五」規劃的建議》提出在未來的幾年中社會保障要從製度全覆蓋到「基本實現法定人員全覆蓋」，這表明中國的養老保險製度建設正在逐步邁入成熟期。國際經驗表明，一旦製度實現全覆蓋之後，政策調整的空間將越來越小，

---

[1] 根據本書的測算，2014 年 16 歲以上人口約 112,199 萬人，除去全日制在校學生約 6,793 萬人，應參保人數為 105,406 萬人；其中：企業職工基本養老保險參保人數為 31,946 萬人，機關事業單位在職及退休人數為 5,333 萬人，城鄉居民基本養老保險參保人數為 50,107 萬人。計算可得總參保率為 83%。

[2] 鄭功成. 深化中國養老保險製度改革頂層設計 [J]. 教學與研究，2013 (12).

財務平衡的風險急遽增大,實現養老保險製度的可持續發展顯得極為關鍵①,任何戰略性的決策失誤都可能造成難以估計的損失。而且在全覆蓋的背景下如果對養老保險的研究仍然按照城市與農村、就業人員與非就業人員、企業職工與機關事業單位工作人員等傳統劃分標準進行分類研究,既不適應社會流動性顯著提高的現實,也難以全面把握養老保險的整體發展趨勢和規律。只有將研究的視野放在全覆蓋這樣一個語境之中,將整個人口老齡化趨勢與養老保險製度可持續發展聯繫起來,才有可能深入探究養老保險在長期發展中面臨的突出問題和提出有實際應用價值的對策建議。

中國養老保險在製度覆蓋面和人員覆蓋面不斷擴大的同時,財務可持續性問題越來越凸顯。對養老保險可持續發展造成極大衝擊首先來自日趨嚴峻的人口老齡化形勢。早在1999年中國已經進入老齡化社會,近年來人口老齡化程度不斷加深,老年人口逐漸增多。據筆者測算,到2050年中國65歲以上人口占總人口的比例將會從9%上升到22%。中國的人口老齡化與發達國家人口老齡化不同,呈現出人口絕對數大、速度快、超前於經濟發展水平等特點。人口老齡化給公共養老保險乃至整個公共財政都帶來了巨大負擔,尤其在越來越多的人口被納入養老保險體系後,不可持續性風險在高速累積②。一方面不斷降低的勞動年齡人口數使得養老保險基金的收入來源減少;另一方面不斷增加的老年人口使得養老保險基金的支付被動增加。中國人民大學李紹光估計城鎮職工養老保險從統帳製度建立到2033年之間將會產生約8萬億元的養老金債務總額③。2012年曹遠徵和馬駿牽頭的研究團隊發布的《化解國家資產負債中長期風險》報告指出在不改革的情況下,2050年中國養老金缺口會達到GDP的5.5%④。《中國養老金發展報告2015》指出,2014年全國養老保險基金收支缺口達1,321億元,32個省級統籌單位中有23個省份當期收不抵支⑤。人口老齡化給養老金收支平衡帶來極大壓力,威脅到養老保險的可持續發展,中國的養老金製度改革需要解決的最大難題就是養老保險的財務可持續性問題。

目前,「統帳結合」的製度模式初步成型,但是基本養老保險的基金收支長期平衡仍是一個難度很大的問題,也嚴重威脅到養老保險體系的可持續發

---

① 林義,林熙.人口老齡化與養老保險製度可持續發展需要重視的問題[J].老齡科學研究,2015(3).
② 鄭功成.深化中國養老保險製度改革頂層設計[J].教學與研究,2013(12).
③ 劉瓊蓮,齊明山.應對「未富先老」的政策要略[J].人民論壇,2010(26).
④ 曹遠徵,馬駿,等.化解國家資產負債中長期風險[J].財經,2012(6).
⑤ 鄭秉文.中國養老金發展報告2015[M].北京:經濟管理出版社,2015.

展。墨爾本養老金指數通過對養老收入的充足性、可持續性和全面性來衡量各國養老金的可持續性，該指數目前覆蓋全球 25 個國家和地區，根據該機構發布的 2014 年指數報告，中國養老保險綜合得分為 49.0，略高於印度尼西亞、日本、韓國和印度，與西方發達國家有較大的差距。養老保險關係到已經進入老年階段和未來必然進入老年階段所有人的切身經濟利益，基金的長期平穩運行是實現這種製度化的老年收入保障的基本前提，而養老保險基金如果長期入不敷出而導致無法兌現老年人的養老金待遇，這不僅是一個經濟問題，更是嚴重的政治問題，可以說可持續性是中國養老金製度的「第一命題」[1]。

近年來中國政府高度重視養老保險製度的頂層設計，將保基本作為出發點，將不同養老保險製度之間轉移接續作為改革的重要推力，實施了一系列的改革措施。但是，隨著人口老齡化進程的加速，政府將來的資金投入壓力會越來越大，黨的十八屆三中全會對社會保障製度改革的論述有一條是「堅持精算平衡原則」，這是首次以中央文件的形式對社會保險財務目標提出的基本要求[2]。媒體每次發布的有關基金收支缺口或個人帳戶空帳問題的討論總會引起公眾的議論紛紛和人心惶惶，進而造成社會公眾對養老保險製度產生信任危機。尤其對養老保險製度的碎片化、延遲退休、降低養老保險繳費率、機關事業單位養老保險高替代率和城鄉養老金待遇水平差距等問題產生強烈的關注，當然社會公眾關注的未必就是養老保險改革需要馬上解決的關鍵問題。中國經濟進入新常態，也將從不同層面影響到養老保險改革，尤其是受經濟下行壓力和調結構等因素的影響，部分企業繳費能力下降，社會保險欠費和斷保情況增多，對基金平衡也有不利的影響。

基於以上的認識，我們認為養老保險製度可持續發展面臨一系列新問題新形勢，現行的養老保險體系存在重大的製度性缺陷，從製度的架構到製度參數設計都應進一步論證完善，例如：多層次養老保險體系的架構如何設計更為科學合理？基本養老保險的製度價值如何定位？現收現付制與基金累積制在應對人口老齡化問題上是否存在本質的差別？公共養老保險與私營養老保險之間的關係如何協調？國際養老保險製度改革的趨勢和前景怎樣判斷？人口結構的變動通過什麼樣的機理影響養老保險基金的均衡？人口結構變化趨勢對基金收支的影響程度到底有多大？養老保險是否會發生償付能力危機？提高法定退休年

---

[1] 2012 年 12 月 20 日，在首屆中國社科院社會保障國際論壇會上，全國人大常委會副委員長華建敏提出，要將「養老金製度的可持續作為第一命題」，要有憂患意識，用審慎態度來看待中國養老金製度的長期性與持續性。

[2] 鄭秉文. 從做實帳戶到名義帳戶——可持續性與激勵性 [J]. 開發研究，2015 (3).

齡的必要性和可行性？目前的繳費率和替代率是否合理？財政對養老保險的責任如何界定？這一系列的問題既是熱點問題，也是關係到養老保險製度可持續發展的重要理論問題。本書以財務可持續為主線將上述問題有機地串成一條完整的「珠鏈」，其目的是探討如何從製度架構、改革路徑和關鍵技術上進一步完善多層次養老保險體系，積極應對人口老齡化給養老保險基金帶來的現實和潛在的支付壓力，致力於如何更好地解決「老有所養」問題。

1.2.1 研究意義和價值

研究本選題的主要目的和意義在於：

系統分析制約中國養老保險財務可持續的主要因素。養老保險製度設計到人口、經濟、文化和政治等諸多方面，尤其與人口結構和經濟發展密切相關。首先是來自人口因素的影響，人口老齡化作為世界範圍內所面臨的一種全新的巨大挑戰，使得養老保險自身既是受到人口老齡化衝擊最大的領域之一，又是全社會積極應對人口老齡化的重要戰略性工具。因此需要從戰略高度關注人口老齡化背景下的養老保險發展的規律和特徵，「需要對中國人口老齡化發展的總體態勢進行全面系統分析」[1]，提出人口老齡化對整個養老保險體系財務可持續影響程度的基本判斷，避免因形勢錯判而出現重大決策的失誤。

進一步探索完善多層次養老保險製度的思路和框架設計。近年來，國內外研究機構和學者對中國養老保險製度優化的方向和具體方案進行了深入的探討，世界銀行提出的多支柱架構得到國內學者較為普遍的認同，但是對各支柱的比重和改革的路徑存在較大的分歧。客觀地說，各家的思路和框架都有值得進一步商榷的地方，還不能說哪一個方案就可以解決中國養老保險發展中面臨的突出問題。本書在借鑑已有研究成果的基礎上，結合筆者在人力資源社會保障系統工作和調查研究中的實踐體會，從可持續發展的視角對多層次養老保險體系的基本約束、發展思路和具體實施路徑進行探索性的思考。

探索完善多層次養老保險製度改革的關鍵技術。養老保險製度改革涉及新舊製度的過渡、隱性債務的補償、繳費率、替代率、計發辦法等技術問題，在完善製度模式或框架的同時，研究如何突破技術困難，實現製度優化是本書研究的又一目的。

---

[1] 林義，林熙. 人口老齡化與養老保險製度可持續發展需要重視的問題 [J]. 老齡科學研究，2015（3）.

1.2 相關研究文獻評述

文獻綜述的目的往往是為了考察與課題選題領域近似研究方向的進展情況和存在的問題，既是為了避免出現重複研究，更是為了在已有研究基礎上找到新的切入點。這就要求文獻的選擇要有代表性，不可能把所有的文獻都列舉出來；也要求對文獻不能簡單羅列，而是評述已有文獻在觀點和方法上的研究創新和存在的不足。基於此，選擇與本研究主題密切相關的幾個方面進行文獻評述。

1.2.1 關於養老保險可持續發展研究

養老保險可持續發展是一個既時尚又傳統的研究選題，國際國內社會保障領域學者幾十年來對養老保險理論和實踐進行的研究歸根究柢都是期望找到一條能夠實現養老保險製度可持續發展的最佳路徑，而且時至今日仍然有學者直接以「可持續發展」作為主題來探討有關養老保險的問題。

養老保險可持續發展內涵外延的界定應該是研究的起點。世界銀行2001年出版的《21世紀可持續發展的養老金製度》（New ideas about old age security: toward sustainable pension systems in the 21st century）雖然提出「可持續發展的養老金製度」這一命題，認為當時的許多養老金計劃明顯是不可持續的，需要進行艱鉅的改革，但是該書只是一本會議論文集，並沒有對養老保險可持續發展進行界定。歐盟委員會（2010）在其發布的《建立充足、可持續和安全的養老金系統》綠皮書中，重申了歐盟最新的養老金框架，提出為實現養老金系統長期財務可持續發展必須實施改革[1]。對養老保險可持續發展界定通常以世界銀行的評價方法為代表（羅伯特·霍爾茨曼，2005），具備充足性、可負擔性、可持續性和穩健性幾個條件的養老保險製度就是可持續發展的養老保險製度[2]。國內學者對養老保險可持續發展的概念則進行了較為深入的研究。李紹光（2008）將養老保險製度的可持續性定義為維持長期的收入

---

[1] European Commission. Green Paper Towards Adequate, Sustainable and Safe European Pension Systems, Brussels. Luxembourg: Publications Office of the European Union, 2010.

[2] Holzmann, Robert and Richard Hinz. Old-Age Income Support in the 21st Century: An International Perspective on Pension Systems and Reform. Washington, D. C: World Bank, 2005, 55-58.

和支出平衡①。王德文（2006）②、高萍（2008）③、於洪（2009）④、劉昌平（2011）⑤、劉學良（2014）⑥等人也主要是在緩解養老金財務危機和實現基金收支平衡這個意義上使用養老保險可持續發展這一概念。應當說絕大多數學者正是從財務的層面來界定可持續，包括官方的文件裡也是將可持續等同於基金的長期收支平衡。還有不少學者將可持續與公平性聯繫起來，從更深層次上對養老保持可持續發展的內涵進行了拓展。邱長溶等（2004）將可持續養老保險發展界定為統籌考慮退休一代和在職一代的養老問題，從橫向看要處理好養老保險與經濟社會發展的關係，從縱向看要處理好代際的關係⑦。周志凱（2005）從可持續發展的經典定義出發，認為可持續發展的養老保險製度，就是要兼顧當代人與後代人的養老問題，不能因製度設計而導致某一代人的福利受損⑧。胡秋明（2011）從公平與效率平衡的角度提出可持續發展的養老金製度模式選擇及其運行機制設計應該滿足的五個條件，即人人老有所養、合理的養老金收入替代、長期財務平衡、與經濟增長形成良性互動、製度自身的動態可調整性⑨。王曉軍（2013）對養老保險可持續性的內涵與度量指標進行了研究，認為覆蓋面廣、保障充足、成本可負擔、代際和代內分配公平、長期支付能力是養老保險財務可持續性的基本內涵⑩。席恒（2014）將可持續的養老保險製度定義為製度可持續、經濟（財務）可持續、管理可持續與服務可持續⑪。

導致養老保險製度不可持續的主要因素是研究的另一個方向。世界銀行（1994）認為，人口老齡化是導致待遇確定型的公共養老保險製度不可持續的

---

① 李紹光. 建立可持續的養老保險製度 [J]. 中國社會保障，2008 (3).
② 王德文. 中日養老金籌措及其可持續性分析 [J]. 經濟社會體制比較，2006 (5).
③ 社會保障課題組. 中國養老保險覆蓋面擴大及可持續性分析 [J]. 統計研究，2008 (12).
④ 於洪，鐘和卿. 中國基本養老保險製度可持續運行能力分析 [J]. 財經研究，2009 (9).
⑤ 劉昌平，殷寶明. 中國基本養老保險製度財務平衡與可持續性研究——基於國發 [2005] 38 號文件形成的城鎮基本養老保險製度 [J]. 財經理論與實踐，2011 (1).
⑥ 劉學良. 中國養老保險的收支缺口和可持續性研究 [J]. 中國工業經濟，2014 (9).
⑦ 邱長溶，張立光，郭妍. 中國可持續社會養老保險的綜合評價體系和實證分析 [J]. 中國人口資源與環境，2004 (3).
⑧ 周志凱. 試論養老保險製度的可持續發展 [J]. 理論月刊，2005 (6).
⑨ 胡秋明. 走向可持續的養老金製度 [J]. 中國社會保障，2011 (10).
⑩ 王曉軍，任文. 中國養老保險的財務可持續性研究 [J]. 保險研究，2013 (4).
⑪ 席恒，翟紹果. 更加公平可持續的養老保險製度的實現路徑探析 [J]. 中國行政管理，2014 (3).

主要因素[1]。鄭功成（2013）認為現行養老保險製度體系存在的諸多不足是導致不可持續性風險的重要因素[2]。鄭秉文（2015）[3] 從製度的繳費收入能力不強、抵禦老齡化風險的自動平衡機制缺位、統籌層次低、個人帳戶製度設計存在先天缺陷、行政管理體制問題五個方面分析了現行製度不可持續的主要因素。

如何實現養老保險可持續發展的研究。科林·吉列恩等（Colin Gillion，2000）就可持續性養老金製度改革的目標定位、製度設計等提出了一些原則性的建議[4]。羅伯特·霍爾茨曼和約瑟夫·E. 斯蒂格利茨等人（Robert Holzmann、Joseph E Stiglitz, 2004）以養老金製度可持續性發展為主題，對私營養老金的成本和待遇、多支柱養老金體制、結構性養老金改革、養老基金的監管框架、個人帳戶管理費用等問題進行了廣泛的討論[5]。林毓銘（2005）較早在一個多支柱架構下討論了養老保險可持續發展的基礎理論、1995年改革存在的問題、基本養老保險和補充養老保險的發展思路[6]。何文炯（2009）認為應當把公平和可持續作為構建社會養老保障體系的核心理念，並提出了相關的思路與政策建議[7]。蔡向東（2011）指出「效率優先，兼顧公平」的指導思想有偏差，使得中國現行養老保險製度在實際運行過程中，既無效率也無公平可言[8]。林義（2015）認為要實現養老保險製度的長期可持續發展，必須從戰略的高度對製度目標進行設計，必須系統地認識和把握中國養老保險製度的框架設計、運行機制、核心技術和環境支撐[9]。王作寶（2016）從代際公平與代際補償的角度提出了研究養老保險可持續發展新視角，主張代際公平應當作為養老保險可持續發展的關鍵條件和衡量標準，並認為由於養老保險機制自身的

---

[1] 世界銀行. 防止老齡危機——保護老年人及促進增長的政策 [M]. 北京：中國財政經濟出版社，1996.

[2] 鄭功成. 深化中國養老保險製度改革頂層設計 [J]. 教學與研究，2013 (12).

[3] 鄭秉文. 從做實帳戶到名義帳戶——可持續性與激勵性 [J]. 開發研究，2015 (3).

[4] Colin Gillion, John Turner, Clive Bailey and Denis Latulippe (eds.). Social Security Pensions: development and reform. International Labour Office, Geneva, 2000.

[5] 羅伯特·霍爾茨曼，等. 21世紀的老年收入保障 [M]. 鄭秉文，等，譯. 北京：中國勞動社會保障出版社，2006.

[6] 林毓銘. 社會保障可持續發展論綱 [M]. 北京：華齡出版社，2005.

[7] 何文炯. 構建公平和可持續的社會養老保障體系 [J]. 浙江統計，2009 (3).

[8] 蔡向東. 統帳結合的中國城鎮職工基本養老保險製度可持續性研究 [M]. 北京：經濟科學出版社，2011.

[9] 林義，林熙. 人口老齡化與養老保險製度可持續發展需要重視的問題 [J]. 老齡科學研究，2015 (3).

局限性，難以通過製度本身的內部改革來克服代際不公的問題，應當通過其他形式的代際補償思路來尋求養老保險可持續發展的外部路徑①。

1.2.2 關於養老保險基金平衡的精算方法及應用研究

養老保險精算是以壽險精算原理構建起來的一門理論。鮑爾斯等人所著的《精算數學》推導出一些養老保險基本精算模型，如醵出金、退休受益等精算函數和用於描述精算成本方法的函數。R. L. 布朗的《人口數學》中論述和推導了人口統計的一些方法和模型，並介紹了人口普查數據在美國退休金保障上應用的思路和方法。凱利森的《利息理論》中對研究社會養老保險的利率風險具有啓發作用。還有鮑爾斯等人所著的《風險理論》和 D. 倫敦所著的《生存模型》也為社會養老保險精算研究奠定了紮實的理論基礎。周渭兵（2000）認為社會養老保險因其特殊性不應該簡單套用壽險精算模型，需要對壽命精算模型進行修正或重新推導，並在模型中引入工資增長率、退休金調整率、失業率等參數。1991 年美國經濟學家奧爾巴赫（J. Auerbach）等人提出代際核算（Gernerational accounting）模型並運用到財政稅收研究②，認為政府的所有負債現值都將由當前世代和未來世代共同承擔，由於現收現付制養老保險往往由政府舉辦並通過保險費徵收和養老金待遇發放實現代際的再分配功能，與財政稅收具有一定的相似性，因此用於研究稅收政策再分配結果均衡性的代際核算理論也可以引申到養老保險領域。1993 年，諾爾德（Paul van denNoord）和理查德·赫德（Richard Herd）在 OECD 發布的《七個主要經濟體養老保險債務》③ 報告中提出了「養老金負債淨額」（Net pension liabilities）模型，通過比較一段時期中養老保險收入與支出的現值，評估人口老齡化的影響和代際負擔情況。1996 年，羅斯威爾（Roseveare）等人在「人口老齡化、養老金體系與政府預算」④ 研究中提出了「政府總財政平衡」模型（General government fiscal balances），用於測量人口老齡化背景下政府總財政平衡情況。1997 年，

---

① 王作寶. 代際公平與代際補償：養老保險可持續發展研究的一個視角 [J]. 東北大學學報：社會科學版，2016（1）.

② Alan J. Auerbach, Laurence J. Kotlikoff. Generational Accounts：A Meaningful Alternative to Deficit Accounting. National Bureau of Economic Research, Inc, 1991.

③ Paul van den Noord, Richard Herd. Pension Liabilities in the Seven Major Economies. OECD Publishing, 1993.

④ Deborah Roseveare, Willi Leibfritz, Douglas Fore, Eckhard Wurzel. Ageing Populations, Pension Systems and Government Budgets：Simulations for 20 OECD Countries. OECD Publishing, 1996.

辛恩（Sinn）提出了「隱性稅收」（Implicittax）模型①，用於分析現收現付養老金體系下人口老齡化對不同代個體的影響。

中國養老保險基金收支平衡的趨勢性研究是重點領域，文獻也最多。國內的研究者也無一例外地將人口因素作為養老保險精算模型建立的基礎。王志忠（1998）從精算數學角度，研究了人口預測模型、人口結構模型和社會負擔預測模型。路和平（2000）以人口普查資料中的城鎮人口年齡分布為建模基礎，在養老保險製度內參數和製度外參數的假設條件下，得出中國養老保險基金在2028年將首次出現赤字②。原勞動保障部社會保險研究所（2001）以人口模塊、經濟工資模塊、養老保險籌資模塊、養老保險給付模塊建立系統的基金測算模型，預測了未來50年中國城鎮職工、退休人員總量和分性別分年齡的人員結構，並根據基本養老保險製度走向，測算了養老保險基金收支情況③。王曉軍（2002）在繳費率、替代率和退休年齡基本保持現有水平不變的情況下，測算了2000—2050年間每一年的基金收支狀況、缺口規模，以及50年的總缺口，突出了人口老齡化對養老保險基金的巨大衝擊④。張暢玲（2003）利用確定年金的精算模型討論了待遇系數、投資回報率與個人帳戶基金可支付年限相互之間的關係，指出由於人均預期壽命的延長，個人帳戶的基金數額不能滿足職工退休後的需求⑤。周渭兵（2004）認為建立養老保險平衡模型的目的是為了研究由人口狀態變動所決定的繳費率、替代率和退休年齡之間的變動關係，並在總人口狀態下和城鎮人口狀態下測算了中國從1998—2040年在不同替代率假設下的各年繳費率⑥。高建偉等（2006）運用生存年金理論得到了測算中國基本養老保險基金缺口的精算模型⑦。孟昭喜（2008）認為養老保險的長期精算估計是建立在對未來人口預測、工資和利率預測的基礎之上，因此精算假設主要分為人口假設和經濟假設⑧。於洪（2009）採用三種模擬方案，分別對

---

① Hans Werner Sinn. The Value of Children and Immigrants in a Pay-as-you-go Pension System. National Bureau of Economic Research, Inc, 1997.
② 路和平，杜志農. 基本養老保險基金收支平衡預測 [J]. 經濟理論與經濟管理，2000（2）.
③ 勞動保障部法制司和社會保險研究所，博時基金管理有限公司. 中國養老保險基金測算與管理 [M]. 北京：經濟科學出版社，2001.
④ 王曉軍. 對中國養老金製度債務水平的估計與預測 [J]. 預測，2002（1）.
⑤ 張暢玲，吳可昊. 基本養老保險個人帳戶能否應對老齡化 [J]. 中國人口科學，2003（2）.
⑥ 周渭兵. 社會養老保險精算理論、方法及其應用 [M]. 北京：經濟管理出版社，2004.
⑦ 高建偉，丁克詮. 中國基本養老保險基金缺口模型及其應用 [J]. 系統工程理論方法應用，2006（1）.
⑧ 孟昭喜. 養老保險精算理論與實務 [M]. 北京：中國勞動社會保障出版社，2008.

未來中國養老保險製度的財務可持續問題進行測算①，他們認為，要促進養老保險製度的可持續，關鍵是要提高國民收入、改善分配格局。駱正清（2010）利用個人帳戶缺口精算模型研究，得出現行的個人帳戶製度存在較高的額外收益和較大的缺口，缺口產生的根本原因在於個人帳戶可繼承性和無限延續性的結論②。艾慧等人（2012）基於開放系統的測算方法，預測分析了中國城鎮職工養老保險統籌帳戶的財務狀況和財務可持續性③。王曉軍（2013）利用保險精算和會計平衡原理，對養老保險基金缺口的內涵、口徑和評估方法進行了深入討論，並對城鎮職工基本養老保險統籌基金的支付缺口進行了測算④。劉學良（2014）在總人口規模、結構預測和養老保險人口預測模型的基礎上，構建了養老保險精算評估模型來預測職工和居民全口徑的養老保險收支缺口和政府隱性債務⑤。

通過對以往研究中國養老保險基金收支測算文獻的考察，可以發現這些研究或多或少存在著一些不足，有的人口測算方法採用的是隨機模型，得到的人口預測結果不太科學；有的研究直接借用別人（如聯合國）的人口預測結果，從而得到的人口數據較為粗略，難以滿足養老保險精算模型對人口預測詳細數據的需要；有的研究所依據的養老保險政策近年來已經發生了較大的調整；有的研究將測算對象分別限定在企業職工、機關事業單位職工、城鄉居民三大養老保險，沒有將總人口的老齡化、城鎮化和各項保險製度之間參保人員的相互轉移等因素考慮在一起，更沒有從全覆蓋的背景下來預測整個中國養老保險體系的基金收支問題。

1.2.3 關於國內養老保險製度模式選擇及改革方案的研究

國際國內的機構和學者也對中國養老保險改革提出了許多的建議方案，對這些方案進行梳理評價，同樣也對本書進一步研究優化中國的多層次養老保險體系提供了參考。

學者們圍繞著中國應該採取何種養老保險模式進行了廣泛的討論，其代表

---

① 於洪，鐘和卿. 中國基本養老保險製度可持續運行能力分析 [J]. 財經研究，2009（9）.
② 駱正清，陸安. 中國養老保險製度的個人退休帳戶缺口的精算模型及影響因素分析 [J]. 統計與決策，2010（17）.
③ 艾慧，張陽，楊長昱，吳延東. 中國養老保險統籌帳戶的財務可持續性研究——基於開放系統的測算 [J]. 財經研究，2012（2）.
④ 王曉軍，米海杰. 老金支付缺口：口徑、方法與測算分析 [J]. 數量經濟技術經濟研究，2013（10）.
⑤ 劉學良. 中國養老保險的收支缺口和可持續性研究 [J]. 中國工業經濟，2014（9）.

性觀點可以分為四類：一是主張實行現收現付制。湯曉莉（2000）認為在中國經濟走向開放的全過程中現收現付制都是最優選擇[①]，袁志剛（2001[②]，2003[③]）、封進（2004）[④] 則從經濟是否處於動態有效的角度進行分析，認為現收現付制在目前是一個更有效率的選擇。二是主張引入名義帳戶制。鄭秉文（2003）[⑤]、約翰·威廉姆森（2004[⑥]，2006[⑦]）、王新梅（2005）[⑧] 等學者主張在中國養老保險體系中引入名義帳戶制的理論與實踐。近年來名義帳戶製度再次引起關注，甚至國家財政部的官員也在一些場合表示了對名義帳戶改革的極大興趣[⑨]。三是主張社會統籌和實帳累積的個人帳戶相結合。持這種觀點的主要是參與了統帳結合模式改革的機構和學者，如「中國經濟體制改革總體設計」課題組（1992）[⑩]、「中國社會保障的體制選擇與經濟分析」課題組（1994）[⑪] 等，都主張發揮現收現付制和基金累積制的各自優勢。王延中（2012）認為，名義帳戶制不過是變相的現收現付制，這一製度的弊端已經在歐洲日益暴露，不利於財政穩定和經濟社會發展，當務之急應該把個人帳戶與統籌帳戶分帳運行並做實個人帳戶[⑫]。四是主張實行基金累積制。周小川（1999）認為綜合考慮人口壓力和財政承擔能力，應該建立以個人帳戶模式為主導的分層次社會保障模式[⑬]；郭樹清（2002）認為統收統支部分的繳費貢獻

---

① 湯曉莉. 自願儲蓄、強制儲蓄和「稅收—債券發行」安排[J]. 金融研究, 2000 (12).
② 袁志剛. 中國養老保險體系選擇的經濟學分析[J]. 經濟研究, 2001 (5).
③ 袁志剛, 葛勁峰. 由現收現付制向基金制轉軌的經濟學分析[J]. 復旦學報：社會科學版, 2003 (4).
④ 封進. 中國養老保險體系改革的福利經濟學分析[J]. 經濟研究, 2004 (2).
⑤ 鄭秉文.「名義帳戶」制：中國養老保障製度的一個理性選擇[J]. 管理世界, 2003 (8).
⑥ 約翰·威廉姆森, 孫策. 中國養老保險製度改革：從 FDC 層次向 NDC 層次轉換[J]. 經濟體制比較, 2004 (3).
⑦ 約翰·威廉姆森, 凱瑟琳·迪特鮑姆. 社會保障改革：部分私有化在中國是否可行[J]. 社會保障研究, 2006 (4).
⑧ 王新梅. 全球性公共養老保障製度改革與中國的選擇——與 GDP 相連的空帳, 比與資本市場相連的實帳更可靠更可取[J]. 世界經濟文匯, 2005 (6).
⑨ 國家財政部部長樓繼偉在「中國社會科學院社會保障國際論壇 2014 暨《中國養老金發展報告 2014》發布會」上表示, 做實個人帳戶已經無法持續, 名義個人帳戶（NDC）是下一步完善養老保險個人帳戶可選擇的模式。參見：《第一財經日報》, 2014-12-29。
⑩ 「中國經濟體制改革總體設計」課題組. 變革時期的中國社會安全體系[J]. 經濟社會體制比較, 1992 (5).
⑪ 「中國社會保障的體制選擇與經濟分析」課題組. 社會保障：經濟分析與體制建議（上、下）[J]. 改革, 1994 (5)~(6).
⑫ 王延中, 王俊霞. 中國養老保險製度建設中的個人帳戶問題[J]. 社會保障研究, 2012 (4).
⑬ 周小川. 建立個人帳戶制　實現社會保障體制轉軌[J]. 金融博覽, 1999 (8).

與退休福利相脫節，難以調動繳費人員的積極性①；蔡昉（2004）認為，現收現付制養老保險體系需要的人口結構、稅收體系、基金管理和治理等條件在中國不具備，因而需要向基金累積制方向改革②；易綱（2007）主張第二支柱通過轉型名義帳戶制的形式，逐年提高全累積的比例，最終做成一個全累積型的個人帳戶③。

鄭功成（2013）④針對現行養老保險製度存在的嚴重缺陷，提出了優化養老保險製度體系的總體思路和基本路徑。城鎮職工養老保險製度優化的關鍵點在於基礎養老金全國統籌，只有抓住這個「牛鼻子」才有可能實現基本養老保險製度的全國統一安排，優化統帳結構，實行統帳分離，平行運行，降低個人帳戶規模，統一繳費率，單位繳費率為12%，個人繳費率為8%。機關事業單位養老保險製度改革的出路在於依照企業職工基本養老保險製度為模板建立類似的基本養老製度，同時建立職業年金和年功年金製度。完善農民養老保險製度的核心在於淡化製度的福利色彩，增強製度的吸引力和激勵性，政府補貼從重「出口」轉向重「進口」，政府為農民分擔50%的繳費。

鄭秉文（2015）⑤以名義帳戶理論對城鎮職工基本養老保險進行了重塑。在目前名義繳費率28%不變的條件下，通過逐步調整個人帳戶與統籌帳戶的比例實現擴大個人帳戶規模比例的目標。最理性的是採用「全帳戶」方案，即28%的繳費全部進入個人帳戶，並以工資增長率為名義利率進行記帳累積，而財政補貼形成每位退休人員的定額統籌養老金。

林義（1994）⑥較早對多層次養老保險製度作出一般性界定，認為它是國家根據不同的經濟保障目標，綜合運用各種養老保險形式而形成的老年經濟保障製度，並認為中國的社會保障製度亟須進行深層次的結構性改革。近年來，林義（2015）⑦提出建立以國民年金製度為基礎，以多層次養老保險製度為主體，以經濟保障、精神慰藉、服務保障為一體、可持續發展的養老保險製度體

---

① 郭樹清.建立完全累積型的基本養老保險製度是最佳選擇［J］.經濟社會體制比較，2002（1）．

② 蔡昉，孟昕.人口轉變、體制轉軌與養老保障模式的可持續性［M］//比較：第十輯.北京：中信出版社，2003.

③ 易綱.轉型名義帳戶制——探索中國養老保障體制改革的新思路［N］.21世紀經濟報導，2007-09-17（028）．

④ 鄭功成.深化中國養老保險製度改革頂層設計［J］.教學與研究，2013（12）．

⑤ 鄭秉文.從做實帳戶到名義帳戶——可持續性與激勵性［J］.開發研究，2015（3）．

⑥ 林義.論多層次社會保障模式［J］.中國保險管理幹部學院學報，1994（1）．

⑦ 林義，林熙.人口老齡化與養老保險製度可持續發展需要重視的問題［J］.老齡科學研究，2015（3）．

系。首先是在整合現有製度的基礎上，建立覆蓋全民的國民年金製度，以政府稅收的方式籌資，替代率在 30%～35% 之間。其次，整合企業年金、職業年金、單位及個人責任的繳費型養老保險製度，形成補充養老保險的企業年金、職業年金體系。針對非就業群體，則建立個人帳戶形式的補充養老保險計劃，政府承擔政策優惠和監管責任。三是鼓勵發展各種商業人壽保險計劃、年金計劃，充分發揮市場機制的多樣性、靈活性、補充性保障功能。

2013 年國家人力資源和社會保障部廣泛徵集國際國內智庫對深化中國養老保險製度改革的建議，邀請國際勞工組織、世界銀行東亞和太平洋地區人類發展局、國際社會保障協會、國務院發展研究中心社會發展研究部、中國人民大學社保研究中心、中國社科院世界社保研究中心、浙江大學公共管理學院七家組織對「中國養老保險製度改革頂層設計」作並行研究，七家研究機構分別提出了自己的製度優化方案，集中代表了目前學界對中國養老保險製度改革的部分最新設想。這些改革方案設計和討論表明，現行的養老金製度確實存在巨大的缺陷，這是學界比較一致的看法。雖然對中國養老保險製度改革的方向沒有統一的認識，但是在強調對現行製度進行結構性調整，建立多支柱養老金體系，吸收名義帳戶制的合理成分，提高退休年齡等方面的基本觀點是比較一致的。有好幾家研究機構都認為對現行城鎮職工基本養老保險進行改革後，繳費率可以降低到 20% 左右。這些方案雖然不一定都被政府完全或部分採納，但是從學術探討的角度講，繼續對這一問題進行研究仍有必要。

1.2.4 文獻評述小結

通過對以往研究成果的梳理，我們發現：首先，目前對養老保險基金平衡的研究多從精算的角度，很少從製度的層面，尤其是從製度優化的角度來探討基金籌集和支出長期平衡的深層次問題。其次，分析的基點是現行的製度框架，即假設製度不變的前提下來分析基金的平衡問題，這一假設本身存在很大的問題，中國養老保險的製度模式本身還沒有完全定型，用一種沒有定型的製度模式來進行長期的預測，雖然能夠用來說明目前製度的優勢或缺陷，但無法用來解釋基金長期平衡的總體趨勢。最後，立足於養老保險的某一種製度進行預測，例如僅僅研究城鎮職工基本養老保險或新型農村養老保險的基金平衡問題，沒有站在整個養老保險體系的層面上來研究養老保險基金的長期平衡。

1.3 研究思路與方法

1.3.1 研究思路和邏輯框架

養老保險可持續發展是不是可以簡單地理解為基金收支的長期平衡，這是本書立論的起點。如果只是片面地追求基金收支的長期平衡，那麼通過提高繳費比例、降低待遇水平或增加財政補貼，三項政策工具任選其一都可能單純實現這樣的效果。顯然我們需要對可持續發展的內涵做更深刻的認識，應當從養老保險的本質去理解它與可持續發展理念之間的天然聯繫。基於這樣的認識，本書將養老保險的本質界定為代際的交換關係，將謀求代際公平確定為養老保險可持續發展的核心命題，而基金收支平衡僅僅只是養老保險可持續發展的物質基礎，因此財務可持續也只是養老保險製度可持續發展的表現形式。在理順了養老保險可持續發展與基金收支平衡的主次關係後，再回到研究財務可持續問題就不會走向本末倒置的誤區。本書以財務可持續為主線，將製度、人口和參數這些影響基金長期收支平衡的主要因素結合在一起進行分析研究，證明在法定人員全覆蓋和人口老齡化背景下，由於製度設計本身的局限，僅僅通過參量改革是難以解決養老保險的財務可持續問題。只有回到養老保險製度建設本身，通過結構性改革，對製度進行全面優化，才有可能積極應對人口老齡化危機，實現代際的分配正義。本書的詳細研究邏輯結構如圖 1-1 所示。

首先，從養老保險的本質是代際的經濟交換和代際公平是養老保險可持續發展的核心理念這兩個基本命題出發，證明養老保險與可持續發展之間存在著內在聯繫。養老保險的代際公平問題可以從製度公平正義和基金的財務可持續性兩個層面來闡釋，儘管本書的主線是分析基金的財務可持續問題，但離開製度的目標去單純談基金收支平衡，必然缺乏價值基礎，只有將二者結合起來，才能認識財務可持續的本質。其次，分析影響養老保險財務可持續的主要因素，又分三個層次：考察現行製度建設沿革、評估參保擴面和基金收支現狀，反思製度設計存在的重大局限，闡釋財務不可持續的製度因素；測算養老保險製度覆蓋人口，以製度撫養比將人口老齡化與基金財務聯繫起來，分析財務不可持續的人口因素；引入工資增長率、利率、退休年齡、繳費率、替代率和財政補貼等參量，分析影響財務可持續性的參量因素。最後，根據養老保險的製度價值和導致財務不可持續因素的分析，有針對性地提出優化養老保險製度設計的思路，通過結構性改革和參量改革相結合的方式，來最終實現養老保險可

```
┌─────────────────────────┬──────────────────────────────┐
│ 養老保險本質是代際經濟交換 │ 代際公平是可持續發展思想的核心內容 │
└─────────────────────────┴──────────────────────────────┘
                    ⇘                    ⇙
              ┌──────────────────────────────┐
              │ 代際公平是養老保險可持續發展的核心命題 │
              └──────────────────────────────┘
                    ⇙                    ⇘
    ┌──────────────────┐          ┌──────────────────┐
    │ 制度公平正義是本質要求 │ ←――――― │ 財務可持續是物質基礎 │
    └──────────────────┘          └──────────────────┘
```

图式（研究思路和逻辑框架图）：

- 導致財務不可持續的主要因素：
  - 制度設計存在重大缺陷 ⇒ 制度具有優化的空間
  - 人口老齡化是基本約束 ⇒ 人口因素難以改變
  - 參數設置不合理 ⇒ 參量改革治標不治本

- 結構性改革：
  - 制度架構優化
  - 制度參數優化

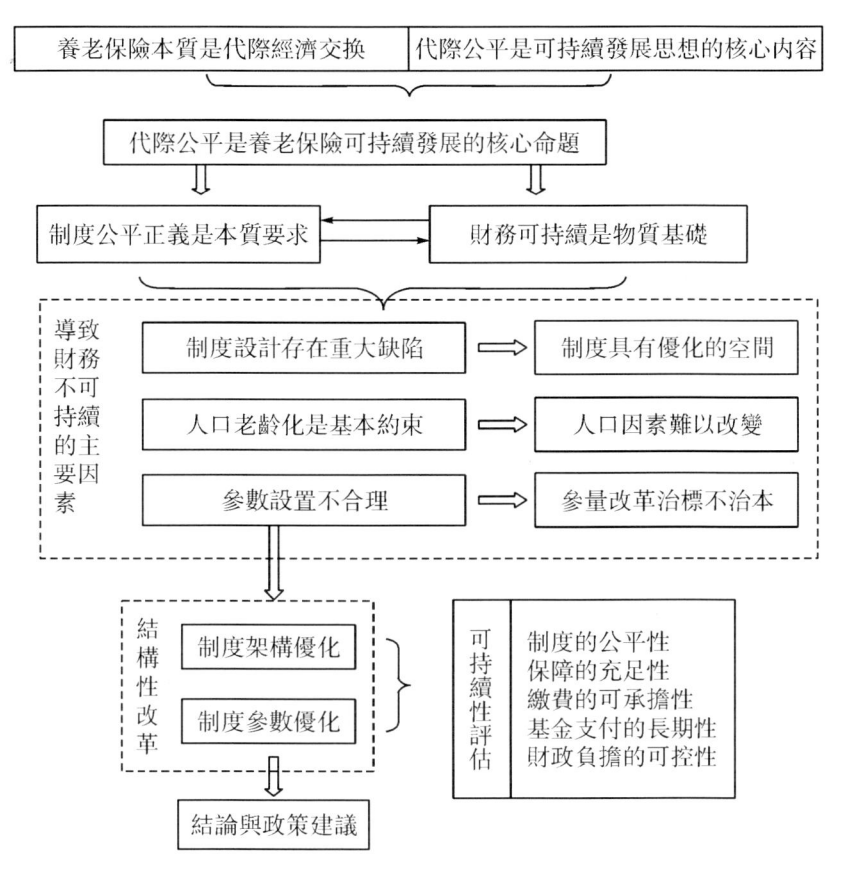

- 可持續性評估：
  - 制度的公平性
  - 保障的充足性
  - 繳費的可承擔性
  - 基金支付的長期性
  - 財政負擔的可控性

- 結論與政策建議

圖 1-1　研究思路和邏輯框架圖

持續發展的目標。

1.3.2　主要內容

本書由七章構成。

第一章　導論。本章交代了研究的背景意義，對已有的相關文獻進行評述，並提出研究框架和創新方向。

第二章　養老保險可持續發展的理論分析。本章主要是作基本理論的探討，奠定全書的理論基礎和理論框架。養老保險作為社會組織向老年群體提供收入保障的一項正式製度安排，本質上是勞動人口與老年人口之間的代際交換關係，這一性質不會因為養老保險模式選擇現收現付制或基金累積制而發生改變。可持續發展與代際公平具有相同的內涵，既然養老保險涉及代際的收入分

配，代際如何體現分配的公平與正義成為養老保險可持續發展的核心問題。養老保險可持續發展要求兼顧年輕人與老年人，在場一代人和不在場若干代人之間的利益，也就是如何在年輕人與老年人間進行合理收入分配並實現社會效用最大化的問題。養老保險可持續發展從外延上講，可以從宏觀經濟、製度設計和基金運行三個層面去理解。從基金層面上講，基金精算平衡是養老保險可持續發展的物質保障，現收現付制與基金累積制實現收支平衡的機制不同，影響現收現付制基金精算平衡的因素主要是替代率、繳費率和製度撫養比；影響基金制精算平衡的因素主是繳費率、工資增長率、利率、繳費年限、退休餘命。本書是以基金的財務可持續為主線，兼顧分析製度體系和宏觀經濟因素。在本章中，還論及了與養老保險製度選擇有關的幾個理論性問題，分別是：基金制與現收現付制在應對人口老齡化方面是否具有根本性的不同；養老保險製度模式選擇如何處理分配的公平與效率的問題；養老保險模式對應著不同的風險分擔機制。

　　第三章　中國養老保險製度全覆蓋及運行評估。本章的主要目的是對現行製度的歷史沿革和運行現狀進行分析，其目的是為了進一步的研究分析提供現實基礎。中國的養老保險經歷了從計劃經濟體制下的「國家保險」到企業保險，再到市場經濟體制下社會保險的歷程，目前已經確立起以統籌帳戶和個人帳戶相結合的基本養老保險為主體，實行的是現收現付制，在此基礎上發展補充養老保險和個人儲蓄，構成了多層次養老保險新體系。與製度逐步實現全覆蓋的同時，養老保險擴面徵繳工作積極開展，參保繳費和享受養老金待遇的人數不斷增加，製度效果得到充分展現。目前製度中與可持續發展不協調的矛盾和問題主要有：城鎮職工養老保險缺乏系統性的頂層設計，對現收現付制和基金累積制的製度價值定位不明確，對個人帳戶性質的界定也是搖擺不定；多層次老保險體系發展極不均衡，基本養老保險製度「一支獨大」，企業年金和商業養老保險發展遲滯；個人帳戶長期按照一年期存款利率計息，損害了參保人利益；統籌層次較低，基金地區分割不利於調劑使用，分散風險。

　　第四章　人口老齡化對養老保險財務可持續的影響。談養老保險要實現可持續發展，首先面臨的約束條件是人口老齡化問題，研究養老保險繞不開人口這個關鍵因素。中國人口老齡化的趨勢不可逆轉，而且速度在加快，養老撫養比就是最有說服力的指標。到2050年勞動年齡人口與60歲以上人口的比值為1.2，16~64歲勞動年齡人口與65歲以上人口的比值為1.9。人口老齡化對現收現付制和基金制的影響機制不同，對前者的影響是老年撫養比，對後者的影響是參保者退休期和工作期的比值。人口結構的改變必然導致養老保險製度撫

養比的改變，本章通過構建預測模型，測算了城鎮職工養老保險、城鄉居民基本養老保險和機關事業單位養老保險的參保繳費人數和養老金待遇領取人數，得到的製度撫養比下降趨勢驚人。在現有的退休製度下，到2050年城鎮職工養老保險的製度撫養比將下降為1左右。

第五章 養老保險財務可持續的參量約束分析。本章研究影響養老保險財務可持續的主要因素，分為製度內參數和製度外參數。經濟增長速度對養老保險基金精算平衡的影響主要通過工資增長率和投資收益率兩個中間變量來實現，工資增長率和利率的高低對基金結餘的影響具有不確定性。提高法定退休年齡從增加繳費人口和減少待遇領取人口兩個方面對基金收支將發揮效果。測算表明延遲退休後城鎮職工養老保險撫養比為1.52，比原退休製度下的撫養比高0.54，對基金的壓力會明顯減輕。養老金替代率是衡量養老金水平的重要指標，也是影響養老保險基金平衡的重要參數，通過分析本研究認為城鎮職工基本養老金目標替代率確定為45%左右比較合適。繳費率的問題主要是名義繳費率與實際繳費率之間的差距，出現名義繳費率虛高的情況。在人口老齡化不斷加速的背景下，提高繳費率可以在一定程度上緩解養老金收支壓力。政府在養老保險基金精算平衡上負有兜底的責任，對於目前三種養老保險製度，財政責任是不一樣的。

第六章 製度優化與養老保險可持續發展。國際上關於養老保險改革的思潮集中在討論現收現付與基金制應對人口老齡化方面表現出來的各自優勢，世界銀行提出的三支柱或五支柱養老保險體系成為各國改革的樣板，近年來名義帳戶制在瑞典取得的成功引起普遍的關注。從國際上養老保險改革的經驗來看，幾乎沒有哪個國家會採取單一的現收現付制或基金累積制，而是不同程度地整合了兩種模式的優勢。在公共養老金領域，現收現付制是主流。本研究在充分借用中國現行養老保險製度體系的基礎上，通過系統規劃，對現行的每個製度進行重新定位，突出每個製度的主要價值目標，構建起新的多層次養老保險體系，突出了養老保險代際公平的核心要求，並通過基金運行動態模擬對製度的可持續性進行了檢驗和評估。

第七章 結論。本章提出本書的主要結論和一些政策建議。

1.3.3 主要研究方法

（1）新古典經濟學方法。經濟學研究範式（Paradigm）在養老保險研究領域有著重要影響。本書以經濟學中的疊代模型作為最基本的分析模型，在全書中構建了統一的養老保險代際關係分析框架，現收現付制、基金累積制與人口

老齡化的關係，養老保險模式選擇對公平效率的影響，目標替代率的確定等具體問題都是在疊代模型基礎上進行的擴展。

（2）精算方法。精算是通過建立數理模型分析未來風險對保險項目財務影響的一門工具學科，本書的主題是研究養老保險的財務可持續問題，運用精算的方法進行研究成為必然。人口預測是整個養老保險精算的前提和基礎，本書利用生命表和人口矩陣方程預測了2050年前中國人口的規模和結構，利用基金收入模型和基金支出模型測算了養老保險基金的發展狀況。值得注意的是，精算畢竟不是會計核算，它的本意是評估風險，而不是如實反應或預測財務的收支狀況，精算建立的數理基礎是概率論和統計學，講究的是概率和統計真實而不是現實。因此不管是人口測算、養老製度覆蓋人口測算還是基金收支測算的結果與實際情況之間肯定存在差異，預測的未來養老基金缺口結果具有很強的不確定性。再加上假設的參數與未來實際情況之間的不確定性，也會導致預測結果可能與未來發展情況存在差異。但是，從研判趨勢的角度講，這種差異並不構成實質性的影響，因此不要過分拘泥於文中測算的具體數據，而是通過這些數據去觀察事物的規律和特徵。

（3）比較研究方法。養老保險製度改革和發展具有一定的國際趨同性。本書運用比較製度分析的方法，對國際養老保險製度改革的主要政策取向進行概要性地回顧，得出的經驗和啟示對中國養老保險製度優化具有參考價值；本書中替代率的研究也使用了比較研究的方法。

1.3.4　本研究的創新與不足

本研究在以下幾個方面有所創新：

（1）以全覆蓋為背景對中國養老保險可持續發展進行系統性研究。社會保險「全覆蓋」是最近兩三年才出現的新提法和新要求，本書以「全覆蓋」為背景對養老保險的財務可持續問題進行了理論分析和實證分析，並提出了具有前瞻性的政策儲備，至少目前筆者沒發現有相似的研究。以「全覆蓋」為視角研究養老保險的新意體現在三個方面：其一，不再以某項製度、某類人群為劃分標準來對養老保險製度進行分類研究，而是將現行的多項製度視為養老保險體系的有機組成部分，統籌規劃整個養老保險體系的可持續發展。其二，設定「法定人員全覆蓋」的標準和時間節點，將所有適齡人口都納入製度覆蓋範疇，將總人口規模和結構分布作為製度覆蓋人口的假設條件，在此基礎上預測社會養老保險項目的繳費人口數和待遇領取人口數，也為估算財政的總體負擔提供了依據。其三，對基本養老保險的三項製度同時進行研究，可以動態

考慮不同製度之間的人員轉移接續問題。

（2）拓展了養老保險可持續發展概念的內涵。本書以代際關係作為紐帶將養老保險與可持續發展兩個概念有機結合起來，養老保險的本質是代際的交換關係，可持續發展的核心內容也是如何公正地處理代際關係，從這個意義上講養老保險可持續發展就是以代際分配公平為價值取向的製度設計和製度運行。雖然公平性是養老保險的本質特徵這一觀點並不新奇，但是以代際關係為視角來分析，使得概念的邏輯關係更為嚴密，在製度的公平性與基金的財務可持續性關係上，內容與形式一目了然。

（3）對中國多層次養老保險製度優化提出新的方案並進行精算評估。本書在借鑑國內外研究成果的基礎上，在充分考慮現行製度的路徑依賴且不新增一項製度的前提下，通過結構性調整和參數調整，使原來雜亂無章的體系顯得更加清晰，製度目標更明確，並採用精算方法對優化後的製度進行了可持續性評估。數據測算量大是本書的一大特點，所有測算沒有簡單採用他人的現成數據，而是利用精算原理和會計平衡原理，對製度覆蓋人口、替代率、轉軌成本、財政補貼、基金缺口的測算方法進行詳細論證，然後選擇合理的參數假設計算得出自己的結果，並通過與其他學者或研究機構的測算結果進行比對，本書的測算具有較高的可信度。書中養老保險製度覆蓋人口測算、提高法定退休年齡的效應測算、替代率和繳費率變動與基金收支缺口關係的測算、現行製度下養老保險的財政投入規模和基金缺口測算、養老保險轉軌成本測算、平均繳費年限估算等方法都有所創新。

本書也存在一定的不足：由於部分數據的不可獲取性和養老保險製度本身的複雜性，使得本書可能存在研究結果與現實情況之間的不一致。養老保險基金投資應該說是影響財務可持續的重要因素，出於研究篇幅和體例考慮，本書對該問題進行了迴避。

1.3.5 概念辨析

本書在分析過程中有幾組概念容易引起混淆或迷惑，故在此先做簡要辨析：

關於基本養老保險、補充養老保險、公共養老保險和私營養老保險幾個概念的辨析。基本養老保險與補充養老保險是相互對照的概念，前者往往由政府主辦並強制參加，目的是保障參保人老年後的基本生活，後者是對基本養老保險起輔助作用，是為了實現更高的養老金替代率。公共養老保險和私營養老保險又是相互對照的概念，前者由政府提供並採取現收現付的模式，後者由市場

提供，或者交給市場營運，採用基金累積的模式，退休待遇由市場化的投資收益決定。

關於城鎮職工基本養老保險、企業職工基本養老保險和機關事業單位養老保險三個概念的辨析。從國發〔1991〕33 號、國發〔1995〕6 號、國發〔1997〕26 號一直到國發〔2005〕38 號文件，官方的提法都是「企業職工基本養老保險製度」（簡稱「企保」），2010 年頒布的《社會保險法》中不再提「企業職工基本養老保險」，而是改為「基本養老保險」，從這以後官方對城鎮就業人員養老保險的提法也改為「城鎮職工基本養老保險」（簡稱「職保」），含義上不再局限於企業職工基本養老保險，而是包括了進行機關事業單位改革試點的「老機保」。2015 年機關事業單位養老保險製度改革後，城鎮就業人員（包括機關事業單位工作人員）養老保險統一納入「城鎮職工基本養老保險」。在本書中，企業職工基本養老保險覆蓋範圍限於企業職工、個體工商戶和靈活就業人員；城鎮職工基本養老保險指「企保」和試點「老機保」；機關事業單位養老保險指 2015 年改革前傳統的機關事業單位離退休製度；由於企業職工基本養老保險與改革後的機關事業單位養老保險基金將採取分離運行形式，為了方便測算，因此改革後仍然稱為機關事業單位養老保險（「改革後的機關事業單位養老保險」）。

關於基金平衡、精算平衡、財務可持續三個概念。養老保險基金平衡是指基金的收入和支出在數量上長期保持相等，在本書中與精算平衡、財務可持續是可以互換使用的概念。

關於多支柱（Multi Pillar）養老保險體系與多層次養老保險體系兩個概念。這兩個概念基本上可以通用，前者多用於學術研究中，後者是官方文件中的規範表述。

2 養老保險可持續發展的理論分析

養老保險是為滿足老年人口在喪失勞動能力的情況下維持生活需要，將生活資料在代際進行轉移或者交換的社會製度。養老保險的本質是一種代際交換關係，養老保險製度與可持續發展理論之間具有天然的聯繫。養老基金實現長期收支平衡是養老保險製度可持續發展的物質基礎。

2.1 代際交換與養老製度

代際交換是指處於不同年齡階段的老年人、成年人和未成年人之間在物質方面所進行的轉換關係[①]。由於在人的生命週期中，個體到一定年齡必然會遭遇喪失勞動能力的情況[②]，最直接的後果便是收入不斷減少。為了保障社會成員在進入老年階段之後能夠獲得必要的生活資料，人類社會往往有兩種製度模式可以選擇：一是從個體自己的勞動收入中預留一部分作為老年階段的生活所需，這便是自我儲蓄；另一種是從下一代的勞動收入中拿出一部分作為上一代老年階段的生活所需，這便是代際供養。儘管這兩種養老模式看似不同，實質上體現的都是代際交換關係。

2.1.1 家庭養老是家庭內部的代際交換

人類進入文明社會以來，家庭便是人們共同生活的基本社會組織。在家庭

---

① 成偉. 代際交換之正義 [J]. 學術交流，2007 (4).
② 嚴格地講，喪失勞動能力並不屬於風險範疇，而是生命週期中必然出現的階段，這是一個必然事件，但是喪失勞動後導致的收入不確定性就屬於風險的範疇。

內部，由血緣關係和婚姻關係組織在一起的人們共同居住，經濟上互相供養，情感上互相依存。在生產力發展水平較低的農業社會，家庭構成一個相對封閉的獨立體，既是一個生產單位，又是一個消費單位，家庭生產的產品主要供家庭成員進行消費。按照家庭成員在勞動生產中淨產出的多少，可以將每一成員的生命週期分為幼年、壯年、老年三個階段，每一個體只有中間這一段時期能靠自己的勞動養活自己，幼年和老年這兩個時期在不同程度上都是要靠別人來養活的①。即是說，幼年階段和老年階段的產出小於消費，壯年階段的產出大於消費。

在家庭結構中，親子關係是軸心（father-son axis），由此衍生和推展出核心家庭、擴大的家庭、宗族、親緣群體等社會基本的人際關係結構。為了研究家庭內部的供養關係，我們以親子關係為核心建立一個簡化的傳統家庭模型：家庭成員由祖父、父親和兒子三代人構成。從創造價值的角度來講，三代人在家庭經濟活動中的地位不同，祖父和兒子是完全的消費者，父親不但要生產自己消費的產品，還要生產剩餘產品供祖父和兒子消費。

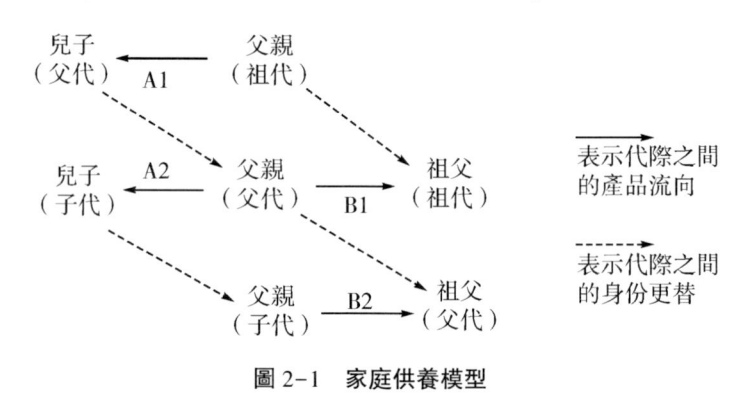

圖 2-1　家庭供養模型

圖2-1是一個家庭供養模型。在上邊一個平行四邊形中，兒子從父親那裡得到一部分產品，依靠父親的供養生活；然後父子分別進入到生命歷程的下一個階段，父親以其部分勞動所得供養失去勞動能力的祖父。在這個閉合的平行四邊形中，實現了家庭內部的第一次代際交換：父代與祖代的交換。在下邊一個平行四邊形中，父親以其部分勞動所得供養兒子，然後父子分別進入到生命歷程的下一個階段，兒子再以其部分勞動所得供養失去勞動能力的父親。在第

---

① 費孝通. 家庭結構變動中的老年贍養問題——再論中國家庭結構的變動 [J]. 北京大學學報（哲學社會科學版），1983（3）.

二個閉合的平行四邊形中，實現了家庭內部第二次代際交換：子代與父代的交換。

圖中的兩個平行四邊形也可以分成三個階段：第一階段，父代的消費由祖代預支，相當於從祖代借貸；第二階段，父代以勞動創造的價值來補償第一階段的借貸，同時以其部分勞動所得支付子代的消費，並取得由子女將來贍養自己的權利；第三階段，子代成年後供養父代，償還他們幼年時父母撫養自己成長所付出投資。可見，每一代老年人獲得子女贍養的權利是以他們過去撫養子女為條件換來的，家庭養老製度體現了家庭內部的代際交換關係。

假定家庭結構是恆定的①，也就是說每一代生育的子女數一樣，同時每一代人的壽命相同，消費力相同，有 A1＝A2，B1＝B2；那麼不管在每個閉合平行四邊形中的交換是否等價，兩個平行四邊形的加總一定是等價的：父代的淨支出 A1+B1 等於父代的淨收入 A2+B2。即是說，家庭中的每一代人與其他代之間的交換是等價的。由此，得出一個結論：家庭內部的養老關係體現的是父母養育子女和子女贍養父母之間義務和權利的對等關係，或者說等價的代際交換關係。

再考慮另一個問題，為什麼在整個農業社會儲蓄養老的模式始終沒有發展起來，反而是代際供養這種模式占據了主導地位。根據生命週期假說（Life Cycle Hypothesis），理性的人會按照一生中全部收入來「平滑」其每個年齡段的消費水平，他們會在年輕的時候將一部分勞動收入儲蓄起來用於老年階段進行消費，儲蓄養老實際上是個體勞動收入的延期消費，這也是主張養老責任在於個體自身的理論根據。但是理論上的生命週期假說並不能直接適用於自給自足的傳統社會②。按照薩繆爾森的論述③，在一個沒有貨幣，而且生產的產品不能被儲存（例如食品）的經濟裡，喪失勞動能力的老年人除非從年輕人那裡獲得產品，否則將無法獲得所需的生活資料。也就是說，在物物交換的背景下，個人儲蓄是無法實現的，也不可能依靠儲蓄的方式來實現養老的功能，代際供養成為唯一養老模式。在整個傳統社會，直接的個人養老一般是與家庭養老結合在一起，老年人收入補償的供給主體都是以家庭為單位的家庭累積，也

---

① 在傳統社會，總人口年齡結構相對穩定，家庭規模也相對固定，因此家庭結構恆定的假設是合理的。

② 劉瑋.「梯度責任」：「個人—政府」視角下的養老保險［J］. 經濟問題探索，2010（12）.

③ Samuelson, P. A. An Exact Consumption-Loan Model of Interest with or without the Social Contrivance of Money. Journal of Political Economy, LXVI, 1958：467-482.

稱為代際供養。

當貨幣產生以後，人們可以在年輕的時候將部分產品交換成貨幣，然後在老年階段再用儲蓄的貨幣換回所需的產品，這表明貨幣的產生是儲蓄養老能夠存在的必備要件。當然，要實現儲蓄養老必須滿足兩個條件：一是貨幣作為交易的媒介得到普遍的認可，並且能夠長期保存，人們可以在年輕的時候將產品換成貨幣，然後存儲起來帶入老年階段；二是產品市場存在，人們能夠隨時將產品換成貨幣，也能夠隨時將貨幣換回產品。從經濟學的角度來講，市場交換是有成本的，而且市場的發育越是不成熟，這種交換的成本越高。顯而易見，在傳統農業社會市場的發育始終處於一個較低的水平，人們要在年輕的時候將產品換成貨幣，然後到了老年再將貨幣換成產品的成本很高，儲蓄養老的模式未必會比代際供養的模式更為經濟。相反，家庭成員共同生活在一起，採用子女供養父母的方式是最簡易的一種形式，即使從經濟學的角度來考慮，也是降低交易成本的合理選擇。更為關鍵的是，家庭內部的行為並不能完全適用經濟學分析範式，家庭作為一個社會組織，必須承擔起某些社會功能，例如養育後代。子女弱小時父母有責任和義務養育其長大成人，同樣父母年邁喪失勞動能力時，子女也有義務供奉照料他們，為老年人提供物質支持。代際供養的合理性在於將家庭的育幼功能與養老功能天然地結合在一起，生育和撫養子女的費用，可以看成是父母為了獲得子女將來贍養自己而繳納的養老基金，這筆「基金」以子女的人力資本累積為物質形式保值增值。父母要想在年老時生活有所保障，則必須通過生育養育子女來實現，更多的子女意味著家庭養老保障能力的增強，這也解釋了在傳統社會為什麼人們偏好於多生子女。

由此可見，傳統的家庭養老保障製度是建立在勞動力儲蓄基礎之上的家庭內部代際交換機制，是在家庭內部形成的「養老基金」的繳納、累積、增值以及給付的完整體系，在這種形式下的代際交換是一種直接的產品交換。家庭養老機制實質上是以血緣關係來維繫的世代之間的養老承諾，並通過社會倫理得到強化，在家庭養老制度下人們相信每一代人都應該以自己的勞動貢獻來承擔養老責任。當然，家庭養老作為一種非正式製度安排，屬於私人代際交換。

2.1.2 社會養老是社會化的代際交換

進入現代社會，家庭養老逐漸失去了賴以存在的兩大基礎：以家庭生產為核心的小農經濟和以主幹家庭為主導的家庭結構模式。在漫長的傳統社會，人們一直是以家庭為依託建立老年人生活保障製度。然而，隨著傳統社會向現代

社會轉變，社會化大生產取代了小農生產。與社會化大生產相適應的商品經濟佔據主導地位，以往可以由家庭來實現的許多功能被社會機構所取代，絕大部分產品和服務都可以通過交換從家庭以外來獲取，家庭的生產功能外移，不再是生產的主要單位，其經濟功能主要表現為組織消費，養老功能也不再通過家庭內部的實物交換形式來實現，而是以貨幣為主要媒介，由社會機構支付養老金的形式來實現養老的功能。貨幣作為代際交換的媒介後，養老功能就分解為資金提供和產品服務供給兩個方面，老年人不再局限於依賴自己的子女，而是用貨幣化的養老金直接向市場購買所需的產品和服務，因此貨幣也就成為老年人口向整個社會索取「投資」回報的憑證[1]。家庭不再是一個自給自足的封閉系統，社會成員的流動性加大，家庭的結構也開始發生顯著變化，家庭規模持續縮小，以夫妻加未成年子女為特徵的核心家庭佔據主導模式，主幹家庭減少，空巢家庭逐漸增多。尤其隨著現代社會中社會保障和福利製度的建立和逐步完善，以家庭養老為主體過渡到了以社會養老為主體。將家庭中成員之間的代際關係擴展到整個社會，我們可以把全部人口分為三部分：未成年人口、成年人口和老年人口，其中只有成年人口是完全勞動力，他們的產出大於消費[2]，未成年人和老年人口只能從成年人那裡獲得產品。

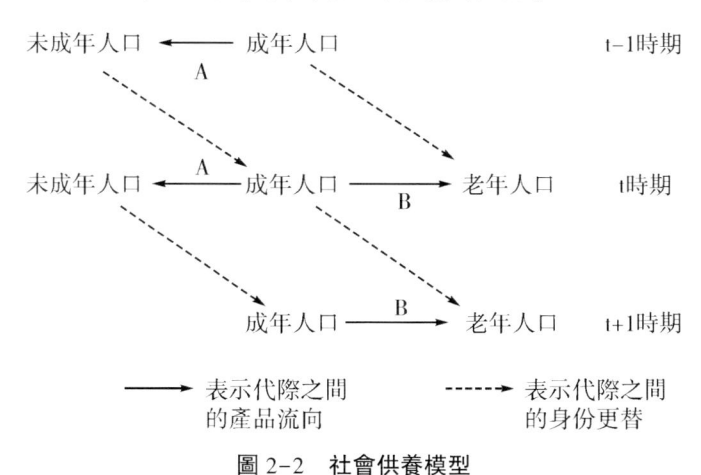

圖 2-2　社會供養模型

圖 2-2 是一個社會供養模型[3]，在 t-1 時期成年人口將自己勞動產品的一部分轉移給未成年人，供沒有生產能力的未成年人口生存所需；隨著從 t-1 時

---

[1] 杜亞軍. 代際交換——對老化經濟學基礎理論的研究 [J]. 中國人口科學, 1990 (3).
[2] 成偉. 代際交換之正義 [J]. 學術交流, 2007 (4).
[3] 杜亞軍. 代際交換與養老製度 [J]. 人口研究, 1989 (5).

期進入到 t 時期，未成年人口和成年人口分別轉換為成年人口和老年人口，在 t 時期，成年人口將自己勞動產品的一部分轉移給老年人口，供喪失勞動能力的老年人口生存所需。在上邊一個閉合的平行四邊形中，完成了代際的第一次交換。同時在 t 時期，成年人口還要將自己勞動產品的一部分轉移給未成年人口；隨著從 t 時期進入到 t+1 時期，未成年人口和成年人口分別轉換為成年人口和老年人口，在 t+1 時期，成年人口將自己勞動產品的一部分轉移給老年人口。在下邊一個閉合的平行四邊形中，完成了代際的第二次交換。

為了讓這一抽象模型與現實情況更加吻合，我們需要作以下幾點說明：其一，模型反應的是代際的淨物質財富流向，但在實際中沒有哪一代人是代際物質財富流的純粹接受者或者提供者。其二，雖然從理論上講時期的劃分可以是連續變量，但是實際上時期劃分只需採用離散變量的形式。

假定人口年齡結構是穩定的，即是說各年齡組人口占總人口的比重不隨時間而變動。再假定每一代人的壽命相同，消費力相同。那麼不管在每個閉合平行四邊形中的交換是否等價，兩個平行四邊形的加總一定是等價的：t 時期成年人口的淨支出 A+B 等於前後兩個時期他們從上代人口和下代人口得到的淨收入 A+B。這說明在人口年齡結構穩定的假設之下，代際的交換從數量上看是等價的，每一代人終生創造的財富從價值量上來講等於這一代人終生消費的產品①。即使人口年齡結構不是穩定的，也只是改變代際交換在量上的等價關係，而無法改變代際互相交換勞動的實質。

費孝通將中國的代際關係稱為「反饋模式」，甲代撫育乙代，乙代贍養甲代，乙代撫育丙代，丙代又贍養乙代，總之都是兩代人之間互相供養（可以用圖 2-2 的模型來解釋）；而將西方的代際關係稱為「接力模式」，甲代撫育乙代，乙代撫育丙代，代際是一種單向的付出②。實際上，中國和西方在代際關係上的區分只具有靜態方面的意義。中國的養老模式是代際交換在家庭內部進行的一種表現，只是代際交換的初級階段；西方的養老模式是一種社會化的養老，相當大一部分養老功能已經由專業化的社會機構來承擔，從家庭的視角去觀察只能看到父母對子女的撫養而很少看到子女對父母的贍養，然而從整個社會的視角來觀察，代際交換關係仍然成立，因此西方的贍養模式不過是代際

---

① 杜亞軍. 代際交換與養老製度 [J]. 人口研究，1989 (5).
② 費孝通. 家庭結構變動中的老年贍養問題——再論中國家庭結構的變動 [J]. 北京大學學報（哲學社會科學版），1983 (3).

交換演進過程中的更高階段①，可以稱為公共代際交換。我們甚至可以做如此的推演：無論社會處於何種歷史發展階段，代際交換關係始終是成立的。

2.1.3 養老保險本質是代際經濟交換關係

養老保險是社會養老②最基本、最主要的實現形式。從籌資模式來看，養老保障有多種形式，大致可分為個人儲蓄式養老、子女贍養式養老、企業年金式養老、私人保險式養老以及社會保險（保障）式養老③。毋庸置疑，從家庭養老向社會養老的轉變是社會發展的必然趨勢，當養老的職能從家庭轉移到社會時，社會保險成為迄今為止世界各國最普遍的養老保障模式。社會保險一般是由國家通過法律強制建立的，為使勞動者在因達到法定退休年齡而退出勞動崗位後，通過政府提供的養老金來維持其基本生活的普遍性保險製度，目的在於化解老年生活風險、抵禦老年貧困、保障老年基本生活。這種通過向雇主和職工徵收社會保險稅（費）籌集資金，然後向退休職工提供生活津貼的形式可以有效地將資源從年輕一代轉移到老年一代。採取社會養老保險的形式來保證老年階段的生活，老年人經濟補償的主要來源是社會保險稅（費），這種通過政府「轉移支付」來實現的老年收入最終仍然是勞動者以自己的體力與智力所創造的價值，本質上都是個體勞動收入的延期支付。就養老責任而言，個人依然是養老保險中的實際承擔主體。

嚴格地講，全世界的養老保險模式只有兩種：現收現付制（Pay-As-You-Go）和基金累積制（Funded System）。現收現付制是利用在職人口所繳納的社會養老保險稅（費）為同一時期退休人口支付養老金的製度安排，我們稱之為代際供養模式。基金累積制是養老保險計劃的參加者在工作期間將一部分收入交給某個承辦者形成養老保險基金，退休以後，養老保險計劃的承辦者將累計的本金和投資回報兌現養老金承諾的製度安排④，又可稱之為自我儲蓄模式，它和個人儲蓄的本質是一致的。

---

① 杜亞軍. 代際交換與養老製度 [J]. 人口研究，1989（5）.
② 「社會養老」是與「家庭養老」相對而言的一個概念。在本書中我們主要著眼的是養老資金的籌集和給付，而非養老服務的提供，因此書中的家庭養老是指養老資金由家庭籌集並在家庭內部支付，社會養老則是指養老資金在全社會範圍內籌集和使用。
③ 郭慶旺，等. 中國傳統文化信念、人力資本累積與家庭養老保障機制 [J]. 經濟研究，2007（8）.
④ 李紹光. 養老金：現收現付制和基金制的比較 [J]. 經濟研究，1998（1）.

現收現付制存在跨代的收入再分配問題，顯然會影響到不同世代人的福利。圖 2-3 是一個現收現付制養老保險模型。儘管「養老」和「育幼」是人類社會不可分割的兩個功能，但是為了簡化分析，我們在該模型中將育幼功能與養老功能獨立開來，因此養老保險自成一個封閉的系統。在 t-1 時期，在職人口將自己勞動產品的一部分轉移給退休人口，供退休人口生活所需，同時取得退休後由下一代在職人口供養自己的權利；在 t 時期，在職人口轉換為退休人口，社會組織兌現養老承諾，退休人口獲得下一代在職人口的部分勞動產品；如此遞延下去。每一代退休人口獲得的養老保險權利是通過自己在職時向上一代退休人口無償提供勞動產品換取的。

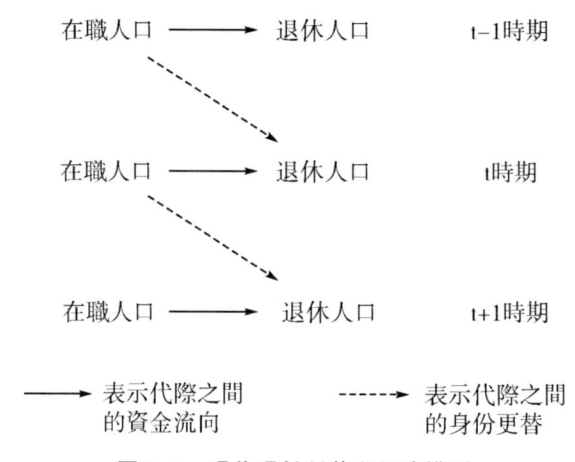

```
在職人口 ──────→ 退休人口        t-1時期
          ╲
           ╲
            ╲
在職人口 ──────→ 退休人口        t時期
          ╲
           ╲
            ╲
在職人口 ──────→ 退休人口        t+1時期


──────→  表示代際之間        ------→  表示代際之間
         的資金流向                    的身份更替
```

圖 2-3　現收現付制養老保險模型

基金累積制從形式上講是退休人口自己養活自己。圖 2-4 是一個基金累積制養老保險模型，在 t-1 時期，在職人口通過商品交換將自己勞動產品的一部分轉移給退休人口，供退休人口生活所需，與此同時在職人口從退休人口得到貨幣並存儲起來形成養老保險基金（在這個模型中沒有考慮基金的投資情況）；在 t 時期，在職人口轉換為退休人口，他們將存儲的養老保險基金與下一代在職人口進行商品貨幣交換，購買到下一代在職人口的部分勞動產品，用於退休後的生活所需；下一代在職人口換回貨幣也存儲起來形成養老保險基金，如此遞延下去。表面上看，基金累積制似乎是退休人口自己在養活自己，不存在代際交換。

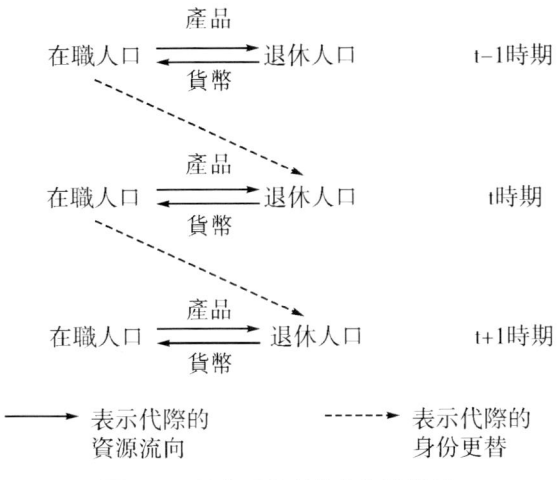

```
        產品
在職人口 ⇌ 退休人口        t-1時期
        貨幣

        產品
在職人口 ⇌ 退休人口        t時期
        貨幣

        產品
在職人口 ⇌ 退休人口        t+1時期
        貨幣
```

⎯⎯→ 表示代際的資源流向   ----→ 表示代際的身份更替

圖 2-4　基金累積制養老保險模型

然而，基金累積制從本質上看仍然是代際交換。退休人口手中的貨幣本身並不是現實的社會產品和勞務，而是取得商品的一種憑證，或者說是追索自己先期已經借出的勞動產品的憑證，退休人口獲得的產品和勞務仍然是參與生產勞動的在職人口所提供的①。養老保險製度的建立，使得在職人口從儲蓄中切出一塊用於支付退休人口的養老金（現收現付制下）或者作為養老保險基金存儲起來用於將來的養老（基金累積制下）。從老年人收入的角度講，現收現付制下在職人口提供給退休人口的是貨幣（養老金），而基金累積制下在職人口提供給老年人口的直接就是產品和勞務。因此，現收現付制與基金累積制沒有改變養老保險代際交換關係（或代際契約關係）的本質，無論是現收現付制還是基金累積制都需要年輕一代承擔向老年一代提供生活資料的責任，在代際的關係問題上，兩種製度安排沒有本質的差別，有的只是程度和表現形式上以及人們心理感覺上的差別②。因此，養老保險體現的是一種代際福利交換關係③，或者說是退休人口參與社會產品再分配的一項製度安排，養老保險體系中的代際交換是以國家法律保證的多代人共同參與的交易④。

---

① 杜亞軍. 代際交換——對老化經濟學基礎理論的研究 [J]. 中國人口科學, 1990 (3).
② 劉曉霞. 代際再分配與中國養老保險模式的選擇 [J]. 商業研究, 2007 (3).
③ 陳平路. 養老保險體系的世代交疊 CGE 模型：一個研究綜述 [J]. 商情, 2007 (1).
④ 王作寶. 代際公平與代際補償：養老保險可持續發展研究的一個視角 [J]. 東北大學學報, 2016 (1).

2.1.4 養老保險代際交換關係的經濟學模型

社會養老保險可以看著是在政府干預下的個人儲蓄和消費決策，個人儲蓄則是不存在政府介入的完全個人決策行為。經濟學界對養老保險代際交換（分配）關係的研究，尤其是關於現收現付制和基金累積制養老保險模式的比較，往往以薩繆爾森（Samuelson）創立的疊代模型（Overlapping Generations Model）為理論基礎。疊代模型由薩繆爾森[①]提出後，1965 年經過戴蒙德（Diamond）[②]擴展，也稱為戴蒙德模型。疊代模型的核心思想是強調代際存在交互關係，由於儲蓄會改變資本在不同時期的形成，從而影響到福利在代際的分配。疊代模型能夠很好地反應公平和效率隨時間線的變動，這也正是它可以用於解釋養老保險製度的內在邏輯[③]。

模型的基本假設：經濟主體的生命週期被簡化為青年期和老年期，在每一個時期同時存在青年人（在職人口）和老年人（退休人口），第 t 期的青年人將在第 $t+1$ 期變為老年人，青年人的經濟行為分為生產和消費，而老年人只進行消費。儘管這一假設與現實差距較大，但是並不影響模型對研究對象本質關係的概括，因此具有合理性。

令 $C_{1,t}$ 和 $C_{2,t}$ 分別表示 t 時期年輕人和老年人的消費，一個 t 時期出生的人終生效用 U_t 取決於 $C_{1,t}$ 和 $C_{2,t+1}$，假定經濟主體是同質的且為風險中性，具有相同的效用函數形式：

$$U(C_t) = \frac{C_t^{1-\theta}}{1-\theta} \tag{2-1}$$

其中，$\theta = -C_t U''(C_t)/U'(C_t) > 0$。個體的終生效用為：

$$U_t = \frac{C_{1,t}^{1-\theta}}{1-\theta} + \frac{1}{1+\rho} \cdot \frac{C_{2,t+1}^{1-\theta}}{1-\theta} \tag{2-2}$$

企業使用勞動力和資本進行生產，在競爭性市場按照要素的邊際收益分別支付工資和利息，企業的生產函數採用柯布—道格拉斯生產函數形式，規模報酬不變，且生產函數滿足稻田條件。

---

① Samuelson, P. A.. An Exact Consumption-Loan Model of Interest with or without the Social Contrivance of Money. Journal of Political Economy, LXVI, 1958：467-482.

② Dimond, P. A. National Debt in a Neoclassical Growth Model, American Economic Review, 1965（December）：1126-50.

③ 鐘誠，周婷婷. 基於世代交疊模型的養老保險製度與儲蓄率關係研究［J］. 海南金融，2009（5）.

$$Y_t = F(K_t, A_t L_t) \tag{2-3}$$

其中，產出為 Y_t，勞動力要素為 L_t，資本要素為 K_t，A_t 代表技術進步系數。令人均資本 $k_t = K_t/A_t L_t$，利率為 r_t，工資率為 w_t。

$$\frac{Y_t}{A_t L_t} = \frac{F(K_t, A_t L_t)}{A_t L} = F(\frac{K_t}{A_t L_t}, 1) = f(k_t) \tag{2-4}$$

$$r_t = \frac{\partial F(K_t, A_t L_t)}{\partial K_t} = f'(k_t) \tag{2-5}$$

$$w_t = \frac{1}{A_t} \frac{\partial F(K_t, A_t L_t)}{\partial L_t} = f(k_t) - k_t f'(k_t) \tag{2-6}$$

個體在 t 期的收入為 $A_t w_t$，扣除消費 $C_{1,t}$ 後剩餘的為儲蓄 $S(r_{t+1}) = (A_t w_t - C_{1t})$，該儲蓄在 $t+1$ 期全部用於消費。因此，個體的消費約束條件為：

$$A_t w_t = C_{1,t} + \frac{1}{1+\rho} C_{2,t+1} \tag{2-7}$$

將（2-2）和（2-7）聯合建立拉格朗日函數並求導得到：

$$C_t = \frac{(1+\rho)^{1/\theta}}{(1+\rho)^{1/\theta} + (1+r_{t+1})^{(1-\theta)/\theta}} A_t w_t \tag{2-8}$$

由此得到儲蓄函數為：

$$S_t(r_{t+1}) = A_t w_t - C_{1t} \frac{(1+r_{t+1})^{(1-\theta)/\theta}}{(1+\rho)^{1/\theta} + (1+r_{t+1})^{(1-\theta)/\theta}} A_t w_t = s_t(r_{t+1}) A_t w_t \tag{2-9}$$

其中，$s_t(r_{t+1})$ 為儲蓄率，它是預期利率或者下期利率 r_{t+1} 的函數。t 期末的儲蓄額成為 $t+1$ 期初的資本存量。

$$K_{t+1} = S(r_{t+1}) L_t \tag{2-10}$$

令 $L_{t+1} = L_t(1+n)$，$A_{t+1} = A_t$，其中 n 為勞動人口增量率，這是一個外生變量。

$$k_{t+1} = \frac{K_{t+1}}{A_{t+1} L_{t+1}} = \frac{s_t(r_{t+1}) A_t w_t L_t}{A_{t+1} L_{t+1}} = \frac{s_t(r_{t+1})}{(1+n)} w_t \tag{2-11}$$

由（2-11）可知，代際的影響是通過資本傳遞的，上一期的儲蓄影響下一期的資本，進而影響下一期的產出，也就影響到下一期在職人口的工資收入，如此世代交疊影響[①]。將此模型運用於養老保險，養老保險的繳費率[相當於 $s_t(r_{t+1})$]會影響到下一期的資本形成和產出，同樣也會影響到下一期在職人口的福利水平，因此繳費率實質上起到調節代際分配關係的效果。疊代模型

---

① 萬春. 中國混合制養老金製度的基金動態平衡研究［M］. 北京：中國財政經濟出版社，2009：40.

作為研究養老保險領域的動態模型得到學術界普遍的認可，在本書中也是作為進一步構建相關模型的基礎。

2.2 養老保險可持續發展的內涵

養老保險可持續發展是一個重要的基礎性概念，學術界和實務界已經使用了很長的時間，但是一直沒有明確的概念界定，多數情況下都是將可持續發展等同於基金平衡。可持續發展理念作為一種倫理約束，或者說是從基本倫理中引申出來的價值取向，最核心的內容就是如何處理好人類社會世代之間的關係。代際最主要的關係不外乎消費與儲蓄，怎樣更為合理地確定國民收入在消費、累積和養老保險繳費之間的比例關係，以實現跨時期消費的福利最大化是養老保險製度設計的主要內容[1]。

2.2.1 代際公平與可持續發展具有相同的價值指向

養老保險可持續發展意味著養老保險製度體系要滿足可持續發展思想的基本要求。可持續發展（Sustainable Development）最權威的定義來自於布倫特夫人（Groharlem Brundtland）向聯合國環境與發展委員會提交的名為《我們共同的未來》這一報告之中，即「可持續發展是既滿足當代人（Present Generations）的需要，又不對後代人（Future Generations）滿足其需要的能力構成危害的發展」[2]，這一廣泛認可的定義中蘊含的核心思想是：資源在代際的分配應當是公平正義的，應該向每一代人提供實現富裕生活的可能和機會。把可持續發展的核心思想與代際公平（Inter-generation Fairness）的基本內涵對照研究，我們發現可持續發展實質上就是以實現代際公平為基本價值指向（Value Orientation）的發展，也可以說代際公平是可持續發展的本質要求和核心內容。1994年國際人口與發展會議上通過的《國際人口與發展行動綱領》提出「可持續發展問題的中心是人」的觀點，講可持續發展這個話題，離不開人口以及與人口相關的問題。

由美國學者塔爾博特·R.佩基（T. R. Page）最早提出的「代際公平」這一概念，主要涉及的是當代人與後代之間的福利和資源分配問題。他認為，

---

[1] 孫雅娜. 中國養老保險最優繳費率的實證分析 [J]. 當代經濟管理，2009 (7).
[2] 世界環境與發展委員會. 我們共同的未來 [M]. 長春：吉林人民出版社，1997.

由於前代的決策效果將影響到以後好幾代人的利益，各代人之間應當就上述好的或不好的結果按照一定的公平原則進行分配①。羅爾斯認為代際正義主要指當代人對未來世代的義務和責任。代際公平不僅涉及不相交疊的世代之間，也涉及相互交疊的世代之間。代際公平不僅局限於環境政策，也廣泛適用於經濟政策、就業政策和社會保障政策等。然而國內研究者使用到代際公平概念時，往往局限於生態倫理（資源環境領域）。大衛·皮爾斯（D. W. Pearce）認為，在確保當代人福利增加的同時不至於導致後代人所得利益減少，這樣的分配狀態就達到代際公平②。代際公平可以分為三個緯度：同一出生代人（birth cohorts）內部的公平，相鄰兩代人（交疊的世代）之間的公平，當代人（在場各代人）與後代人（當前尚未出場而在以後某個時候必然出場的人）之間的公平。總之，代際公平就是指人類世代之間對資源、財富、貢獻與收益、權利與義務分配的合理性③。

2.2.2 養老保險代際公平的界定

在養老保險領域的「代際公平」爭論的焦點是：先出場的一代人是否有義務考慮以後出場世代的福利；如何在世代之間確定一個公正合理的分配比例；世代間是否有義務相互分擔因人口和經濟因素帶來的系統性風險，即每一代是否有義務有責任關心其他世代，並為了滿足其他世代的生活需要而犧牲自己基於繳費而「應得」的福利④；每一代人都對上代人作出貢獻，並從下代人那裡索取養老權利，對於養老保險製度建立之初的一代人而言，由於他們沒有付出任何成本而享受了製度的福利，這是否符合正義原則。

羅爾斯將基本製度和製度設計所形成的社會結構應該符合正義原則作為一條基本公理，推演出每個人都擁有一種基於正義的不可侵犯性，即使以社會整體利益之名也不能超越。按照羅爾斯對正義的論述，分配公平或正義⑤應滿足兩個原則：一是優先原則，任何代人之間對於資源的分配應享有平等的權利，即分配機會的平等。二是差別原則⑥，即使存在不平等，資源的分配在與每一

---

① Page T. Conversation and Economic Efficiency: An approachto Material Policy. The Johns Hopkins University Press, 1977.
② 大衛·皮爾斯. 綠色經濟的藍圖 [M]. 何曉軍, 譯. 北京：北京師範大學出版社, 1996: 28-45.
③ 邱玉慧. 代際正義視角下的社會養老保險製度研究 [D]. 長春：吉林大學, 2013.
④ 邱玉慧. 澄清養老保險「代際公平」內涵 [N]. 中國社會科學報, 2014-08-22 (B02).
⑤ 公平是正義的應有之義。
⑥ 差別原則實際就是效率原則。

代發展水平相適應的累積率的前提下，應滿足最低受惠者（弱勢群體）的最大利益①。羅爾斯批評了福利經濟學理論對處理代際分配問題的誤導，福利經濟學認為如果一種製度設計導致一部分人的利益損失小於另一部分人的利益所得，那麼這種製度仍然是符合效率原則的，由此可以推論出較窮的世代應當為了富裕得多的後代的更大利益做出犧牲。而羅爾斯認為這種利益權衡在代際分配的問題上難以獲得正義原則的認同，因為在世代交替過程中每一代人沒辦法界定自己所處的位置，也就沒有辦法確定自己這一代人是應當犧牲或者受益，而且受益的後代無法倒回去對受損的一代人進行補償，福利經濟學的原則是無法適用的。

儘管不可能精確地計算出一個代際進行合理分配的比例，但不能因為問題太難就放棄這種努力，而應當從基本的倫理法則引申出確定合理分配比例的依據。羅爾斯認為如果存在一個正義的儲蓄原則（Just Savings Principle），那麼就可以確定最低限度社會保障的標準。由於最低限度的社會保障是由一定比例的稅賦來調節的，提高社會保障的標準必然要通過提高稅率來適配，什麼樣的稅率才是符合正義的儲存原則？大概當這種比例增大到越過某一點時，就可能發生下面情況中的一種：或者恰當的儲蓄不能形成，或者沉重的稅收大大干擾經濟效率，以至於不再改善而是降低現在的世代中最小獲利者的前景。確定養老稅負比例的方法是將自己設想為父親的角色，他為了兒子所願意儲存的數量和他認為自己有權利向上一代要求的數量之間達到平衡，「當他們達到一個父子兩方面看來都是公平的設計、並且為改善他們的環境留下了必要的資金時，這一階段的公平的儲存比率就被確定了。」② 羅爾斯的這一論述可以移植到我們對養老保險代際公平的界定上：由年輕一代創造的社會產品必然用於老年一代和年輕一代之間的分配，體現代際公平的分配方案應當既滿足老年一代的需要，又不對年輕一代滿足其需要的能力構成危害，既不能犧牲當前已退休老人的基本養老需求來滿足在職人口現實利益最大化，也不能犧牲在職人口未來的養老需求來滿足當前已退休老人的養老需要。從社會發展的趨勢來看，人均產值總是在向上增長，假定人口結構是恆定的，年輕一代提供給老年一代生活資料的數量至少不低於老一代年輕時轉移給上一代的老年人生活資料的數量，這才是正義的代際分配法則。關於代際分配的正義性原則，羅爾斯歸結為一點：不同世代的人和同時代的人一樣，都對彼此負有責任和義務，當前的這一代人並

---

① 也就是縱向平等，「這種體制應該使得收入再分配向低收入的個人和家庭傾斜」，參見：尼古拉斯·巴爾．福利經濟學前沿問題 [M]．王藝，等，譯．北京：中國稅務出版社，2000．

② 羅爾斯．正義論 [M]．何懷宏，等，譯．北京：中國社會科學出版社，1988．

不能隨心所欲，而是要受到一些原則的約束。引申開來就是說，在養老保險領域，當前這一代人不能只考慮自己的利益，而應該依據基本的道德倫理，對自己的決策行為有所約束，製度設計必須兼顧到人類世代之間的利益分配均衡。

代內公平也是代際公平的應有之義，養老保險應當體現出代內的再分配功能。代際關係還包含了同一代人內部的橫向關係。養老保險製度的分配效應有兩種實現形式：一是代際間收入的分配，主要是從年輕一代向老年一代的財富轉移；二是權利與義務在同一代人之間進行的分配。可持續發展不僅要求體現出年輕人與老年人之間的公平正義，也要求體現出年輕人之間或老年人之間的公平正義。代內公平是可持續發展公平原則在空間維度的要求，同代人之間的發展不能以一部分人損害另一部分人的利益為代價。

可持續發展思想的精髓是追求公平、正義、合理，但是公平不等於平均，如果不以效率為參考，公平很容易陷入平均主義的泥潭。按照我們對養老保險可持續發展內涵的界定，養老保險可持續發展也就是如何處理好年輕人與老年人間進行合理收入分配並實現效用最大化的問題。從效率的角度來理解代際公平或養老保險可持續發展，實際上就是要講社會福利的最大化，而不是某一代人或某一部分人利益的最大化。養老保險代際公平的本質依然是效率與公平之間的價值選擇。

2.2.3　謀求代際公平是養老保險製度可持續發展的核心命題

代際關係首先是反應人類世代之間的縱向關係，資源[①]的利用和分配是代際關係的主要內容。與自然資源的利用和分配一樣，養老保險也是一種典型的代際關係。養老保險涉及代際的收入分配，如何體現分配的公平與正義成為不可避免的問題。代際需要分配的生活資料在每個時期都是稀缺的，具有排他性，在一代人中分配得多，必然在另一代人中分配得少，正是由於資源稀缺性約束存在，資源在代際分配的公平與正義就顯得尤為必要。某個具體的養老保險製度不但會影響在場各代人之間的利益關係，而且會影響到當代人與後代人之間的利益關係。養老保險是在代際實施資源分配的一種製度安排，是一種公民之間和世代之間精密的權利和義務網路[②]，是通過一定的製度設計將生活資料在老年一代與在年輕一代之間進行分配，其核心問題是世代之間貢獻、收益及風險的分擔的正當性和合理性[③]。正如鄭功成所提出的社會保障製度天然追

[①] 這裡的資源概念是廣義上的，不局限於自然資源。
[②] Richard A. Epstein, Justice across the Generations, Texas Law Review, 1989, 67: 1478.
[③] 邱玉慧. 代際正義視角下的社會養老保險製度研究 [D]. 長春：吉林大學，2013.

求公平，因此公平也是養老保險製度追求的根本目標①，既然養老保險的本質是代際的分配和交換關係，養老保險所追求的公平最核心地體現在代際公平之上。

2.2.4 養老保險可持續發展的評價體系

歐盟委員會將待遇充足性、財務可持續性和對變化的適應性作為判斷養老金系統長期可持續的三大原則②。世界銀行的《21世紀老年收入保障》將提供充足、可負擔、可持續和穩健的退休收入作為養老金製度的基本目標③，在這個文本中可持續主要指財務支付能力。Aaron認為可持續的養老保險系統應當照顧到世代之間的負擔公平，在不向下一代轉嫁繳費負擔的前提下，一方面要保證老年人得到充足的養老金待遇，另一方面養老保險系統又不會出現長期的償付能力風險④。事實上，在養老保險研究領域裡，可持續的語境從來就不應該只是財務平衡的問題，而是要與製度的核心價值目標聯繫在一起。

從宏觀經濟層面理解，養老保險可持續發展強調養老保險系統與宏觀經濟系統之間的協調發展。養老保險體系是宏觀經濟的一個子系統，養老保險的可持續性是建立在與經濟協調發展的前提下，養老保險製度應該與勞動力市場和資本市場的效率結合起來，「能夠以一定的傳導機制與長期經濟增長之間形成良性互動」⑤。經濟學家一直都致力於通過研究養老保險的儲蓄效應來分析其對經濟增長的影響，根據經濟學理論，人均產出是人均資本的增函數，而資本的累積依賴於儲蓄，養老保險製度的存在改變了儲蓄行為，進而影響外部經濟的平衡⑥。除了影響儲蓄行為，養老保險製度還影響勞動力供給的成本，養老保險作為退休人口參與社會產品再分配的一種製度安排，在職人口的繳費率是調節代際分配比例關係的重要機制，如果養老保險繳費率或者與工資收入相關的社會保險稅率過高，妨礙到人力資源的開發和利用，進而對勞動生產率的提

---

① 鄭功成. 科學發展與共享和諧 [M]. 北京：人民出版社，2006.

② European Commission. Objectives and working methods in the area of pensions: Applying the open method ofcoordination. Joint Report of the Social Protection Committee and the Economic Policy Committee. Luxembourg: Official Publications of the European Communities, 2001.

③ Holzmann, Robert and Richard Hinz. Old-Age Income Support in the 21st Century: An International Perspective on Pension Systems and Reform. Washington, D. C: World Bank, 2005, 55-58.

④ Aaron George Grech. Assessing The Sustainability of Pension Reforms in Europe. A thesis submitted to the Department of Social Policy of the London School of Economics for the degree of Doctor of Philosophy, London, March 2010.

⑤ 胡秋明. 走向可持續的養老金製度 [J]. 中國社會保障，2011 (10).

⑥ Heikki Oksanen. 中國養老保險製度——改革方案的初步測評 [J]. 社會保障研究,2011(1).

高造成不利的影響，減少商品和服務的產出水平，這也不符合可持續發展的基本思想。

從製度層面理解，公平與正義是養老保險製度追求的核心價值。從製度層面評價養老保險可持續發展有這樣幾項內容：

（1）製度的公平性。公平包括機會公平、過程公平和結果公平。從機會公平來講，每個社會成員參與到養老保險製度中的機會應當是平等的，製度的全覆蓋和法定人員的全覆蓋正是機會公平的體現。從過程公平（也叫規則公平）來講，對老年人的收入保障應當作為一項正式製度來安排，必須以國家法律的強制形式為所有老年群體提供製度化、穩定的、可預期的收入保障。從結果公平來講，參與養老保險的社會成員在享受經濟發展成果方面應當具有合理性和協調性。

（2）製度的穩定性。將製度的穩定性作為可持續發展評價體系的一個方面，是考慮到如果製度朝令夕改，會造成政府破壞契約信守精神的印象，社會公眾就會對養老保險製度產生信任危機。

（3）待遇的充足性。可以用養老金替代率來衡量待遇的充足性，以貨幣形式提供給老年一代的平均養老金占社會平均工資的比重，稱之為養老金替代率。養老保險製度性質決定了替代率不能太高，也不能太低，太低的養老金待遇會導致製度價值受到質疑。理想地講，養老金應當確保退休勞動者的生活質量與就業期間相比不發生急遽下降；退一步講，養老保險所達成的代際分配方案至少應該滿足老年人的基本生活所需，避免發生老年貧困。

（4）繳費可承擔性。老年人養老金待遇的支付來自於年輕人繳納的養老保險費，繳費可承擔性是指養老保險費不能超出個人和企業的支付能力，或者不能將過高的支付責任轉嫁給未在場的幾代人。因為過高的繳費負擔會提高企業的勞動力成本，降低企業利潤，使企業失去活力和競爭力，進而影響到經濟的增長。適度水平的繳費需要在保障老年人的基本生活與保證經濟發展之間取得較好的均衡。

（5）責任分擔與權利義務對等性。責任分擔包括代際的責任、代內之間的責任、參保人與舉辦者之間的責任分擔。當系統性的風險發生的時候，老年人與年輕人應該共同分攤額外成本。製度設計還應在保證基本養老權益公平的前提下，適度體現效率原則，讓勞動貢獻更多的參保人相應獲得較多的待遇支付。

從基金運行的層面講，保證基金收支能夠實現長期平衡，或者基金支付能力的長期可持續性，也可以稱之為財務可持續性。財務可持續性的原始含義是指按製度規定繳費率徵繳的費用足以支付當期或未來的待遇，而不必另外提高

繳費率、削減待遇或由財政預算為赤字埋單①。顯然這一定義在人口老齡化不斷加深的背景下過於嚴格，修訂後的財務可持續性是指在代際分配公平的原則下，按製度規定繳費率徵繳的費用足以支付當期或未來的待遇，即使發生赤字需要由財政來補貼，也應當將財政的壓力控製在合理的範圍內。財務可持續一般用持續經營假設下的償付能力來衡量，國際上一些發達國家的政府會定期組織精算機構對公共養老基金的長期盈虧狀況做出預測，美國採用長期精算平衡指標來評估養老基金的收支狀況，主要指標有年度基金率、綜合收入率、綜合支出率②等；瑞典採用資產負債模型對養老金製度財務狀況進行評估。對養老保險財務可持續性評估，可以通過建立基金長期收支預測模型，並引用人口數據和養老保險製度內外參數進行動態仿真實驗。

表 2-1　　　　　　　養老保險可持續發展的評價體系

評價方面	評價指標	指標的主要含義	指標優先層級
製度層面	製度的公平性	全體社會成員參與養老保險的機會公平；以正式製度來安排社會成員的老年收入保障的過程公平；通過養老保險再分配功能達成的社會成員共享經濟發展成果的結果公平，包括代際也要共享經濟發展的成果，代際的負擔要均衡	1級
	待遇的充足性	養老金替代率能夠使退休勞動者的生活質量與就業期間相比不發生急遽下降，確保不發生老年貧困	2級
	繳費的可承擔性	養老保險費不能超出個人和企業的支付能力，不能影響到經濟發展的活力	2級
	權利義務對等性	養老保險製度設計要適度體現效率原則，讓勞動貢獻更多的參保人相應獲得較多的養老金待遇	3級
基金層面	基金支付能力的長期性	養老保險系統有充足的資金來源和儲備可以支付到期的養老金債務	4級
	財政負擔的可控性	養老保險基金如果發生赤字需要由財政來補貼，應當將財政的壓力控製在合理的範圍內	5級

---

① 羅伯特·霍爾茨曼，等. 21世紀的老年收入保障 [M]. 鄭秉文，等，譯. 北京：中國勞動社會保障出版社，2006.

② 年度基金率基金年末累計結餘與下年度支出的比例；綜合收入率是以百分比表示的時期初基金結餘加時期內每年總收入的現值與時期內徵稅工資現值的比例；綜合支出率是以百分比表示的時期內每年支出現值加時期末目標基金額現值與時期內徵稅工資現值的比例。

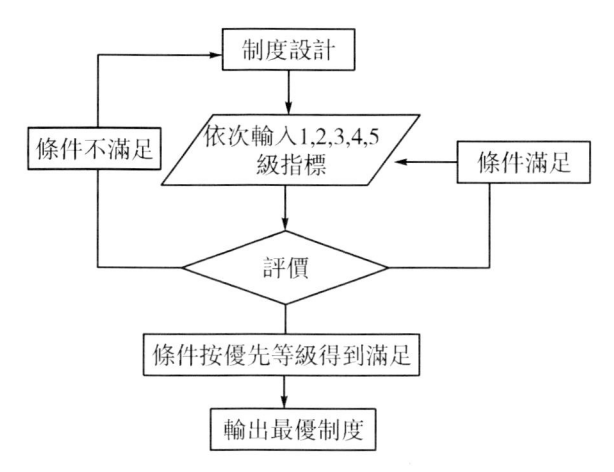

图 2-5　養老保險製度可持續性評價流程圖

　　在養老保險可持續發展的評價體系中，指標之間的優先層級是有區別的。製度的公平性占據第一位，優先層級高於所有的指標。在代際公平的原則下，老年人保障的充足性與年輕人繳費的可承擔性具有相同的層級，因為提供充足的製度化的老年收入是設立養老保險製度的目標，而這一目標如果超出了年輕人繳費的承擔能力，也會缺乏現實可行性。養老保險講公平也不是絕對的，應當以效率作為參照系，在製度設計中要考慮到權益與義務的相對應，把效率指標放在公平性之後，符合養老保險要求公平優先兼顧效率的原則。將基金運行兩項指標放在優先層級的製度指標之後，體現了製度設計與基金運行的本末關係。作為第四級的指標，基金支付能力的長期性是製度可持續發展的物質保障，而財政在養老保險基金平衡中承擔著兜底的責任，放在優先層級的最後一位。但是，如果所有的條件都滿足，而財政負擔超出可控範圍，就應該重新回到起點，對製度進行再次統籌優化設計，直到各項指標都得到一定程度的滿足。

2.3 養老保險可持續發展的精算約束條件

養老保險基金長期收支平衡也稱為精算平衡[①]，在本書中基金長期收支平衡、財務可持續性和精算平衡是作為內涵相同的概念使用。

2.3.1 基金精算平衡是實現養老保險製度目標的物質基礎

基金平衡本身不是養老保險製度的最終目標，而是實現製度目標的條件或手段[②]。在商品社會，代際關係主要不會採取物物交換或物質配給的形式，往往通過貨幣為媒介來實現，代際的交換或分配關係將轉化為商品貨幣關係。貨幣是索取產品的憑證，某一時期用於購買生活資料的貨幣在老年人口和在職人口之間進行分配，因此分配給老年人的貨幣量實際上就是能購買到的產品和服務的數量。隨著人口老齡化程度的不斷加深和人口長壽風險的增大，公共養老保險基金普遍面臨日益巨大的收支平衡壓力，世界各國的養老保險主辦者不同程度地採取提高繳費率、推遲退休年齡、降低養老金調整指數等做法來緩解基金支付壓力。然而，無論是提高繳費率還是降低養老金水平都面臨著範圍的限制。當繳費率超過在職人口的負擔能力，會將更多的人員排斥在製度在外，或者當待遇降低到一定水平之後，可能難以實現保障退休人員基本生活的目標，製度就失去了存在的必要。基金平衡的問題不是簡單提高繳費率或降低養老金水平就能夠解決的，它的本質是體現代際轉移財富的公平性問題，如果單純追求基金收支平衡而嚴重損害到代際分配的公平性必然會威脅到養老保險製度的可持續發展。因此，養老保險製度設計要充分照顧到在職人口和退休人口，也要照顧到在場一代人和不在場所有代人的養老權益，這是代際公平引申出來的一個必然要求。

養老保險基金平衡是指繳費收入和養老金支出在目標期間內保持相等，養老保險基金長期平衡正是在場與不在場所有代人實現養老保險權益的物質保障。在養老保險運行期間，存在某個時期基金收入大於支出或者基金收入小於

[①] 在保險專業術語中，「精算」既可以用來描述宏觀經濟方面的特徵，指整個養老金體系的長期財務穩定性（或可持續性），穩定的體系即處於「精算平衡」，例如 Diamond (2002) 已經在自己的論文中開始這樣使用；也可以用來描述微觀經濟方面的特徵，指個人繳費和待遇之間的關係，稱為「精算公平」。

[②] 國際勞工局. 關於中國深化養老保險製度改革頂層設計的研究報告. 內部資料.

基金支出的現象都是合理的。但是從趨勢來看，如果養老保險基金發生嚴重的收不抵支，要麼不能保證養老金的正常發放，從而影響老年人的基本生活；要麼被迫提高養老保險繳費率，從而加重在職一代和企業的負擔，影響到資本累積和在職一代的生產積極性，不利於經濟的發展。總之，當代人在養老金政策選擇中應關心未來世代的養老金福利，只有在製度設計中充分考慮了基金的可持續性，才能為未來老年群體的基本生活保障提供物質基礎[1]。

任何養老金系統都必須滿足財務穩定性，即處於「精算平衡」狀態[2]，這是不證自明的道理。保證養老保險基金收支長期平衡需要考慮到一系列的因素，相應的參數必須通過精算來確定。目前中國養老保險製度採用的是統帳結合的模式，即現收現付制與基金累積制相結合的模式，因此現收現付制養老保險基金精算模型和累積制養老保險基金精算模型都有現實意義。值得一提的是，養老保險基金平衡是從會計平衡理論引申出來的一個概念，是指現金的收入流和支出流貼現或累積到一定時間點的餘額，因此採用現值或終值都是一樣的，本書中多採用終值的形式，也有少數地方採用現值表示。

2.3.2 養老保險的代際核算模型

代際核算模型從政府的預算約束條件出發，以代際帳戶作為基本計量工具，引入利率、工資增長率、人口結構等多種參數來評價和預測社會養老保險政策的實施效果。某一年的代際帳戶所表示的是某一代人從該年度算起，在其剩餘生命時間裡，人均淨稅支付額按一定的折現率折算至該年度水平的精算現值。用這種方法能反應出當前的養老保險政策對代際負擔大小的影響，而且這一負擔的大小將由養老保險基金的代際預算約束條件來決定，即基金將來所有的支付現值減去基金現在的淨餘額必須等於現存所有代和將來所有代參保人員繳納的淨養老保險費總額的現值之和。

養老保險代際核算模型的有關假設如下：

(1) 養老金製度要求按照在崗職工工資總額 (W_t) 的一定比例繳費，該比例稱為繳費率 (c_τ)；

(2) t 年參保繳費職工人數為 CL_t，退休職工數為 OL_t；職工平均貨幣工資為 $\overline{W_t}$，平均養老金為 B_τ；

---

[1] 邱玉慧. 澄清養老保險「代際公平」內涵 [N]. 中國社會科學報，2014-08-22 (B02).
[2] 阿薩爾·林德貝克，馬茨·佩爾松. 養老金改革的收益 [J]. 範穎，等，譯. 比較，2014 (3).

（3）期初的基金餘額為 F_0；

（4）採用現值法表示，折現率為 F，當期收入減支出的餘額在下一個年度開始計算利息（當期的收入和支出是連續發生的，餘額計算利息比較小，可以忽略）；

（5）該模型沒有考慮財政補貼的情況。

養老保險代際核算模型表示如下：

$$\sum_{s}^{\infty} B_t \times (1+R)^{s-t} = \sum_{s}^{\infty} \overline{W}_t \times C_t \times CL_t \times (1+R)^{s-t} - F \quad (2-12)$$

以上公式表示：養老保險基金所有的支出必須由現有基金累積及現在和未來參保人員繳納的淨養老保險費來共同分擔。現收現付制通過稅收或者社會保險費進行籌資，籌資的多少由養老金支出額度來確定，實際上是以支定收，養老保險基金當期平衡只需要收支相當，略有結餘。為了保證製度運行具有更長期的安全性，就不能僅僅滿足當年養老保險費的收入應等於當年養老金的發放支出，而是要求在一個較長時期內能夠實現保費收入等於養老金支出。

由於現收現付的本意是當期收入用於支付當期養老金支出，將當期擴大為某一段時期，再忽略貼現的因素，用 $\overline{B}$ 表示平均養老金，式（2-12）可以化簡為：

$$\overline{B} \times OL = c \times \overline{W} \times CL \quad (2-13)$$

或：

$$\overline{B}/\overline{W} = c \times CL/OL \quad (2-14)$$

該模型揭示出現收現付制下，影響基金精算平衡的因素主要有：平均養老金、社會平均工資、繳費率、繳費人數、待遇領取人數。

2.3.3 基金累積制下的精算模型

基金累積制通常與個人帳戶相聯繫。從個人帳戶的性質來看，是企業和職工按照工資的一定比例繳納養老保險費，放在個人帳戶中進行累積，並由管理者進行投資，參保職工退休以後，最終的累積值和投資回報就是退休時個人帳戶的總價值，再將這一總價值一次性或者通過生存年金的形式返給退休職工。個人帳戶是繳費確定型養老保險，風險由參保人自己承擔，從這個角度來講不存在基金平衡的風險。但是，繳費確定型養老保險的給付是不確定的，如果這種給付不能達到一定的水平，同樣也可以說基金沒有實現平衡。

基金累積制基金平衡模型的有關假設如下：

（1）模型考慮整個基金的平衡，而不考慮單個個人帳戶的平衡，因此採用平均繳費和平均養老金的形式來表示；

（2）參保職工按平均貨幣工資（$\overline{W}_t$）的一定比例繳費，該比例稱為個人帳戶繳費率（c_{2t}）；

（3）平均養老金為 B_{2t}，平均養老金與平均工資的比率為個人帳戶養老金替代率 b_{2t}；

（4）採用現值法表示，計算現值的時間點為退休當年年初，繳費在年終，利息從下一個年度計算，投資回報率為 R，養老金領取在年初；

（5）職工開始就業的年齡、退休年齡是整齊劃一的，工作年數為 n 年，從 $n+1$ 年開始領取退休金，退休後生存年數為 m 年（見圖2-6）；

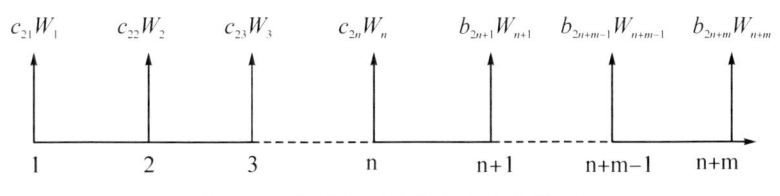

圖 2-6　個人帳戶的收入和支出模型

參保人在 $n+1$ 年開始領取養老金時的個人帳戶基金累積總額 M 為：

$$M = \sum_{t=1}^{n} c_{2t} \overline{W}_t (1+R)^{n-t} = \sum_{t=1}^{n} c_{2t} \overline{W}_1 (1+g)^{t-1} (1+R)^{n-t} \qquad (2-15)$$

參保人各年領取的個人帳戶養老金在 $n+1$ 年開始領取養老金時的總額現值 N 為：

$$N = \sum_{t=n+1}^{n+m} b_{2t} \overline{W}_1 (1+g)^{n+1} (1+R)^{(n+1-t)} \qquad (2-16)$$

當個人帳戶實現精算平衡時，領取總額現值 N 等於基金累積總額 M，可以得到：

$$\sum_{t=1}^{n} c_{2t} \overline{W}_1 (1+g)^{t-1} (1+R)^{n-t} = \sum_{t=n+1}^{n+m} b_{2t} \overline{W}_1 (1+g)^{n+1} (1+R)^{(n+1-t)}$$

$$(2-17)$$

假定個人帳戶養老金的替代率 b_{2t} 為一常數，（2-17）式等價於：

$$b_{2t} = \frac{c_{2t} \sum_{t=1}^{n} (1+g)^{t-1} (1+R)^{n-t}}{(1+g)^{n+1} \sum_{t=n+1}^{n+m} (1+R)^{(n+1-t)}} \qquad (2-18)$$

式中，b_{2t} 的取值區間為（0，1），當 b_{2t} 大於等於某一給定的常數，就可以認為個人帳戶基金實現了平衡。基金累積制下影響精算平衡的因素主要有：繳費率、工資增長率、利率、繳費年限、退休餘命。

2　養老保險可持續發展的理論分析　｜　43

2.4 與養老保險可持續發展相關的幾個理論問題探討

養老保險製度模式選擇是任何國家或地區的養老保險體系能否實現可持續發展的關鍵問題。全世界的養老保險製度歸根究柢只有現收現付制和基金累積制兩種模式,學術界對中國公共養老保障製度是應該轉換為完全累積制還是選擇現收現付制一直存在很大的爭議。20世紀80年代以來,部分國家從傳統的現收現付制轉向基金制,然而這種轉軌是否真的能夠從根本上化解人口老齡化帶來的養老保險基金平衡問題,這是從理論上需要首先解決的課題。

2.4.1 基金制與現收現付制同樣面臨人口老齡化的挑戰

薩繆爾森首次建立了疊代模型用於討論現收現付社會保障的運行機制,並指出產出(output)將按照人口增長率(population growing rate)指數化增長,如果貨幣供應量是固定的,那麼價格將隨人口增長率指數化降低。也就是說在社會保障體系中每一代在職者都是按照人口增長率向退休者支付儲蓄利息,因此在一個通過現收現付的代際轉移維持養老保險系統運行的社會裡,養老儲蓄的利率等於人口增長率[1]。此後艾倫(Aaron)將生產和投資引入疊代模型,通過勞動生產率的增長這一因素來修正薩繆爾森的模型[2]。在艾倫的疊代模型中,養老金的增長取決於兩個因素:人口的增長率和勞動生產率的增長率。

引入養老保險製度後,儲蓄函數變為:

$$S_t(r_{t+1}) = A_t w_t - C_{1t} - \delta A_t w_t \qquad (2-19)$$

其中,δ表示養老保險繳費率,到$t+1$期老年人的消費包括年輕時的儲蓄及利息,再加上養老金b_{t+1}:

$$C_{2t+1} = S_t(1 + r_{t+1}) + b_{t+1} \qquad (2-20)$$

在現收現付制下,退休人口的養老金總額等於當前在職人口繳納的養老保險費總額:

$$L_t b_{t+1} = L_{t+1} \delta A_{t+1} w_{t+1} = L_t \delta A_{t+1} w_t (1 + n)(1 + g) \qquad (2-21)$$

其中,g為工資增長率,退休人口的平均養老金為:

---

[1] Paul A. Samuelson. An Exact Consumption-Loan Model of Interest with or without the Social Contrivance of Money. The Journal of Political Economy, Vol. 66, No. 6. (Dec., 1958), pp. 467–482.

[2] Aaron. The Social Insurance Paradox. The Canadian Journal of Economics and Political Science, 1966, 32 (3).

$$b_{t+1} = \delta A_{t+1} w_t (1+n)(1+g) \qquad (2-22)$$

在基金累積制下，老年人的養老金只與自己年輕時的繳費有關，所以退休人口的平均養老金等於自己年輕時的繳費總額及利息：

$$b_{t+1} = \delta A_t w_t (1 + r_{t+1}) \qquad (2-23)$$

要使現收現付制下的養老金水平不低於基金累積制，應當有：

$$\delta A_{t+1} w_t (1+n)(1+g) \geq \delta A_t w_t (1 + r_{t+1}) \qquad (2-24)$$

令外生變量 $A_{t+1} = A_t$，整理得到：

$$(1+n)(1+g) \geq 1 + r_{t+1} \qquad (2-25)$$

由於 n 和 g 同為較小的正數，$ng \approx 0$，（2-25）式可化簡為：

$$n + g \geq r_{t+1} \qquad (2-26)$$

式（2-26）就是艾倫條件的表達式，其中 $n+g$ 即為薩繆爾森提出的「生物收益率（biological rate of return）」，在勞動人口增長率與工資增長率之和大於市場利率的前提下，現收現付的福利效應優於基金累積制。按照艾倫的觀點，現收現付制與基金累積制比較起來，能夠讓老年一代分享社會發展進程中因為人口增長因素和勞動生產率提高所增加的社會財富，也就是說這樣一種製度安排讓老年人和年輕人的福利都得到提高，符合帕累托最優條件。艾倫條件揭示了養老保險製度選擇的實質：現收現付制是通過在職人口增長以及今後的經濟增長受益（表現為人口增長和技術進步）來養老，基金累積制是通過退休一代自己儲蓄獲得資本受益（表現為利息增長）養老①。

採用「艾倫條件」作為養老保險製度選擇的標準受到國際養老保險理論界廣泛的批評。在「艾倫條件」中，利率與工資增長率和勞動增長率相互之間並不存在必然的因果關係，將不同量綱的工資增長率和勞動力增長率簡單相加與利息增長率相比沒有實際的經濟學意義②。歸根究柢，養老保險的核心問題不是金融資產的轉移，而是產品的分配。現收現付和基金累積這兩種製度都只是在兩個群體（在職者和退休者）之間分配既定數量產品的方式而已③。巴爾認為，累積制要比現收現付制能夠更好地解決人口變化帶來的衝擊這一觀點是合成謬誤④。表面上看，現收現付制下由於在職者數量的減少，退休者數量

---

① 萬春. 中國混合制養老金製度的基金動態平衡研究 [M]. 北京：中國財政經濟出版社，2009：43.
② 林毓銘. 社會保障可持續發展論綱. 華齡出版社，2005：170
③ 程永宏. 現收現付制與人口老齡化關係定量分析 [J]. 經濟研究，2005（3）.
④ Barr N. A. Reforming Pension: Myths, Truths, and policyChoices [J]. International Social Security Review，2002（2）：3-35.

增加，只有提高在職者的繳費率才能實現原來的養老金承諾，否則將面臨支付危機；而基金累積制下，在職者通過自己儲蓄來累積個人的「養老金流」，養老金支付與未來人口結構的變化沒有聯繫。然而，基金累積制只是名義上的收支平衡，無論退休者將養老金以貨幣持有還是股票持有的方式來實現，要麼退休者手中的貨幣供給超過在職者的儲蓄需求，從而引起商品市場的物價上漲，以貨幣形式支付的退休金的購買力下降，退休者的消費水平下降；要麼養老金計劃參與者的資本供給量超過在職者對資本的需求量，從而引起資本價格的下降，養老金的累積減少。從這一角度來看，巴爾才會說貨幣是無關緊要的，關鍵問題是未來的產出水平①，糾結於現收現付制與基金累積制的孰優孰劣反而是毫無意義的事情。無論是現收現付制還是基金累積制，人口年齡結構的急遽改變導致的勞動力人口相對比例下降都會最終影響國民總產出，只要明白所有的國民總產出都是由在職者創造的這一道理，就容易理解養老產品和服務業不過是國民總產出的一部分，養老負擔最終都會落在在職者身上②，隨著人口老齡化加劇導致的年輕人與老年人比例關係的巨大改變，勞動力人口減少導致社會產品供給減少，按照原計劃供給的貨幣量將購買不到希望的產品和服務，在這種情況下累積制與不提高繳費率的現收現付制得到的結果是一樣的③。

　　現收現付制和基金制對於全社會產出增長的效應往往從儲蓄（或資本形成）的角度進行考察。主張基金累積制在應對養老金支付危機方面優於現收現付制的學者認為後者對個人儲蓄具有「擠出效應」④，然而更多的學者卻證明養老保險製度的存在對個人儲蓄的「擠出效應」難以判定⑤，即現收現付制對儲蓄的影響是中性的⑥。到目前為止，對影響儲蓄的社會保險進行的大量實證分析結果也是含混不清⑦。從表面上看，公共養老保險的存在會給個人提供製度化的老年收入來源，從而抵消個體在工作期間為退休後的生活進行儲蓄的

---

① 尼古拉斯·巴爾. 養老金改革：謬誤、真理與政策選擇 [M] //鄭秉文，等. 保險與社會保障. 北京：中國勞動社會保障出版社，2007.
② 王曉軍. 中國基本養老保險的十個「迷思」[J]. 保險研究，2013（11）.
③ 王新梅. 全球性公共養老保障製度改革與中國的選擇——與 GDP 相連的空帳，比與資本市場相連的實帳更可靠更可取 [J]. 世界經濟文匯，2005（6）.
④ Feldstein, M. Social Security induced retirement, andaggregate capital accumulation. Journal of Politic Economy 82（5），part 2. September/October1974，905-926.
⑤ Klaus Schmidt-Hebbel. Does Pension Reform Really Spur Productivity, Saving, and Growth?. Working Papers Central Bank of Chile，1998.
⑥ Barro RobertJ. 「Are Government Bonds Net Wealth?」. Journal of Politic Economy，82, no. 6（Norvermber/D ecomber1974）P1095- 1117.
⑦ 劉昌平，孫靜. 再分配效應、經濟增長效應、風險性 [J]. 財經理論與實踐，2007（7）.

願望。然而情況並非表象上所設想的那樣簡單，假設不存在養老保險製度，個人會在年輕的時候累積一部分儲蓄，然而這部分儲蓄最終要轉化為退休後的個人消費，從世代交疊的角度來看，很難說養老保險計劃的存在就顯著地影響了社會的整體儲蓄水平。羅默利用戴蒙德模型（疊代模型）分析了養老保險計劃對經濟增長路徑的影響，他認為如果經濟最初是動態無效率的（平衡路徑的資本存量值大於黃金律水平的資本存量），政府提供給老年人的養老金減少了用於儲蓄的資源，從而將資本存量重新拉回黃金律水平的資本存量，使邊際產量實現最大化，也使得將來每一期有更多的資源用於消費。正是由於戴蒙德模型中存在資本過度累積所導致的動態無效率，平衡路徑的資本存量值的減少實際上提高了未來若干代人的消費水平，是改善福利的，因此養老保險計劃的引入導致減少資本累積也可能是一種帕累托改進[1]。同樣的道理，基金累積制養老保險並不影響未來各期資本存量間的關係，平衡增長路徑的資本存量值與未引入基金制養老保險以前相同，因此對產出水平同樣沒有影響。

總之，基金累積制與現收現付制在應對人口老齡化的問題上沒有本質差別。除非基金制能夠提高一國的儲蓄率，並且相應的儲蓄能夠帶來更高的經濟增長，否則不能證明基金制有更高的效率，然而基金制能夠提高儲蓄或者現收現付制能夠減少儲蓄這一論點並不能證實。換言之，認為基金累積制比現收現付制更有利於應對人口老齡化的觀點往往強調的是製度的支付能力，看到的是形式上的基金平衡；而認為二者沒有本質區別的觀點強調的是製度對老年人的實際保障水平[2]，更看重的是養老保險的本質。因此，不能簡單地作出「基金制比現收現付制能夠更好應對人口老齡化危機」這樣的判斷[3]，用基金制代替現收現付制就能應對人口老齡化的衝擊這一論斷不具備理論支撐。

2.4.2 養老保險製度模式選擇對公平與效率的影響

儘管基金累積制和現收現付制的選擇並不能從根本改變人口結構巨變對基金平衡的衝擊，但是養老保險製度選擇會深刻影響到代際分配的公平與效率。

仍然採用疊代模型來研究養老保險模式選擇對代際分配公平與效率的影響。前文中疊代模型都是假定勞動力是同質的，不存在人力資本差異，因此也就不存在收入差別。現在放寬這一假設，將勞動力按其勞動效率分為 m 類，表示為 L_t^i，$i = 1, 2, \cdots, m$。為簡化分析，將各類勞動者的增長率設為 0，技

---

[1] 戴維·羅默. 高級宏觀經濟學 [M]. 蘇劍, 等, 譯. 北京：商務印書館, 2004.
[2] 林寶. 人口老齡化與養老金模式關係辨析 [J]. 人口與發展, 2010 (6).
[3] 王曉軍. 中國基本養老保險的十個「迷思」[J]. 保險研究, 2013 (11).

術進步 A_t 對各類勞動力的作用相同。用 g 表示工資增長率，s_t^i 表示私人儲蓄。將各類勞動力效能單位統一後的社會總勞動表示為：$L_t = \sum_{i=1}^{m} \sigma_i L_t^i$，其中 σ_i 用以衡量各類勞動力之間的效率差異度，$\sigma_i > 0$，且 $\sum_{i}^{m} \sigma_i / m = 1$。存在勞動差異性的生產函數表示為①：

$$Y_t = F(K_t, A_t L_t) = F(K_t, A_t \sum_{i=1}^{m} \sigma_i L_t^i) \quad (2-27)$$

依據微觀經濟學的理論，廠商追求利潤最大化將使得勞動的邊際收益等於工資率，資本的邊際收益率等於利率。

$$\frac{Y_t}{A_t L_t} = \frac{F(K_t, A_t L_t)}{A_t L_t} = F(\frac{K_t}{A_t L_t}, 1) = f(k_t) \quad (2-28)$$

$$r_t = \frac{\partial F(K_t, A_t L_t)}{\partial K_t} = f'(k_t) \quad (2-29)$$

$$w_t^i = \frac{\partial F(K_t, A_t \sum_{i=1}^{m} \sigma_i L_t^i)}{\partial L_t^i} = \sigma_i \frac{\partial F(K_t, A_t L_t)}{\partial L_t} \quad (2-30)$$

其中，令 $\frac{\partial F(K_t, A_t L_t)}{\partial L_t} = w_t$，$w_t$ 表示平均工資率。(2-30) 可以表示為：

$$w_t^i = \frac{\partial F(K_t, A_t \sum_{i=1}^{m} \sigma_i L_t^i)}{\partial L_t^i} = \sigma_i w_t \quad (2-31)$$

上式中，令 $C_{1,t}^i$ 和 $C_{2,t}^i$ 分別表示 t 時期不同類別年輕人和老年人的消費，在不引入養老保險的情況下，i 類勞動者的兩期預算約束為：

$$C_{1,t}^i = \sigma_i w_t - s_t^i \quad (2-32)$$

$$C_{2,t+1}^i = (1 + r_t) s_t^i \quad (2-33)$$

引入養老保險系統，並在模型中同時考慮現收現付制和基金制兩種形式的養老保障製度。θ 為現收現付制下以工資為基數的繳費率，φ 為基金制下以工資為基數的繳費率。當 $\theta = 0$ 時為完全基金制，$\varphi = 0$ 時為現收現付制，$\theta \neq 0$ 且 $\varphi \neq 0$ 時為半基金制（如中國的統帳結合制）。i 類勞動者的兩期預算約束為：

$$C_{1,t}^i = (1 - \theta - \varphi) \sigma_i w_t - s_t^i \quad (2-34)$$

$$C_{2,t+1}^i = (1 + r_t) s_t^i + \theta (1 + g) w_t + \varphi (1 + r_t) \sigma_i w_t \quad (2-35)$$

---

① 邵宜航，等. 存在收入差異的社會保障製度選擇——基於一個內生增長世代交替模型 [J]. 經濟學（季刊），2010 (4).

上式中，當 $\varphi = 0$ 時，此時為現收現付制，i 類勞動者的兩期預算約束為：
$$C_{1,t}^i = (1-\theta)\sigma_i w_t - s_t^i \qquad (2-36)$$
$$C_{2,t+1}^i = (1+r_t)s_t^i + \theta(1+g)w_t \qquad (2-37)$$

各類勞動者從養老保險體系中獲得的淨收益為：$\theta(1+g-\sigma_i)w_t$。假設經濟生活中存在兩類不同效率的勞動者，其中一類為高收入者，用 h 表示，另一類為低收入者，用 l 表示。由於 $\sigma_h > \sigma_l$，因此 $\theta(1+g-\sigma_l)w_t > \theta(1+g-\sigma_h)w_t$，低收入者從養老保險體系獲得的淨收益高於高收入者，低收入者所得正是高收入者所失，現收現付制養老保險體系具有了橫向的再分配效益，可以在一定程度上縮小收入差距。由於消費者的邊際效用是遞減的，收入再分配導致的高收入者效用減少量將低於低收入者的效用的增加量，所以，向低收入者進行的收入財產轉移將帶來社會總效用的增加，因此，現收現付制所具有的再分配功能將有助於社會總福利的提高。

當 $\theta = 0$ 時，此時為完全基金制，i 類勞動者的兩期預算約束為：
$$C_{1,t}^i = (1-\varphi)\sigma_i w_t - s_t^i \qquad (2-38)$$
$$C_{2,t+1}^i = (1+r_t)s_t^i + +\varphi(1+r_t)\sigma_i w_t \qquad (2-39)$$

各類勞動者從養老保險體系中獲得的淨收益為：$\varphi r_t \sigma_i w_t$，當 $\sigma_h > \sigma_l$ 時，$\varphi r_t \sigma_h w_t > \varphi r_t \sigma_l w_t$，高收入者從養老保險體系獲得的淨收益高於低收入者，完全不具有橫向再分配效果。累積式養老金製度實際上是個人自我保障，它沒有社會互濟功能，無法履行再分配的功能。

養老保險製度設計需要在公平與效率之間進行權衡。不同養老保險製度在處理運行效率與分配公平之間的替代關係上孰優孰劣？基金累積制沒有再分配功能這已是公認的結論，但是現收現付制是否一定就很合理？Schnabel 認為較高的人口增長率是現收現付制維持分配公平的效率基礎，隨著老年撫養比的不斷提高會從整體上削弱再分配的效率基礎[1]。Feldstein 認為現收現付對儲蓄率的副作用可導致現時和未來消費的淨現值的降低，這一觀點我們已經在前文進行了評價，但是他認為現收現付制會造成勞動力供給的扭曲這一觀點具有合理性，現收現付制的確具有誘導人們提前退休，以便提前獲得養老金並逃避最後幾年繳稅的動機[2]。現收現付制不能一味地追求形式的公平，而忽視參保者對養老保險基金的繳費貢獻，要在現收現付制中引入基金累積制的合理元素，增

---

[1] Schnabel, R., 1997, Internal Rates of Return of the German Pay-As-You-Go Social Security System, public Finance Analysis, New Series, 55, 374-399.
[2] Martin Feldstein. Rethinking Social Insurance . NBER Working Paper No. 11250 http://www.nber.org/papers/w11250.

強繳費的激勵機制。

2.4.3 養老保險製度選擇對風險分擔機制的影響

Feldstein 和 Liebman 在共同發表的一篇論文中提出了養老保險的兩條分類標準①：第一條標準是根據從籌資方式的角度將養老保險製度分為基金累積制和現收現付制。在基金累積制下，養老金融資來源於逐年累積的參保人繳費在金融市場上得到的回報；現收現付製度下養老金由工作人口當期的繳費或稅收來支付。第二條標準是根據養老保險待遇的給付方式不同，劃分為待遇確定型（Defined Benefit，DB 型）和繳費確定型（Defined Contribution，DC 型）兩種模式。待遇確定型是由養老保險的承保者按照事先規定的公式計算並支付參保人員的養老金水平；繳費確定型是按照一定的標準確定每個參保人員的交費水平，實行個人帳戶管理，將來的待遇水平與個人帳戶累積額直接掛鉤。以前學者們習慣於將籌資方式與給付方式混為一談，認為累積制一定對應的是繳費確定型，現收現付制也一定是待遇確定型。實際上累積制既可以與繳費確定型相結合，也可以與待遇確定型相結合，同樣現收現付制可以與待遇確定型和繳費確定型結合（見表 6-2）。

表 6-2　　　　　養老保險籌資方式與給付方式組合矩陣

籌資方式	給付方式	
	繳費確定型	待遇確定型
現收現付	名義帳戶制（Notional Defined Contribution，NDC）	待遇確定型現收現付制（Defined Benefit Pay-as-you-go）
基金累積	繳費確定型累積制（Funded Defined Contribution，FDC）	待遇確定型累積制（Funded Defined Benefit，FDB）

基金累積制非但不能應對人口老齡化帶來的財務危機，而且還會產生從現收現付制向基金制轉軌的額外成本，以及進行基金投資所產生的保值增值風險，基金累積制從一開始就不是國際上公共養老保障製度改革的主流②。現在我們需要討論的是針對繳費確定型與待遇確定型兩種製度選擇而言，其風險在養老保險承保人和受益人之間是如何分擔的。

---

① Feldstein, Martin. and Liebman, Jeffery B. Social Security. NBER Working Paper Series 8451, 2001.

② 王新梅. 全球性公共養老保障製度改革與中國的選擇——與 GDP 相連的空帳，比與資本市場相連的實帳更可靠可取 [J]. 世界經濟文匯，2005（6）.

在待遇確定型公共養老保險製度下，政府作為社會保險的舉辦者將完全承擔人口結構變化、投資收益的不確定性和退休者的長壽等風險，而按照製度承諾的養老金水平對參保者來說是確定的。從風險承擔機制來看，這種養老保險製度降低了個人的不確定性。然而在繳費確定型製度下，對參保者來說繳費比例是相對穩定的，退休收入取決於退休時個人帳戶中累積的養老金資產總額，養老金待遇具有較大的不確定性，需要個人承擔相應的風險，分散了養老保險舉辦者的償付風險。雖然待遇確定型養老保險製度沒有資產價值的風險，但政治風險不容忽視，必須考慮到未來的在職人員（繳費人）可能不同意增加費率以適應人口結構和經濟情況的變化。

「名義帳戶制」的出現在養老保險改革的理論與實踐領域都是一個創舉。在理論上突破了 DB 型與 DC 型養老保險製度的嚴格界限，將現收現付、基金累積、待遇確定和繳費確定這些製度元素綜合在一起，表現出既有某些「DB 型現收現付制」的特徵，又有「DC 型累積制」的某些特徵，從而將私人保險市場的某些要素加入公共養老保險製度之中①，實現了製度架構上的較大突破。在實踐中，這一嶄新的養老保險製度模式經過瑞典、波蘭、拉脫維亞、義大利等國的大膽引入實施，在解決轉型成本難題，降低政府財務責任等方面取得了一定成效。「名義帳戶制」從籌資方式角度看，也是將在職者的繳費直接用於支付已退休人員的養老金待遇，雖然形式上存在個人帳戶，但並沒有實際的資金累積，本質上仍然是現收現付的運行機制。從給付方式角度看，雖然個人帳戶中的資產是「名義」性質的，但在退休時將依照帳面累積的資金規模來確定養老金水平，名義資產即刻被年金化，因此又具有繳費確定型累積制的特徵。由於名義帳戶制具有待遇確定和繳費確定型雙重性質，因此在風險責任的分配上也表現出折中的特點，名義回報率是與經濟增長率或工資增長率相掛鉤，參保人不用承擔基金實際投資的風險，另外，當經濟狀況或人口結構發生較大變化而導致基金無法維持長期支付的時候，政府會啟動養老保障財務平衡裝置，自動調整名義回報率來實現基金平衡，因經濟狀況和人口結構改變帶來的養老保險系統性風險則是由參保者去分擔。

2.5　本章小結

（1）無論是傳統社會中的家庭養老，還是現代社會的養老保險，本質上

---

① 鄭秉文. 養老保險名義帳戶制的製度淵源與理論基礎 [J]. 經濟研究，2003（4）.

都體現的是代際的經濟交換關係。即使基金累積制也沒有改變養老保險代際交換的本質。表面上看，基金累積制是自己養自己，但是老年人用以消費的產品和服務仍然是年輕人創造的，老年人需要通過商品貨幣的交換關係來實現自己的消費需求。基金累積制與現收現付製度面臨同樣的人口老齡化問題，養老保險的財務平衡不能簡單通過現收現付制或基金累積制的轉變來化解。

（2）代際公平與可持續發展具有相同的價值取向，代際公平是可持續發展的本質要求和核心內容。養老保險既是管理老年收入風險的互助共濟機制，也是在代際進行產品分配的一項製度安排，代際公平是養老保險可持續發展的核心問題。養老保險製度模式選擇必須兼顧公平與效率，現收現付制有較好的再分配功能，而基金累積制具有較強的激勵機制，如何將二者各自的優勢進行有效結合併彌補製度本身的缺陷，這是養老保險製度設計中的難點問題。

（3）養老保險可持續發展應該從製度和基金兩個層面來理解。製度層面的可持續強調的是養老保險的本質要求，即代際分配的公平與正義，具體要求是所有老年人都應當被養老保險製度所覆蓋，製度應該合理規定社會產出在年輕人與老年人之間的分配比例，世代之間的養老負擔應當相對均衡，避免因製度設計的原因而導致某一代人遭遇不公正的待遇。基金層面是指養老保險財務可持續，這是養老保險製度可持續發展的物質基礎。製度設計應當使基金能夠實現自我收支平衡，即使需要財政補貼，也不應該導致財政負擔超出一定的範圍。這一論述提出了養老保險的兩個核心原則是公平性和可持續性，公平性與可持續性歸根究柢就是代際公平的問題。

（4）建立現收現付制與基金累積制精算模型的關鍵變量是不一樣的，現收現付制需要平衡的是代際帳戶，因此影響現收現付制收支平衡的關鍵性因素是人口結構（老齡化風險）；而基金累積制需要平衡的是個人帳戶，影響基金累積制收支平衡的關鍵性因素是退休餘命（長壽風險）。

（5）區別待遇確定型與繳費確定型養老金計劃的意義在於二者賦予養老保險舉辦方（政府）的責任性質不同。在待遇確定型養老金計劃下，政府對基金平衡的風險負有完全承擔責任；而在繳費確定型養老金計劃下，資產的投資風險由參保人自己承擔，原則上應當由參保人自己承擔風險。名義帳戶制將現收現付、基金累積、待遇確定和繳費確定這些製度元素綜合在一起，較好地體現了風險責任分攤原則。

3 中國養老保險製度全覆蓋及運行評估

中國的養老保險製度發展經歷了一個不斷探索完善的過程，從計劃經濟體制下的國家保障和企業保障逐步過渡到市場經濟體制下的社會保險，覆蓋群體不斷擴大，實現了製度的全覆蓋。作為製度運行基礎的養老保險基金規模不斷擴大，然而在人口老齡化不斷加深的背景下，基金收支也日益面臨缺口壓力，製度在財務可持續性上面臨嚴峻的挑戰。本章分析中國養老保險製度改革發展歷程和基金運行現狀，為研究財務可持續性奠定現實基礎。

3.1 逐步實現全覆蓋的養老保險製度

從製度全覆蓋到人員全覆蓋是養老保險製度追求公平正義所必須實現的主要目標，只有當所有的社會成員都參與到製度化的老年收入保障之中，起點公平和機會公平才能得到保證，養老保險可持續發展才具有現實意義。

3.1.1 計劃經濟體制下的養老保險製度

1951年《中華人民共和國勞動保險條例》（以下簡稱《勞保條例》）的頒布可以視為新中國成立後進行養老保險製度建設的開端，這個條例經過修訂後在1953年開始全面實行，規定了勞動保險的主要項目，如保費的收繳、管理、支付以及待遇標準等。企業的勞動保險費按工資總額的3%由企業或資方負擔，職工個人不繳費。企業按照員工工資總額的3%繳納勞動保險金，並將繳費的30%存於全國總工會戶內建立勞動保險總基金，剩餘的留在企業工會戶內作為勞動保險基金，用於職工及其家屬的養老保險等勞動保險待遇支出，企業

工會帳戶每月結算餘額作為社會保險調劑金轉入省、市總工會組織或者是行業工會委員會。可見，當時建立起來的是一種社會統籌的養老保險製度。《勞保條例》規定了享受養老補助費待遇的條件是男職與女職工分別年滿60歲和50歲，並且還有總工齡和本企業工齡的限制條件。① 1953年頒布的《勞動保險條例實施細則》進一步明確了養老保險待遇計發標準：依據在本企業工齡已滿5年以上、10年以上、15年以上分別付給本人工資的50%、60%、70%的退休金，一直支付到職工死亡時止。當時，只在100人以上的工廠、礦場以及鐵路、航運、郵電、建築等行業實施了該項製度，覆蓋範圍比較狹窄，截至1956年年底僅有1,600多萬員工加入勞動保險②。《勞保條例》對中國養老保險製度建設以及實踐產生了深遠的影響，例如其中關於退休年齡的規定影響至今。

1956—1965年，政府陸續又頒布了幾項法規對養老保障政策進行調整和完善。1955年頒布的《關於國家機關工作人員退休處理暫行辦法》在機關事業單位工作人員中建立了與企業職工不同的退休製度，然而1958年頒布的《關於工人、職工退職處理的暫行規定》又將二者合為一體，並規定企業、事業單位和國家機關的男職工年滿60週歲、女幹部年滿55週歲、女工人年滿50週歲，並且連續工齡滿5年，一般工齡滿15年的應該退休，退休費的標準與《勞動保險條例實施細則》的標準一致。同時，勞動保險的覆蓋範圍逐步擴大到13個產業和部門，參保人數迅速增加。到20世紀60年代中期，基本建立起以國家和單位為核心、與計劃經濟相適應的養老保障製度。

「文革」期間由於管理養老金的工會等組織陷於癱瘓狀態，養老保險事業發展遭到了很大的破壞。1969年財政部的一份文件規定「國營企業一律停止提取勞動保險金」③，並將退休金支出改為營業外列支，這一規定實際上將養老保險將蛻變為企業保險，由每家企業自行組織和營運。由於不同企業之間養老負擔差異很大，導致企業苦樂不均，甚至出現養老金支付常常拖欠的情況。

針對在「文革」中已經陷入癱瘓的養老保險製度，1978年中央政府頒布的兩個文件④再次將機關事業單位和企業兩類職工退休製度分離，並對離退休

---

① 《中華人民共和國勞動保險條例》在社會保險管理體制方面也作出了規定，社會保險事業的最高管理機構是中華全國總工會，負責協調國家的社會保險事務；還規定了社會保險事業的最高監督機構是勞動部門，負責制定政策與《勞動保險條例》的實施和監督檢查工作；同時還規定了管理社會保險事業的基層單位是工會基層委員會。

② 《當代中國叢書》編輯部．當代中國的職工工資福利和社會保險 [M]．北京：中國社會科學出版社，1987．

③ 中華人民共和國財政部．關於國營企業財務工作中幾項製度的改革意見（草案）[Z]．1969．

④ 《關於工人退休、退職的暫行辦法》和《關於安置老弱病殘幹部的暫行辦法》。

條件和待遇標準進行了重新規定。退休條件仍然保留了1958年的規定，替代率進行了提高，企業職工退休待遇按照連續工齡滿20年、15年、10年分別發給其本人標準工資的75％、70％、60％；機關工作人員按工齡工資和基礎工資的100％，職務工資和級別工資之和分75％、82％和88％[①]三個檔次計發退休金；事業單位工作人員按照職務和津貼之和的一定比例（90％、85％、80％）計發退休金，1978年的文件還明確規定了企業必須完全承擔起向自己單位的退休職工支付養老金的責任，單位保險模式正式確立。1980年《關於整頓和加強勞動保險工作的通知》對國營企業和集體企業因「文革」中斷的社會保險工作進行了全面整頓和恢復。同年，《關於老幹部離職休養的暫行規定》確立了中國養老保險製度發展中具有特殊歷史性的離休製度。

從20世紀50年代初建立的養老保險製度，適應了當時計劃經濟體制的需要，具有很強的「國家保險」的性質，其保障對象限定在城鎮企事業單位和機關的職工，典型特徵是由國家規定基本統一的養老待遇，基金的籌集採用「現收現付」模式，完全由國家和企業承擔，個人不用繳費。然而，由於保險籌資渠道和待遇給付層次單一，造成了養老保險替代率低，退休人員生活水平不高，職工養老金替代率約為其退休前收入的70％~80％，而且一直沒有建立起正常的養老金調整機制。「文革」期間，原來建立起來的由國家負責的「社會統籌」式的養老保險模式演變為由企業負責的「單位保險」，分散化的管理體制加重了企業的負擔，造成各企業負擔不均，不利於企業發展。此外，改革前的養老保險製度覆蓋面非常有限，僅限於城鎮單位的職工，絕大部分人群都沒有納入社會養老保險。

3.1.2 城鄉養老保險製度改革與全覆蓋歷程述評

1984年以中共十二屆三中全會為標誌，中國進入以城市為重點的經濟體制改革階段，建立社會主義市場經濟體制已是大勢所趨，原先與計劃經濟體制相適應的舊養老保險製度在市場經濟改革的浪潮之中，必然面臨製度的重新選擇和設計。1986年國家「七五計劃」明確提出社會保障製度改革和完善要適應現階段的國情和各方面的承受能力，改變社會保障資金全部由國家包下來的辦法，資金來源由國家、企業和個人合理分攤，並以企業承擔為主。同年國務院決定從新近實施勞動合同制的工人中推行退休養老社會統籌製度，從而拉開了中國養老保險製度改革的序幕。勞動合同制工人的養老保險基金由企業和本

---

① 工作年限為20~35年。

人繳納，企業按照職工工資總額的15%左右繳納養老保險費，職工在本人標準工資3%以內繳納保險費。養老保險基金由勞動行政主管部門所屬的社會保險專門機構管理，存入銀行的款項按照城鄉居民個人儲蓄存款利率計息，工人退休後的養老金由社會保險機構按月支付，直至死亡，國家在養老保險基金出現缺口時給予適當補助。這實際上恢復了退休費用社會統籌的模式。

中國養老保險製度改革以國發〔1991〕33號文件為標誌進入一個全新的發展階段，此後按照國家、企業和個人共同分擔養老責任的原則，一邊不斷加強基本養老保險製度建設，一邊不斷擴大製度覆蓋面和參保覆蓋面。在該文件中提出了構建「基本養老保險+企業補充養老保險+個人儲蓄」的多層次養老保險體系的基本框架。同時，該文件又授權各省級政府可以根據國家的統一政策，對養老保險的具體規定自行選擇和權衡，這導致之後地方養老保險製度各自為政的局面。

1993年黨的十四屆三中全會首次提出中國養老保險實行社會統籌和個人帳戶相結合的改革思路，這是在借鑑世界各國普遍採用的現收現付制養老保險模式和智利、新加坡等國採用的完全累積制養老保險模式的基礎上，提出的具有中國特色的養老保險製度創新①。值得注意的是，中國在20世紀90年代初的改革思路實際上與1994年世界銀行提出的養老金「三支柱」② 思想處於同一時期，表明國內的養老保險製度改革方向與國際養老保險製度改革潮流是基本一致的。國發〔1995〕6號文件正式明確了中國的養老保險製度從傳統的現收現付制向部分個人累積制轉軌，並對社會統籌和個人帳戶相結合這一模式提出了兩個方案供地方選擇，這兩個方案都強調分別建立統籌帳戶和個人帳戶，但對統籌帳戶和個人帳戶的規模有不同規定。③ 到1996年全國共有7個省選擇了「大帳戶、小統籌」的方案一，5個省選擇了「小帳戶、大統籌」的方案

---

① 鄭功成. 從地區分割到全國統籌［J］. 中國人民大學學報，2005（3）.
② 世界銀行的這個報告旨在推進一個完全累積的基於個人帳戶的第二支柱。
③ 其中方案一採取了「大帳戶、小統籌」的原則，目的是建立高水平的個人帳戶製度，突出職工的自我保障。個人帳戶按照職工工資收入16%的費率計入，其中50%來自職工個人繳費，剩下的從企業繳納的養老保險費中劃轉。該辦法實施後參加工作的職工退休，月基本養老保險金以個人帳戶儲存額（包括本金和利息）按離退休後平均餘命（120個月）按月計發。方案二採取了「小帳戶、大統籌」的原則，更多地強調養老保險的社會互濟功能。職工個人繳費的全部或者部分計入個人帳戶，企業繳費中職工繳費工資基數高於當地職工平均工資以上200%～300%的部分，可以全部或者一部分計入個人帳戶。職工退休後，養老金由社會性養老金（按當地職工平均工資20%～25%計發）、繳費性養老金（個人及企業繳費每滿1年，按繳費工資基數的1.0%～1.4%計發）和個人帳戶養老金（個人帳戶儲存額按月領取）三部分構成，前兩部分從養老保險社會統籌基金中支付。

二，還有 15 個省及 5 個行業吸收了方案一和方案二的優點，制定了第三種實施方案①。在這次改革中，第一次將基本養老保險的覆蓋範圍從全民所有制和集體所有制企業職工擴展到城鎮各類企業職工和個體勞動者。1995 年的這兩個改革方案建立了一種全新的多層次養老保險模式，第一層次仍然是以前已經付諸實施的強制性、現收現付的 DB 型計劃，第二層次是強制性的 FDC 計劃。回過頭去看，方案二的計發辦法很有值得借鑑的地方，基礎養老金+繳費年限計算的養老金+個人帳戶養老金的代際計發方法綜合考慮了公平性、保基本、長繳多得和兼顧效率等多個製度目標，本書在後文優化養老保險製度設計方案時參考了這一思路。但是國務院 1995 年的改革文件將兩個方案的選擇權和繳費率決定權賦予地方政府，導致各地個人帳戶大小不統一、替代率設置過高、統籌層次低等問題層出不窮，在全國執行中造成了許多混亂，促使中央政府不得不重新考慮對 1995 年的改革方案進行修訂。

　　1994 年世界銀行提出了三支柱的養老保險改革模式，並在發展中國家進行推廣。1997 年，世界銀行發布的一份報告向中國推薦多支柱養老保險模式，提出按工資 9% 的繳費收入進入第一支柱，8% 的繳費收入進入第二支柱形成個人帳戶；第一支柱將實現 24% 的替代率，第二支柱實現 35% 的替代率②。同時該報告預見到第一支柱必然面臨的財務可持續性問題，而第二支柱要實現預定的替代率，要求資產收益率應當高於同期的經濟增長率，這一條件無論是在當時還是現在都是難以達到的。中央政府參考借鑑世界銀行推薦的改革方案，著手對社會統籌和個人帳戶相結合的城鎮職工基本養老保險製度進行改革完善，國發〔1997〕26 號文件統一繳費比例、個人帳戶規模和計發基本養老金辦法，確立了全國統一的企業職工基本養老保險製度。③④ 該決定實施後參加工作的職工，個人繳費年限累計滿 15 年的，退休後按月發給基本養老保險金，包括基礎養老金和個人帳戶養老金。總的來說，1997 年的改革方案明確了以第一支柱為待遇確定型現收現付制，其目標是向繳費滿 15 年的參保人提供替

---

①　林毓銘．社會保障可持續發展論綱［M］．北京：華齡出版社，2005：164．

②　Agarwala, Ramgopal (1997). Old Age Seeurity Pension Reform in China. World bank, Washington D. C.

③　企業按照不超過工資總額 20% 的比例進行繳費，個人繳納基本養老保險費最終要達到個人繳費工資的 8%，基本養老保險個人帳戶按本人繳費工資 11% 建立，個人繳費部分全部記入，其餘部分從企業繳費中劃入。

④　如果維持現收現付體制不變，每一代退休職工的養老都可以通過代際轉移來完成，並且每一代職工只需要承擔一次義務。然而，1997 年養老保險製度改革選擇將轉軌成本由進入新養老保險製度的繳費人群來承擔，因此設計了較高的繳費率，希望既彌補轉軌成本，又為新的社會統籌帳戶和個人帳戶籌資。

代率為20%的養老金；第二支柱為繳費確定型完全累積制，為參保人提供個人帳戶累計額除以120個月的年金化收益。由於養老金待遇領取人死亡時個人帳戶未支付完的部分可以繼承，在人均餘命高於10年的情況下，個人帳戶在財務上是不可持續的。更為嚴重的是，該製度並沒有按最初設計的思路運行，針對1997年及以前已經退休的職工和新舊製度轉軌之間退休的職工仍然完全執行或者部分執行了舊的養老金計發辦法，新製度下參保人繳費形成的個人帳戶基金不得已被挪用於支付轉軌成本，造成個人帳戶空帳運行，失去了製度設計之初的完全累積功能。

國發〔2005〕38號文件針對企業職工養老保險在實際運行中存在的突出問題，例如覆蓋對象主要局限於企業職工，個人帳戶運行背離製度創立本意上的實帳累積模式，待遇計發辦法也過於簡單等，國務院文件要求將城鎮所有就業人員都納入到企業職工基本養老保險的覆蓋範疇，擴大了製度覆蓋面，從2006年以後更多的靈活就業人員參加進來，企業職工養老保險的參保規模迅速擴大。同時，文件對個人帳戶的規模進行了調整，個人帳戶資金全部來源於參保者個人的繳費，並要求各地積極做實個人帳戶。對退休金計發辦法也進行了較大的調整，體現了激勵參保對象多繳費、長繳費的指導思想。至此，在城鎮戶口的就業群體中，除國家公職人員外都有了統一的製度安排，養老保險製度框架基本定型。

國家公職人員由於身分和工資來源渠道的特殊性，覆蓋這類群體的機關事業單位職工養老保障製度改革一直比較滯後。原機關事業單位退休製度始於1955年的幹部退休製度，「文革」期間被中斷，國發〔1978〕104號文件恢復了幹部退休製度，包括退休條件、退休待遇和撫恤善後等。國發〔1986〕77號文件要求國家公職人員也要建立社會養老保險製度。原人事部以人退發〔1992〕2號文件的形式提出逐步改變國家公職人員退休資金來源全部由國家包下來的做法。然而這一提法本身就存在一個悖論，既然機關事業單位職員的工資都來自於財政收入，養老保險籌資來源難道還可能有第二條渠道。原人事部印發的人薪發〔1994〕3號文件對機關事業單位退休職工的退休金計發基數和比例標準做了詳細規定。黨的十四屆三中全會以後，國家要求各省、市、區開展機關事業單位養老保險製度改革試點（可以稱之為「老機保」），除西藏、青海、寧夏外，全國28個省、市、區，230個地市，1,844個縣區不同程度地開展改革試點工作。「老機保」覆蓋範圍和對象包括各級國家機關和事業單位工作人員、非全民所有制事業單位人員、人事工資關係掛靠在人才交流服務機構具有國家幹部身分的人員。單位按工資總額的20%～34%繳納養老保險

費，職工個人按本人工資的 3%~8% 繳納養老保險費；職工退休後領取退休金，標準與原退休費計發標準相銜接。可見，「老機保」在繳費方面參考的是企業職工基本養老保險的辦法，而待遇發放又參考的是原來機關事業單位退休金製度。企業與機關事業單位養老金製度的這種「雙軌製」存在較大的弊端：從機關事業養老金製度內部看，養老金仍然處於單位保障的階段，缺乏社會保障風險分攤的機制，待遇計發辦法較粗，難以體現公平性；從整個養老保險製度的層面看，「雙軌製」的存在造成人才流動困難，也導致社會公眾對「待遇差」的強烈不滿。社會上要求加快改革，實現公平養老保障製度的呼聲越來越高，在此背景下 2008 年國務院通過《事業單位工作人員養老保險製度改革試點方案》，確定在山西等 5 省市先期開展試點。這個方案是以企業職工基本養老保險為模板設計的，在製度架構、繳費比例、個人帳戶規模、養老金計發等方面都與企業職工基本養老保險製度保持一致。此外，該試點方案還提出要在事業單位建立工作人員職業年金製度。但是由於該方案並不成熟，問題較多，改革推行的阻力很大，試點被擱置下來。機關事業單位養老保險製度改革涉及面廣，關聯性強，既要與工資改革、「老機保」試點原有退休待遇政策相銜接，也要與事業單位分類改革、事業單位績效工作改革、編制管理等是否到位緊密相連，因此改革的難度較大。黨的十八大報告和十八屆三中全會決定向全社會承諾將盡快推動機關事業單位養老保險製度改革，實現整個養老保險製度的公平可持續發展。2015 年元月國務院發布《關於機關事業單位工作人員養老保險製度改革的決定》，確立「一個統一、五個同步」的改革思路[①]。至此，在城鎮從業人員中實現了養老保險製度的統一。客觀地講，機關事業單位養老保險製度改革雖然形式重於實質，但是從建立統一的就業人員養老保險製度角度講，其積極意義應當得到肯定，這一改革有利於統籌推進多層次養老保險體系建設，有利於逐步化解「待遇差」的矛盾，是養老保險製度建設中的重大進展。

農村社會養老保險的發展也經歷了較為曲折的過程。1986 年以前，農民一直被排斥在社會養老保險製度之外。隨著農村經濟社會的重大變遷，家庭結構的和養老觀念發生改變，在廣大農村建立製度化的養老保障被提上政府的議事日程。1986 年「七五」規劃提出要在農村探索建立社會養老保險製度的發展目標，同年民政部選擇江浙一帶開始嘗試創立農村養老基金。1991 年民政

[①] 即機關事業單位與企業等城鎮從業人員統一實行社會統籌與個人帳戶相結合的基本養老保險製度；機關與事業單位同步改革，職業年金與基本養老保險製度同步建立，養老保險製度改革與完善工資製度同步推進，待遇調整機制與計發辦法同步改革，改革在全國範圍同步實施。

部制定《縣級農村社會養老保險基本方案（試行）》，決定開展建立農村社會養老保險製度試點。試點方案採取「自助為主，互濟為輔」的原則，製度覆蓋不由政府供應商品糧的農村人口，資金籌集主要來自於個人繳費，集體適當補助，國家以稅前列支讓利等方式在政策方面給予扶持，月繳費標準從 2～20 元設十個檔次，個人繳費和集體補助記帳在參保人名下，參保人年滿 60 週歲後根據繳費的標準和年限開始領取相應標準的養老金。這個製度一般稱為「老農保」，由於該製度忽略了社會保險本質中的共濟功能和政府責任，在實踐中集體補助這一規定基本落空，政府政策扶持也僅僅對鄉鎮企業適用，對廣大農民不具有普遍性，「老農保」最終退化為農民的自願儲蓄；加之當時農村經濟發展還十分落後，農民繳費能力很弱，往往選擇每月 2 元這一最低繳費檔次，政府還從基金中提取 3% 的管理費，在投資收益本來就很低的情況下，完全談不上基金保值增值；待遇水平極低，難以有效實現養老功能，導致農民參保積極性不高，「老農保」發展一直比較緩慢。1999 年國務院認為從當時農村的實際情況來看不具備普遍實施社會保險的條件，決定對「老農保」業務進行清理整頓，停止接受新業務。此後十年，農村養老保險陷入停頓和徘徊狀態。2008 年中共中央依據形勢發展需要提出建立新型農村社會養老保險製度，國發〔2009〕32 號文件進一步明確了製度框架和相關細節，規定農村居民可自願在戶籍地參加「新農保」，個人繳費標準設為 100～500 元 5 個檔次，各地政府對參保人繳費給予補貼，標準不低於每人每年 30 元，個人繳費、政府補貼和其他資助資金全部記入個人帳戶，參保農村居民在達到待遇領取年齡後可按月領取基礎養老金和個人帳戶養老金[①]。與「老農保」相比，「新農保」最突出的貢獻是明確了政府在農村養老保險中的財政責任和義務，從而在製度上為解決農村居民老有所養問題提供了可能。農村以家庭為單位的生產經營形式分散程度高，抗風險能力弱，「老農保」這樣的家庭儲蓄式養老模式難以實現養老的功能，尤其在快速城市化進程中農村青壯年勞動力的大量遷移很容易造成農村老年人的養老危機，需要政府以直接的經濟支持來確保製度的有效運行，而這也是發達國家通過大量財政補貼的方式建立和發展農村社會養老保險的基本經驗[②]。「新農保」另一個突出貢獻是建立了與城鎮職工養老保險相似的製度模式，即統帳結合模式，所不同的是「新農保」的統籌帳戶是一個非

---

① 中央政府確定的基礎養老金標準為每人每月 55 元，由中央財政支付，地方政府可依據財力自主提高基礎養老金標準，個人帳戶養老金的月計發標準為個人帳戶全部儲存額除以 139。

② 林義. 農村社會保障的國際比較及啟示研究 [M]. 北京：中國勞動社會保障出版社，2006：46.

繳費型的現收現付制，而且在統籌帳戶與個人帳戶的關係上，製度設計是希望個人帳戶占主導，社會統籌作為補充。

2011 年《國務院關於開展城鎮居民社會養老保險試點的指導意見》，以「新農保」製度為模板，將城鎮非從業居民納入社會養老保險，個人繳費標準設為 100~1,000 元 10 個檔次，其他政策與「新農保」一致。國發〔2014〕8 號文件將農村居民和城鎮居民兩個養老保險製度合併實施。人社部和財政部印發《城鄉養老保險製度銜接暫行辦法》明確參保人達到法定退休年齡後，城鄉居民基本養老保險和企業職工基本養老保險之間可以轉移銜接。

從 1986 年以來，中國政府通過不斷的製度創新，基本建立起適應社會主義市場經濟體制要求的社會養老保障體系。製度覆蓋面從改革前的城鎮公有單位就業人員逐步擴大到城鎮所有類型的企業職工、城鎮個體工商戶及其雇工、城鎮自由職業者、農民工，從城鎮走進農村，從城鎮就業人口擴大到城鄉所有年滿 16 週歲的居民，再進一步在國家公職人員和企業職工之間建立了統一的城鎮職工基本養老保險製度，破除了「雙軌制」障礙，同時打通了城鎮職工基本養老保險製度與城鄉居民基本養老保險製度之間的通道，從製度上實現了人人享有參加養老保險的權利，為製度化解決老有所養的問題提供了保障。但是，這一改革中最大的遺憾是當初確定的養老保險體系目標模式在現實中並沒有被實施，製度運行至今仍然是一個現收現付的模式①，引進個人帳戶完全累積非但沒有實現，反而留下了一大堆遺留問題有待解決。

3.2　基本養老保險擴面與基金收支現狀分析

與製度逐步實現全覆蓋的同時，養老保險擴面工作也在積極開展，參保繳費和享受養老金待遇的人數不斷增加，基金規模不斷擴大，保障能力增強，製度效果得到充分展現。

3.2.1　養老保險覆蓋率不斷擴大

在統計上參加城鎮職工基本養老保險人數包括參保職工人數（參保繳費人數）和離退休人數（養老金待遇領取人數）兩部分。從 2000 年以來，全國城鎮職工基本養老保險參保職工數與離退休人數逐年增長，到 2014 年分別達

---

① 袁志剛. 中國養老保險體系選擇的經濟學分析 [J]. 經濟研究, 2001 (5).

到 25,531 萬人和 8,593 萬人；年均增長率分別達到 6.59% 和 7.38%（見圖 3-1），離退休人數增長快於參保職工數增長。

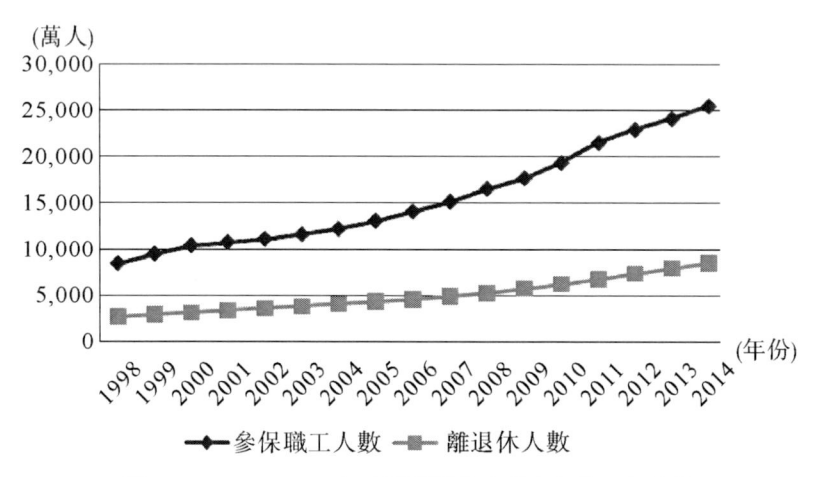

圖 3-1　2010—2014 年全國城鎮基本養老保險參保人數

註：數據來源於歷年《人力資源和社會保障事業發展統計公報》《中國勞動統計年鑒 2015》。

從企業職工基本養老保險和機關事業單位職工基本養老保險（「老機保」）參保情況來看，到 2014 年企業職工基本養老保險（簡稱「企保」）參保職工數與離退休人數分別達到 24,417 萬人和 7,529 萬人；年均增長率分別達到 7.28% 和 6.77%，離退休人數增長速度慢於參保職工數增長速度（見圖 3-2）。

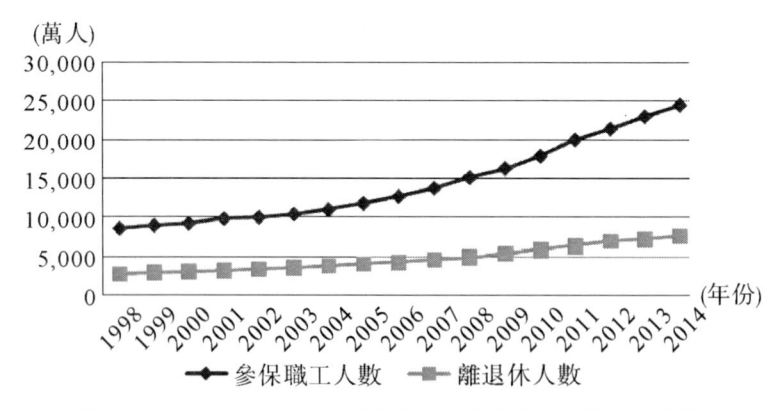

圖 3-2　2010—2014 年全國企業職工基本養老保險參保人數

註：數據來源於人力資源和社會保障部、國家統計局歷年《人力資源和社會保障事業發展統計公報》《中國勞動統計年鑒 2015》；人力資源和社會保障部官方網站發布的《2003—2012 年全國企業職工基本養老保險情況》。

「老機保」參保職工數與離退休人數分別達到 1,114 萬人和 1,064 萬人；年均增長率分別達到 -1.2% 和 14.54%，離退休人數增長迅猛（見圖 3-3）。

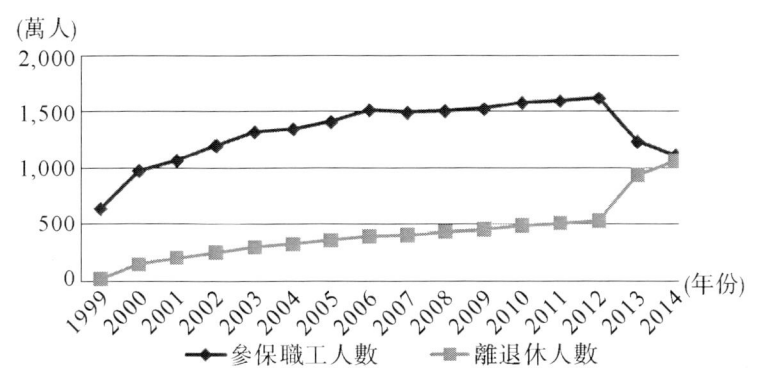

圖 3-3　2010—2014 年全國機關事業單位職工基本養老保險參保人數

註：數據來源於國家統計局、人力資源和社會保障部《中國勞動統計年鑑 2015》。

按照企業職工基本養老保險（簡稱「企保」）製度的規定，養老保險製度應覆蓋的在職人口包括各類城鎮單位從業人員、城鎮個體工商戶及其雇工、城鎮自由職業者、城鎮靈活就業人員，在統計上相當於 60 歲以內的城鎮就業人員這一概念[①]。由於機關和事業單位工作人員沒有參加企業職工基本養老保險，仍然沿用原離休退休製度，所以從城鎮就業人員中扣除機關事業單位工作人員數和 60 歲以內已經退休的職工數，可以得到企業職工基本養老保險製度實際覆蓋的範圍。

圖 3-4 顯示，從 2000 年以來，城鎮職工基本養老保險製度覆蓋率逐步提高，到 2014 年達到 75.2%，即城鎮就業人員中除去機關事業單位人員外，參加企業職工基本養老保險人數佔應參保人數的 75.2%。

按照城鄉居民基本養老保險製度的規定，「居保」製度應覆蓋的範圍包括非國家機關和事業單位工作人員及不屬於職工基本養老保險製度覆蓋範圍的城鄉居民，因此分母為 16～59 週歲人口中扣除國家機關和事業單位工作人員、已參加職工基本養老保險人員、領取退休金人員和在校學生，我們將其定義為「城鄉居民基本養老保險應參保人數」。

[①] 由於製度規定男、女性職工退休年齡分別為 60 歲和 50 歲，我們綜合考慮男、女退休年齡的具體情況，將 55 歲及以下的城鎮就業人員視為城鎮職工基本養老保險應覆蓋的繳費人口。據第六次人口普查勞動力數據資料，城鎮就業人員中女性 55 歲以上約佔 6.9%，這部分群體應當排除在製度覆蓋之外。

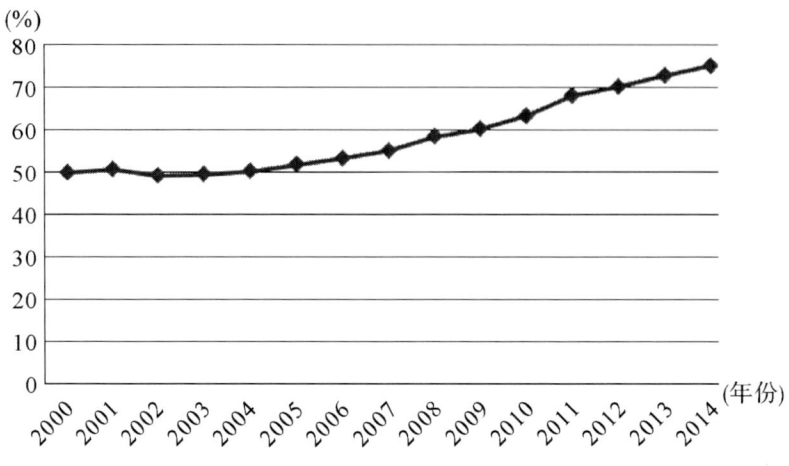

图 3-4 企業職工基本養老保險覆蓋率

註：企保參保職工數據見圖 2-1，城鎮就業人數據見歷年《人力資源和社會保障事業發展統計公報》，機關就業人員和事業單位就業人員數據見歷年《勞動保障統計年鑒》、歷年《中國統計年鑒》。

2014 年年底，全國城鄉居民基本養老保險 60 歲以下參保人數（參保繳費人數）為 35,794 萬人①，城鄉居民基本養老保險應參保人數為 53,226 萬人，覆蓋率約為 67.3%。

再定義老年人口參保率等於領取養老金待遇人數與應領取待遇人數（60歲以上人口加上 50~59 歲已領取城鎮職工養老保險金人員）之比。根據 2014年數據可計算得到老年人口參保率為 99%，基本實現全覆蓋，即是說老年人口都被納入了養老保險體系。

3.2.2 基本養老保險基金收入與支出

養老保險基金總收入（FI）由以下幾個部分構成：①基金徵繳收入（PI），也稱保費收入，指所有用人單位、職工以及其他參保人向社會保險機構繳納的養老保險費；②財政補貼收入（SI），指各級財政對養老保險基金的補貼；③投資收益（II），指養老保險基金用於購買國債、存入銀行或者進行其他投資的收益；④其他收入，指滯納金和其他由財政部門核准的收入，由於所占比例非常小，在分析中省略。在社會保險基金預算管理中本來還有上級補助收入和下級上解收入，但是從全國基金收入的層面來看，如果將這兩項納入就會導

---

① 人力資源和社會保障部.2014 年度人力資源和社會保障事業發展統計公報 [EB/OL]. http://www.mohrss.gov.cn/SYrlzyhshbzb/dongtaixinwen/buneiyaowen/201505/t20150528_162040.htm, 2015-05-28.

致出現重複計算的錯誤。

養老保險基金總支出（FP）包括：①養老金支出（PP），指用於離退休人員養老金、退休金和補貼支出；②喪葬撫恤補助支出（SP），指支付給參加基本養老保險的在職或離退休人員的死亡喪葬補助和直系親屬的撫恤生活補助費用；③其他支出，指與養老保險相關的其他一些費用，在分析中作省略處理。

用符號 AS 表示基金累計結餘，符號 PS 表示當期保費結餘。

$$FI_t = PI_t + SI_t + II_t \quad (3-1)$$

$$FP_t = PP_t + SP_t \quad (3-2)$$

$$AS_t = AS_{t-1} + PI_t + SI_t + II_t - FP_t \quad (3-3)$$

$$PS_t = PI_t - FP_t \quad (3-4)$$

$$II_t = AS_t - AS_{t-1} + FP_t - PI_t - SI_t \quad (3-5)$$

根據歷年《人力資源和社會保障事業發展統計公報》提供的數據，利用公式（3-4）、（3-5）可以計算出表 3-1 和表 3-2 的結果。

表 3-1　　1998—2014 年全國城鎮職工基本養老保險基金收支情況　　單位：億元

年度	總收入	徵繳收入	財政補助	利息收入	總支出	累計結餘	保費結餘
1998	1,450	22	1,353	75	1,511	588	-158
1999	1,961	170	1,595	196	1,924	734	-329
2000	2,278	299	1,869	110	2,116	947	-247
2001	2,489	343	2,092	54	2,321	1,054	-229
2002	3,172	517	2,551	104	2,843	1,608	-292
2003	3,680	530	3,044	106	3,122	2,207	-78
2004	4,258	614	3,585	59	3,502	2,975	83
2005	5,093	651	4,312	130	4,040	4,041	272
2006	6,310	971	5,215	124	4,897	5,489	318
2007	7,834	1,157	6,494	183	5,965	7,391	529
2008	9,740	1,437	8,016	287	7,390	9,931	626
2009	11,491	1,646	9,534	311	8,894	12,526	640
2010	13,420	1,954	11,110	356	10,555	15,365	555
2011	16,895	2,272	13,956	667	12,765	19,497	1,191
2012	20,001	2,648	16,467	886	15,562	23,941	905
2013	22,680	3,019	18,634	1,027	18,470	28,269	164
2014	25,310	3,548	20,434	1,328	21,755	31,800	-1,321

註：總收入、徵繳收入、財政補貼、總支出、累計結餘數據來源於《人力資源和社會保障事業發展統計公報》《中國勞動和社會保障年鑒 2003》；利息收入為估算數。

2003—2014年全國城鎮職工基本養老保險基金總收入從3,680億元增長到25,210億元,增長6.9倍,年均增長19.2%。其中,基金徵繳收入從3,044億元增長到20,434億元,增長6.7倍,年均增長18.9%;財政補貼收入從530億元增長到3,548億元,增長6.7倍,年均增長18.9%。在2014年基金總收入中,基金徵繳收入占80.7%,財政補貼收入占14%,投資收益占5.2%。

從歷年基金支出情況看,2003年基金總支出為3,122億元,到2014年達到21,755億元,增長14.4倍,年均增長27.5%;基金累計結餘由2,207億元增長到31,800億元。當期保費結餘由-168億元增長到-3,121億元,其間年份都有結餘,2014年出現當期徵繳收入低於當期基金總支出,當期保費結餘為負。

表3-2　1998—2014年全國企業職工基本養老保險基金收支情況　單位:億元

年度	總收入	徵繳收入	財政補助	利息收入	總支出	累計結餘	保費結餘
1998	1,450	1,353	20	77	1,511	588	-158
1999	1,868	1,502	163	203	1,862	645	-360
2000	2,088	1,679	338	71	1,970	761	-291
2001	2,235	1,838	349	48	2,117	818	-279
2002	2,784	2,163	408	213	2,503	1,244	-340
2003	3,209	2,580	544	85	2,716	1,764	-136
2004	3,728	3,110	568	50	3,031	2,499	79
2005	4,492	3,730	649	113	3,495	3,507	235
2006	5,633	4,582	941	110	4,287	4,869	295
2007	7,011	5,741	1,103	167	5,154	6,758	587
2008	8,800	7,177	1,356	267	6,508	9,241	669
2009	10,421	8,591	1,538	292	7,887	11,774	704
2010	12,218	10,066	1,815	337	9,410	14,547	656
2011	15,485	12,752	2,096	637	11,426	18,608	1,326
2012	18,363	15,083	2,430	850	14,009	22,968	1,074
2013	20,790	17,002	2,811	977	16,090	26,900	912
2014	23,273	18,726	3,278	1,269	19,797	30,376	-1,071

註:總收入、徵繳收入、財政補貼、總支出、累計結餘數據來源於歷年《人力資源和社會保障事業發展統計公報》《中國勞動和社會保障年鑒2003》;利息收入為估算數;2003年以前的徵繳收入和財政補貼為估算數。

2003—2014年全國企業職工基本養老保險基金總收入從3,209億元增長到23,273億元,增長7.3倍,年均增長19.7%。其中,基金徵繳收入從2,580億

元增長到 18,726 億元，增長 7.3 倍，年均增長 19.8%；財政補貼收入從 544 億元增長到 3,278 億元，增長 5 倍，年均增長 17.8%。在 2014 年基金總收入中，基金徵繳收入占 80.5%，財政補貼收入占 14.1%，投資收益占 5.4%。

基金平衡情況用基金結餘來反應。由於基金結餘分當期和歷年累計，因此有兩個指標：一是基金當期結餘，又可分當期總結餘（用當期基金總收入減基金總支出）和當期保費結餘（用當期基金徵繳收入減基金總支出），保費結餘更能反應養老保險基金自身的平衡情況。二是累計結餘，也稱滾存結餘，等於上期累計結餘加當期總結餘。

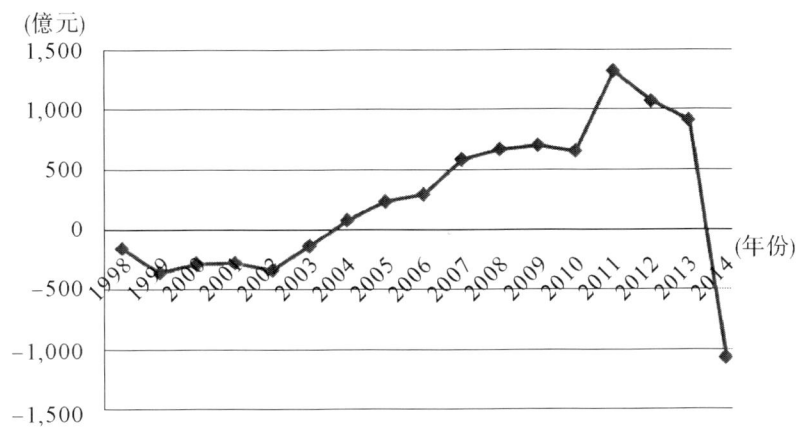

圖 3-5　1998—2014 年企業職工養老保險當期保費結餘

數據來源：與表 3-2 相同。

截至 2014 年年底，全國企業職工基本養老保險基金累計結餘 30,376 億元，按照當年基金總支出額計算，大約可支付 18 個月；保費結餘 -1,071 億元。分年度來看，2003 年以前當期基金徵繳收入小於養老金支出。隨後由於企業職工基本養老保險覆蓋面的擴大，當期基金徵繳收入大於養老金支出，並呈逐年增加的趨勢（見圖 3-5），2011 年達到歷史最高點，當期保費結餘 1,325 億元，隨後開始逐年遞減，2014 年出現當期保費收入低於當期基金總支出。

2014 年城鄉居民基本養老保險基金收入 2,310 億元，比上年增長 12.6%。其中個人繳費 666 億元，比上年增長 4.7%。基金支出 1,571 億元，比上年增

長 16.5%，年末基金累計結存 3,845 億元①。

3.3 養老保險可持續發展面臨的主要製度性障礙

形象地講，中國養老保險製度發展的基本特徵就是「摸著石頭過河」和不斷「打補丁」的過程，「總體上處於製度分立、過度分割、相對封閉、雜亂無序、漏洞巨大的殘缺狀態，製度碎片化的發展趨勢明顯」②。缺乏系統性的頂層設計，是現行製度難以可持續發展的根本原因。

3.3.1 多層次養老保險體系功能定位不清晰

20 世紀 90 年代初期以來的中國養老保險製度改革一直將建立多層次養老保險體系作為主要方向，但是在以後的製度建設過程中，政府幾乎將全部精力都放在基本養老保險製度的設計和運行上面，而忽視了多層次養老保險體系各組成模塊的協調發展，或者說在基本養老保險製度建設本身就存在諸多問題的情況下，無暇顧及企業年金和商業養老保險的發展，致使基本養老保險不堪重負，而補充養老保險的發展又步履艱難（見表 3-3）。

表 3-3　2006—2014 年企業年金參保覆蓋面及基金累計結存情況

年份	參保企業數（萬戶）	參保人數（萬人）	基金累計結存（億元）	參保人數增長率（%）	基金結存增長率（%）	年金參保人數占基本養老保險參保人數比（%）
2006	2.4	964	910	/	/	7.64
2007	3.2	929	1,519	-3.6	66.9	6.79
2008	3.3	1,038	1,911	11.7	25.8	6.88
2009	3.35	1,179	2,533	13.6	32.5	7.27
2010	3.71	1,335	2,809	13.2	10.9	7.49
2011	4.49	1,577	3,570	18.1	27.1	7.9
2012	5.47	1,847	4,821	17.1	35	8.65

---

① 人力資源和社會保障部. 2014 年度人力資源和社會保障事業發展統計公報 [EB/OL]. 人社部官網，http://www.mohrss.gov.cn/SYrlzyhshbzb/dongtaixinwen/buneiyaowen/201505/t20150528_162040.htm.

② 胡秋明. 可持續養老金製度改革的理論與政策研究 [D]. 成都：西南財經大學，2009.

年份	參保企業數（萬戶）	參保人數（萬人）	基金累計結存（億元）	參保人數增長率（%）	基金結存增長率（%）	年金參保人數占基本養老保險參保人數比（%）
2013	6.61	2,056	6,036	11.3	25.2	8.96
2014	7.33	2,293	7,689	11.5	27.4	9.39

資料來源：2006—2014年《人力資源和社會保障事業發展統計公報》。

以企業年金為例，2004年《企業年金試行辦法》實施以來，參保企業和參保人數都在不斷增長，但是與基本養老保險的迅速發展相比，企業年金發展十分滯後。從參保人數占企業職工基本養老保險參保人數比重來看，2006年覆蓋率為7.64%，2014年上升到9.39%，也就是說在城鎮職工基本養老保險的參保人群中，只有不到10%的人員有補充養老保險。將比較的分母規定得更合理一些，2014年城鎮單位就業人員數為18,277萬人[1]，假定這類群體都參加基本養老保險，企業年金參保人數占城鎮單位就業人員數的比重為12.6%，這一比例仍然很低。多層次養老保險體系發展不均衡只是問題表現出來的一個結果，真正深層次原因在於以下幾個方面：

（1）多層次養老保險體系的制度目標不清晰。1991年國務院的文件提出多層次養老保險體系應當由基本養老保險、企業補充養老保險和個人儲蓄性養老保險構成[2]，這一發展方向與世界銀行在1994年建議的「三支柱」思想是基本一致的。另外，不得不承認的是「三支柱」思想從現在看來畢竟顯得有些粗糙，在大的制度構架和政策細節方面都需要進一步完善。鑒於此，世界銀行在「三支柱」的基礎上進一步發展為「五支柱」思想：提供最低保障水平的非繳費型「零支柱（全民養老金或社會養老金的形式）」；與工資收入水平相關聯，旨在替代部分在職收入水平的強制繳費型「第一支柱」；個人儲蓄帳戶式的強制性「第二支柱」；形式靈活和自願性的「第三支柱（個人和雇主發起的DC或DB型）」；第四支柱是非正規的保障形式，為家庭內部或代際對老年人提供的資金或非資金支持[3]。很明顯，「五支柱」的分工是很明確的，零支柱是提供旨在消除老年貧困的社會托底保障，第一支柱體現的是風險分攤和社會公平，第二支柱體現的是效率和個體自我保障責任，第三支柱體現的是靈活性與補充性，旨在提高老年收入水平，第四支柱……然而，國內決策層對

---

[1] 國家統計局.中國統計年鑒[M].北京：中國統計出版社，2015.
[2] 《國務院關於企業職工養老保險制度改革的決定》（國發〔1991〕33號）。
[3] 羅伯特·霍爾茨曼，等.21世紀的老年收入保障[M].北京：中國勞動社會保障出版社，2006.

多層次養老保險體系的理解還停留在「三支柱」思想上，或許在製度的設計中已經有了「五支柱」的一些理念，例如在城鄉居民中建立了具有「零支柱」性質的基礎養老金，但是經過十多年發展並沒有將多層次養老保險體系的思想系統化，製度的功能定位不清楚，多層次模式的走向不明確，製度目標不清晰，整個製度體系仍然處於較為混沌的狀態。

（2）過度倚重於公共養老保險製度，而忽視其他「支柱」的發展。1995年國發 6 號文件對多層次養老保險體系建設的提法是「鼓勵建立企業補充養老保險和個人儲蓄性養老保險」，2005 年國發 38 號文件的提法仍然是「發展企業年金」，都是輕描淡寫、一筆帶過，缺乏足夠的關注和重視。企業年金是多層次養老保障體系中的補充養老保險，2004 年《企業年金試行辦法》和《企業年金基金管理試行辦法》頒布後，對企業參加年金計劃給予一定稅收優惠，然而國稅函〔2009〕694 號文件[1]明確規定對企業年金個人繳費和企業繳費計入個人帳戶的部分依然徵收個人所得稅，顯然與原勞動保障部的兩個文件精神相衝突，極大地打擊了企業建立補充養老保險的積極性。直到財稅〔2013〕103 號文件才對國家稅務總局的上述規定進行了調整，建立起類似美國 401 計劃的延遲徵稅政策。此外，國外一些養老保險製度較為健全的國家對個人儲蓄性養老保險實施了利息和稅收優惠等鼓勵性措施，但國內對此並未出抬實質性鼓勵政策，個人儲蓄性養老保險發展緩慢。作為「零支柱」城鄉居民基本養老保險製度規定自願參保，不具強制性，以及參保繳費激勵性不強、待遇偏低等因素，缺乏政策吸引力，嚴重影響了參保居民的繳費積極性[2]。

3.3.2 公共養老保險的某些重大理論問題尚需論證

在公共養老保險領域尚有一些理論問題沒有定論，例如對現收現付制和基金累積制的製度價值定位、個人帳戶的性質、FDC 和 NDC 運行機制等，這些重大的理論問題在認識上還比較模糊，從而在製度設計中還存在一些不夠合理的地方。

（1）統帳結合到底是兩種製度的「組合」還是「混合」，這個問題沒有理清楚。城鎮職工基本養老保險分為統籌帳戶和個人帳戶兩部分，統籌帳戶是待遇確定型現收現付制養老保險，在職人員的繳費形成的統籌基金用於支付已退

---

[1] 國家稅務總局. 關於企業年金個人所得稅徵收管理有關問題的通知（國稅函〔2009〕694號），2009-12-10.

[2] 據分析，在未參保人員中，中青年群體占的比重較大。特別是 40 歲以下人員參保比重小，總體呈年紀越輕參保積極性越低，年紀越大則參保積極性越高的態勢。原因在於，中青年群體外出務工多，大多參加了企業職工基本養老保險。

休人員的基礎養老金，一般不涉及資產累積和金融投資。個人帳戶要求進行實帳累積，退休人員個人帳戶養老金月標準以本人個人帳戶儲存額除以計發月數得到，即參保者在退休時領取的個人帳戶養老金的數額等於個人累計繳納的保費再加上投資收益後進行的年金化，這是一種繳費確定型累積制養老保險。統帳結合模式的初衷是希望在繳費比例相對穩定的情況下，將現收現付制與基金累積制之間的矛盾轉化為對累積比例的決策，通過兩種製度的組合來發揮現收現付制和基金累積制各自的比較優勢。現收現付制的優勢是社會互濟，有助於實現公平；基金累積制的優勢是自我保障，有助於激勵效率。然而理論界和實務界都將「統帳結合」理解為部分累積制，這種誤解導致在製度設計中把現收現付制和基金累積制各自的功能混淆在一起。在統籌帳戶部分，基礎養老基金計發辦法強調多繳多得，本該追求公平性的現收現付制反而更多的是在追求效率。在個人帳戶部分，按照基金累積制的運行原理，基金投資風險和支付的長壽風險應當由個人承擔，然而當個人帳戶由於參保人的長壽出現支付能力不足時卻由統籌基金支付，這沒有達到利用基金累積制來分散政府與參保人之間風險的目的，也就失去了基金累積制精算公平的屬性。目前，在基本養老保險領域存在的「社會保險稅」與「社會保險費」之爭、個人帳戶空帳、政府的無限責任等問題都根源於此[①]。實際上，統帳結合是統籌帳戶和個人帳戶的有機組合，而非合二為一。與統籌帳戶聯繫在一起的基礎養老金就是公共產品性質，應當由政府來提供，無論是採取稅收還是保險費的形式來徵收，都屬於公共財政收入，政府承擔完全責任。與個人帳戶相聯繫的個人帳戶養老金屬於私人產品性質，只應當採取以保險費的形式來徵收，儘管可以存入財政專戶，但是從資金的性質上講屬於所有參保人私人所有，而非公共財政收入，個人帳戶的盈虧責任由參保人自己承擔，政府承擔有限責任，即資金的保值增值責任，而個帳戶的長壽風險責任不應當由政府來承擔。然而在統帳「混合」製度設計從開始就埋下了財務不可持續的隱患，因為參保人提前死亡的個人帳戶餘額可繼承，超過平均餘命的參保者個人帳戶養老金由統籌基金兜底支付[②]，基金就是包輸不贏。

（2）個人帳戶到底是實帳累積還是記帳累積，在製度改革過程中始終搖擺不定。個人帳戶具有記帳管理、精算公平、風險轉移、基金投資累積四個功能，在城鎮職工養老保險改革過程中對於基金投資累積的功能認識發生了偏差。在製度建立之初，原本是希望通過實帳累積來應對人口老齡化危機，但是在製度實際運行中，統籌帳戶基金收入無法平衡當期的養老金支出，個人帳戶

[①] 劉昌平．中國基本養老保險「統帳結合」製度的反思與重構［J］．財經理論與實踐，2008（9）．

[②] 鄭秉文．從做實帳戶到名義帳戶——可持續性與激勵性［J］．開發研究，2015（3）．

資金不得不挪用於發放當期已退休人員的養老金，導致個人帳戶空帳。國發〔2005〕38號文件再次強調個人帳戶基金投資累積功能，希望通過東北三省做實個人帳戶試點工作來推動全國逐步做實個人帳戶。勞社部發〔2005〕27號文件①提出2006年選擇6~8個省進行擴大做實個人帳戶試點。做實個人帳戶是為了回到個人繳費完全累積的製度模式，但是在城鎮職工養老保險製度體系設計自身存在重大缺陷的前提下，再加上基金保值增值困難等因素，做實個人帳戶試點的效果並不理想。目前主管部門對做實個人帳戶的看法又發生了轉變，原則上又不再提倡這一做法。

（3）記帳利率應該是與實際利率掛鈎還是與工資增長率掛鈎取向不清楚，目前的記帳利率政策嚴重破壞了多繳多得的激勵機制。個人帳戶將會以「空帳」形式繼續運行，似乎有發展「名義帳戶」的趨勢，不過與名義帳戶不同的是，個人帳戶的記帳利率（名義回報率）沒有與經濟增長率或工資增長率掛鈎。從理論上講，當個人帳戶的投資收益高於工資增長率時，採用個人帳戶才具有合理性。國發〔1997〕26號文件規定個人帳戶儲存額參考銀行同期存款利率計算利息，但是並沒有明確是按照一年期利率還是長期利率計息，這在當時是合理的。因為1997年工資增長率低於一年期存款利率，按照1997年的想法，只要使用存款利率就能確保基金的投資收益高於工資增長率。在以後的實際操作中，使用的是一年期存款利率。但是從1998年開始，工資增長率遠遠高於利率，利率的平均值為2.9%，工資增長率平均值達到13.6%，二者差距非常之大。在這種情況下，繼續採用利率作為個人帳戶的投資回報率，對參保人來說是不合理的（見圖3-6）。

---

① 原勞動和社會保障部.《關於擴大做實企業職工基本養老保險個人帳戶試點有關問題的通知》，2005.

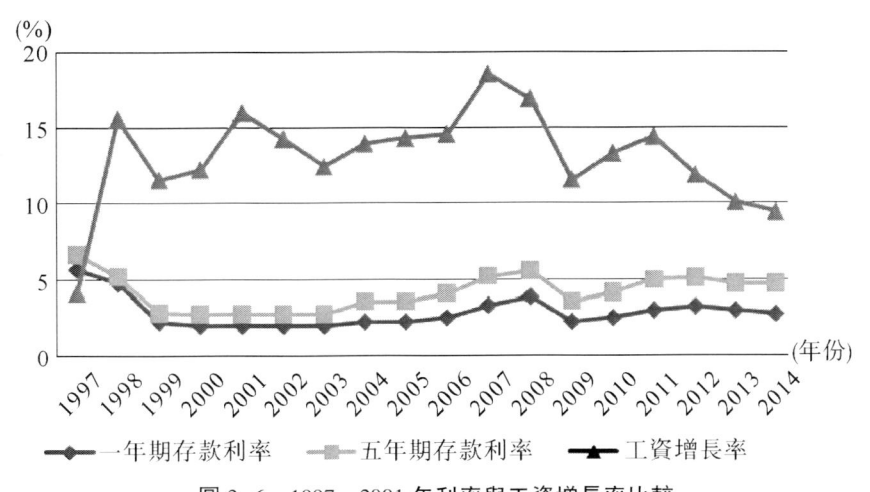

圖 3-6　1997—2001 年利率與工資增長率比較

註：利率數據來自於人民銀行官方網站；社會平均工資數據來自於歷年《人力資源和社會保障統計公報》。

製度設計之初是假設個人帳戶收益率與工資增長率相等,工作35年從個人帳戶大約可獲得38.5%的替代率①,而實際得到的替代率只有13.6%。可以說個人帳戶記帳利率與工資增長率的長期倒掛是一個非常嚴重的問題,在經濟增長率或工資增長率遠遠高於記帳利率的情況下,參保人(受益人)毫無疑問地承擔了基金貶值的風險和損失②,這對參保人來說是極其不公平的結果,也失去了建立個人帳戶養老金的價值所在。

3.3.3 地區分割統籌是重大的製度缺陷

基本養老保險從政府職責上講屬於中央事權,世界上很多國家的公共養老保險都是中央政府的責任。然而中國城鎮職工基本養老保險在製度發展的過程中卻走上了一條地區分割統籌的路徑,將本應全國統一實施的基本養老保險變成了地方各行其是的製度。1991年國務院印發的文件③將部分權力下放到各地,開啓了養老保險地區分割統籌的先河。1995年國務院在推出統帳結合的基本養老保險製度改革模式時,為了充分調動各地改革創新的積極性,將制定統帳結合模式的具體實施辦法進一步下放到地、市級政府,直接導致了各地五花八門的養老保險模式出現,同時,還有十多個行業經國務院批准自行統籌本行業的養老保險業務。為了解決地方政府和部分行業在基本養老保險事務中各自為政的問題,1998年《國務院關於實行企業職工基本養老保險省級統籌和行業統籌移交地方管理有關問題的通知》提出「實行企業職工基本養老保險省級統籌」,至此省級統籌作為一項製度安排被正式固化下來,造成城鎮職工基本養老保險製度迄今仍處於地區分割統籌狀態。④《2014年度人力資源和社會保障事業發展統計公報》宣稱全國31個省份和新疆生產建設兵團已建立養老保險省級統籌製度,但是鄭功成認為除北京等7省實現了企業職工基本養老保險基金省級統收統支,絕大多數省份還停留在建立省級、地市級調劑金階段⑤。以省級統籌為主的地區性製度安排對養老保險可持續發展造成一系列的危害。

---

① 胡曉義. 國務院《決定》解讀系列之二——保障水平要與中國社會生產力發展水平及各方面承受能力相適應 [J]. 中國社會保險,1997 (11).

② 當個體退休餘命超過養老金計發月數時,製度規定個人帳戶餘額不足由統籌帳戶支付,而個體退休餘命低於養老金計發月數時,個人帳戶餘額可以被繼承,因此個人帳戶的長壽風險是由承保人承擔的,這一點也與名義帳戶制有很大的區別。

③ 國務院.《關於企業職工養老保險製度改革的決定》,1991.

④ 鄭功成. 從地區分割到全國統籌 [J]. 中國人民大學學報,2005 (3).

⑤ 鄭功成. 全國統籌:優化養老保險製度的治本之計 [N]. 光明日報,2013-07-23.

(1) 地區統籌的格局導致養老保險實際繳費負擔在地區之間輕重不一，有違製度正義和公平競爭的精神。由於各地經濟發展的不均衡，人口總是向經濟發展程度較高的地方流動，東部沿海部分省份是勞動力的主要輸入地，人口結構相對年輕化，如京、粵、閩、浙、魯等省的製度撫養比都在 3.9 以上，而廣東省一度高達 8.9[①]。根據第二章公式 2-14 揭示的現收現付制養老保險基金平衡條件可知，在替代率相同的情況下，製度撫養比越高，實際繳費率就越低，就業人口的繳費負擔就越輕。2014 年年末，廣東省參加城鎮職工基本養老保險的繳費人數為 3,041 萬人，領取養老金待遇的離退休人數為 446 萬人，製度撫養比為 6.82，全省單位名義繳費率在 13%～15%，個人名義繳費率為 8%，城鎮單位在崗職工月平均工資為 4,468 元，而實際月平均繳費工資只有 2,676.9 元，單位加上個人實際平均繳費率為 12.8%，企業退休人員享受到的月人均基本養老金是 2,197 元[②]，平均替代率為 49.2%。與之形成鮮明對比的是四川省的情況，參加城鎮職工基本養老保險的繳費人數為 1,192 萬人，領取養老金待遇的離退休人數為 648 萬人，製度撫養比為 1.84（全國平均水平為 2.8），全省單位名義繳費率在 20%，個人名義繳費率為 8%，城鎮單位在崗職工月平均工資為 3,808 元，單位加上個人實際平均繳費率為 22.4%，企業退休人員享受到的月人均基本養老金為 1,642 元，平均替代率為 43%[③]，2014 年扣除財政補貼等收入的年度收支缺口為 269.9 億元。可見，四川省企業和個人繳費負擔遠遠高於廣東省，而退休職工待遇水平卻又遠遠低於廣東省。全國還有湘、遼、皖、秦、桂、吉、黔、渝、豫、冀、晉、內蒙古、黑、新、藏、青、滇、寧、甘等省份屬於繳費負擔偏重地區。造成這種局面的根本原因正是地區分割統籌，讓本應作為國家統一製度安排的基本養老保險變成地方各負其責，從而因製度設計不合理導致勞動者養老保險權益及其參保成本存在巨大差異，這是典型的非正義的製度安排（見表 3-4）。

---

① 鄭功成. 全國統籌：優化養老保險製度的治本之計 [N]. 光明日報，2013-07-23.
② 廣東省人力資源和社會保障廳. 2014 年度廣東省社會保險信息披露 [EB/OL]. http://www.hrssgz.gov.cn/sbgk/sbsj/201506/t20150626_231422.html.
③ 四川省人力資源和社會保障廳，四川省統計局. 2014 年四川省人力資源和社會保障事業發展統計公報 [EB/OL]. http://www.sc.gov.cn/10462/10464/10797/2015/7/30/10346445.shtml.

表 3-4　2013 年全國各地城鎮職工養老保險參保及基金收支情況

地區	參保情況（萬人）			基金收支情況（億元）			
	職工數	離退休人數	製度撫養比	基金收入	基金支出	當期結餘	累計結餘
全國	24,177.3	8,041.0	3.0	22,680.4	18,470.4	4,209.9	28,269.2
北京	1,091.3	220.0	5.0	1,181.3	734.8	446.5	1,671.3
天津	352.3	168.4	2.1	466.0	426.3	39.7	318.9
河北	859.6	335.1	2.6	891.1	833.1	58.0	813.1
山西	491.9	180.5	2.7	639.0	477.8	161.2	1,124.8
內蒙古	323.8	172.7	1.9	461.4	411.3	50.1	456.0
遼寧	1,171.7	557.8	2.1	1,422.2	1,251.1	171.1	1,226.6
吉林	406.8	248.4	1.6	462.8	448.2	14.6	421.6
黑龍江	639.9	422.2	1.5	845.6	886.0	-40.4	429.5
上海	992.4	437.5	2.3	1,563.5	1,308.0	255.5	1,077.0
江蘇	1,987.8	594.3	3.3	1,742.7	1,372.4	370.3	2,516.1
浙江	1,976.5	398.9	5.0	1,278.0	944.9	333.1	2,297.0
安徽	592.2	219.1	2.7	605.2	449.1	156.1	745.4
福建	679.6	133.2	5.1	412.3	338.7	73.7	415.9
江西	547.1	207.0	2.6	405.0	352.2	52.8	385.0
山東	1,800.4	459.2	3.9	1,489.0	1,270.5	218.4	1,857.9
河南	1,024.4	325.6	3.1	833.8	711.5	122.3	840.0
湖北	823.5	395.9	2.1	860.5	798.0	62.5	817.1
湖南	762.2	329.5	2.3	733.7	622.1	111.6	797.5
廣東	3,761.7	421.3	8.9	1,842.5	1,050.0	792.5	4,673.1
廣西	365.8	172.6	2.1	367.8	364.2	3.6	446.6
海南	174.4	57.1	3.1	127.3	120.0	7.4	101.4
重慶	497.8	275.4	1.8	607.2	508.0	99.2	557.3
四川	1,124.1	596.2	1.9	1,392.9	1,107.6	285.4	1,749.7
貴州	254.7	82.6	3.1	240.2	178.5	61.8	355.2
雲南	268.6	115.7	2.3	333.8	253.8	80.0	503.1
西藏	10.5	3.5	3.0	21.0	13.5	7.5	32.0
陝西	493.0	191.9	2.6	536.2	465.0	71.2	414.9

表3-4(續)

地區	參保情況（萬人）			基金收支情況（億元）			
	職工數	離退休人數	制度撫養比	基金收入	基金支出	當期結餘	累計結餘
甘肅	188.5	99.9	1.9	258.0	224.7	33.3	321.6
青海	62.8	27.6	2.3	80.7	77.4	3.2	82.0
寧夏	101.8	41.9	2.4	107.6	99.8	7.8	166.3
新疆	332.5	143.8	2.3	464.8	367.0	97.8	644.8

數據來源：《中國勞動統計年鑒2014》[1]。

（2）地區統籌不利於結存基金的調劑使用，與保險的大數法則背道而馳，危及了製度的可持續發展。大數法則是保險的數理基礎，樣本量越大，隨機現象的規律性就越強，這一原理用於養老保險中就是統籌層次越高，參保對象越多，分散風險的能力越強。儘管2013年全國養老保險基金累計結餘達到28,269億元，從全國範圍看，當期養老保險基金收大於支，基金累計結餘還在增加。但是各地的基金收支情況很不平衡，黑龍江已經出現當期收不抵支，天津、河北、吉林、廣西、青海、寧夏等18個省當期結餘已經到虧損的邊緣。按照目前地區統籌的製度，即使部分省市發生當期基金收不抵支，也無法調劑其他地區的結餘來彌補虧損，形成各省之間基金的分割使用，不利於分散風險。只有實施國家層面的基礎養老金統籌，才能更好地利用保險的大數法則。

（3）地區統籌是個人帳戶形成「空帳」的重要根源。在地區分割統籌的體制下，各省之間基金不能調劑使用，基金收入大於當期養老金支出後有節餘的省份就可以實現個人帳戶部分或全部實帳累積，而統籌基金收入不能支付當期退休人員待遇的省份只好挪用個人帳戶的資金，導致個人帳戶「空帳」的發生。通過匡算，將歷年個人帳戶記帳總額與基金累計結餘進行比較，可以更清楚地發現這一問題的癥結所在。個人帳戶記帳總額的匡算方法非常簡單，由於劃入個人帳戶的比例占總繳費率的28.6%[2]（雖然2005年才將個人帳戶的比例確定為8%，為了簡化計算不妨將個人帳戶的劃入比例固定為28.6%）。記帳利率採用一年期存款利率，估算結果如圖3-7所示。

---

[1] 國家統計局人口和就業統計司，人社部規劃財務司. 中國勞動統計年鑒2014 [M]. 北京：中國統計出版社, 2015.

[2] 個人繳費率為8%，單位繳費率為20%，因此個人繳費占總繳費的28.6%。

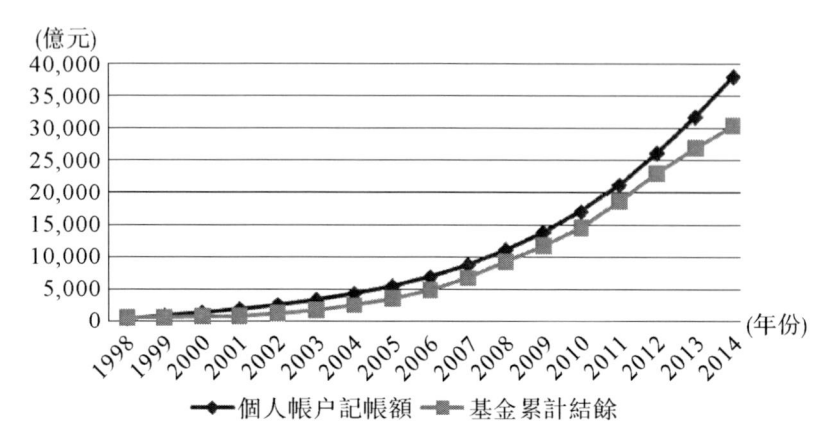

圖 3-7　1998—2014 年企業職工基本養老保險個人帳戶記帳估算額與基金累計結餘對比

註：數據由筆者測算。

從圖 3-7 可以發現，從 1998 年建立統帳結合的養老金製度以來，個人帳戶的記帳規模達到 38,053 億元，2014 年企業職工養老保險基金累計結餘 30,376 億元，名義上個人帳戶「空帳」額度只有 7,677 億元[①]。然而，由於各省分割統籌的體制下，各省加總的基金累計結餘並不都屬於個人帳戶性質，因此造成部分省出現個人帳戶空帳，部分省做實了個人帳戶。可以說，如果不是因為存在地區分割統籌，個人帳戶的「空帳」現象不一定會出現，至少不會是現在這樣大的「空帳」規模。

3.4　本章小結

（1）隨著人口老齡化、城市化，老年人口依靠傳統的非正規的家庭養老的比例會越來越小，為所有老年人建立由社會提供的製度化的收入保障是養老保險可持續發展的首要目標，這要求將所有老年人和勞動年齡人口都納入製度的覆蓋範圍，並至少被一種養老金計劃所覆蓋，因此製度的全覆蓋和法定人員的全覆蓋成為養老保險追求公平性的基本表現。

（2）20 世紀 90 年代以來中國養老保險改革在借鑑世界各國普遍採用的現收現付制養老保險模式和少數國家實行私營的完全累積制試驗的基礎上，創造

[①] 根據中國社科院《中國養老金發展報告 2015》發布的數據，截至 2014 年年底，城鎮職工基本養老保險的個人帳戶累計記帳額達到 40,974 億元，而城鎮職工基本養老保險基金累計結餘額為 31,800 億元，與本書的測算相近。

性地提出了統帳結合的模式，並成為中國公共養老保險製度改革的主要方向。統帳結合的初衷是在發揮現收現付制代際和代內再分配功能的同時，將部分養老責任交由參保人個體負擔，充分發揮完全累積制的高效率。然而，由於製度設計本身的局限性和各種歷史因素的影響，統帳結合模式並沒有按照設計的思路運行，而自始至終都在現收現付制的道路上徘徊。

（3）與製度覆蓋範圍擴大的同時，參保繳費和享受養老金待遇的人數不斷增加，企業職工養老保險和城鄉居民基本養老保險在勞動年齡段人口中的覆蓋率分別達到75%和68%，而老年人口中享有到各種養老金待遇的比例達到99%，製度效果得到充分體現。當期保費收入大於養老金支出，但是從2012年當期保費結餘額開始下降，2014年出現當期保費收入低於當期基金總支出。

（4）國內養老保險製度設計存在重大的缺陷，成為製度不可持續的主要根源。一是多層次養老保險體系功能定位不清晰、整個製度體系仍然處於較為混沌的狀態，過度倚重於公共養老保險製度，而補充養老保險發展嚴重不足。二是公共養老保險的某些重大理論問題尚需論證，如統帳結合到底是兩種製度的「組合」還是「混合」，個人帳戶到底是實帳累積還是記帳累積，記帳利率應該是與實際利率掛鉤還是與工資增長率掛鉤。三是地區分割統籌貽誤匪淺，導致養老保險實際繳費負擔在地區之間輕重不一，結存基金難以統一調劑使用，也是個人帳戶形成「空帳」的重要根源。

4 人口老齡化對養老保險財務可持續的影響

養老保險是圍繞勞動年齡人口和老年人口建立的代際資源分配與交換系統，養老保險基金是實現代際交換關係的物質基礎。隨著養老保險逐步走向法定人群全覆蓋，中國整體人口狀況是養老保險製度運行的最大約束條件，人口變量當前、近期乃至長遠都是影響養老保險可持續發展的首要因素，人口生命表是分析養老保險基金平衡的基礎。

4.1 中國人口老齡化趨勢研判

所謂人口老齡化（Population Aging），就是老年人總量增多，在總人口中所占比例不斷上升的社會發展過程。人口老齡化的本質是人口年齡結構變動的一種表現形式。引起人口年齡結構變動的因素也就是導致人口老齡化的直接因素，其中生育率和死亡率是人口老齡化的兩個決定性因素。目前中國的退休製度規定男性職工的退休年齡為 60 歲，因此本書將老年人口年齡下限初步界定為 60 歲，並隨著國家對退休年齡政策的調整而改變老年人口年齡下限①。人口老齡化改變了總人口中勞動年齡人口與老年人口的比例關係，導致養老保險製度撫養比發生深刻變化。

4.1.1 人口預測模型及參數選擇

人口數量和結構變化有其自身的內在規律，人口是時間的函數，任何一個

---

① 國際上公認的人口老齡化標準是：60 歲以上老年人口達到總人口的 10% 或者 65 歲以上老年人口達到總人口的 7%。

時期的人口都是由以前時期出生的人口按照一定的死亡率存活而來。預測模型選擇 Leslie 矩陣方程。Leslie 矩陣方程的基本出發點認為，未來人口數包括由現存人口數和新增人口數兩部分人口組成①，當年現存人口數扣除死亡人數後即為下一年年初 x 歲（$x > 0$）人口數，下一年初新增人口數由各年齡組育齡婦女乘以年齡別生育率得到。基於此，對人口變動過程作如下數學描述：

設：$P_{x(t)}$ 為 t 年 x 歲的人口數；$m_{x(t)}$ 為 t 年 x 歲的人口死亡率；$S_{x(t)}$ 為 x 歲人口的存活率，$S_{x(t)} = 1 - m_{x(t)}$。

因此，人口變動的基本關係可以描述為：

$$P_{x+1(t+1)} = P_{x(t)} \times S_{x(t)} \tag{4-1}$$

再設：f_x 為年齡別生育率；δ 為嬰兒出生性別比，分男嬰出生性別比 δ_M 和女嬰出生性別比 δ_F；IMR 為出生嬰兒死亡率；S_{00} 為出生嬰兒當年存活率，$S_{00} = 1 - IMR$。

於是，預測期 0 歲組女性人口數可以描述為（0 歲組男性人口數類似）：

$$P^F_{0(t+1)} = S_{00} \cdot \delta_F \cdot \sum_{x=0}^{\varpi-1} f_x \cdot P^F_{x(t)} \tag{4-2}$$

令 $B_x = S_{00} \cdot \delta_F \cdot f_x$，則有 $P^F_{0(t+1)} = \sum_{x=0}^{\varpi-1} B_x \cdot P^F_{x(t)}$。

再設 g_x 為人口淨遷移數，g_{00} 為當年出生者的淨遷移人數。這是本次預測模型的一個亮點，即考慮到從農村與城鎮人口之間的遷移流動。

則上式可修正為：

$$P^F_{0(t+1)} = \sum_{x=0}^{\varpi-1} B_x \cdot P^F_{x(t)} + g_{00} \tag{4-3}$$

人口變動的基本關係可修正為：

$$P_{x+1(t+1)} = P_{x(t)} \times S_x + g_x \tag{4-4}$$

將上述人口變動過程用矩陣描述為：

$$P_{(t+1)} = A \times P_{(t)} + G_{(t)} \tag{4-5}$$

或者：

$$\begin{bmatrix} P_{0(t+1)} \\ P_{1(t+1)} \\ P_{2(t+1)} \\ P \\ P_{\varpi-1(t+1)} \end{bmatrix} = \begin{bmatrix} B_0 & B_1 & B_2 & \cdots & B_{\varpi-2} & B_{\varpi-1} \\ S_0 & 0 & 0 & \cdots & 0 & 0 \\ 0 & S_1 & 0 & \cdots & 0 & 0 \\ 0 & 0 & S_2 & \cdots & 0 & 0 \\ & & & \cdots & & \\ 0 & 0 & 0 & \cdots & S_{\varpi-2} & 0 \end{bmatrix} \cdot \begin{bmatrix} P_{0(t)} \\ P_{1(t)} \\ P_{2(t)} \\ P \\ P_{\varpi-1(t)} \end{bmatrix} + \begin{bmatrix} g_{00} \\ g_0 \\ g_1 \\ g_2 \\ \cdots \\ g_{\varpi-2} \end{bmatrix} \tag{4-6}$$

---

① 李永勝．人口預測中的模型選擇與參數認定［J］．財經科學，2004（2）．

由於人口預測是分性別進行的，所以在實際操作中，上面模型中的預測變量都要賦予性別因素。任何預測都是基於一定的假設，本次預測的主要參數設定如下：

4.1.1.1 總和生育率

生育參數的確定主要是育齡婦女總和生育率。總和生育率（Total Fertility Rate）是表示平均每個婦女一生中生育小孩個數的指標，在數學表達上等於年齡別生育率之和，即 $TFR = \sum_{x=15}^{49} f_x$。

根據最近兩次全國人口普查的結果，2000 年和 2010 年中國的總和生育率為每名婦女平均生育 1.22 和 1.19 個孩子[1]。分城鄉來看，2010 年城鎮和農村的總和生育率分別為 0.98 和 1.45。2005 年全國 1% 人口抽樣結果顯示總和生育率為 1.33[2]，然而國家計生委 2005 年抽樣調查的結果卻達到 1.73[3]。翟振武認為 2000 年的真實總和生育率為 1.8[4]，張為民、崔紅豔利用五普數據 0～9 歲分年齡人口回推了各年的出生人數、出生率和總和生育率，其回推各年總和生育率在 1.5~1.6 之間[5]，郭志剛利用 Bongaarts 和 Feeney 的方法測算出 20 世紀 90 年代後期 TFR 處於 1.5 以下[6]，吳永求利用 2010 年人口普查的人口總數對總和生育率進行回測，認為 2000—2010 年各年平均的人口總和生育率約為 1.78[7]。幾乎有關總和生育率的調查數據和學術研究結論都要高於人口普查的數據，國家計生委調查得出的農業戶口和非農業戶口婦女平均理想子女數分別為 1.78 個和 1.60 個[8]。以前國家生育政策所允許的全國平均總和生育水平為 1.47。考慮到目前全面放開「二孩」政策的實施，可以認為預測時設定總和生育率應該高於普查結果。本書將農村和城鎮總和生育率分別設定為 1.85 和

---

[1] 中國國家統計局. 中國 2010 人口普查資料 [M]. 北京：中國統計出版社，2012；中國國家統計局. 中國 2000 人口普查資料 [M]. 北京：中國統計出版社，2002.

[2] 中國國家統計局. 2005 年全國 1% 人口抽樣調查資料 [EB/OL]. 國家統計局官網，http://www.stats.gov.cn/tjsj/ndsj/renkou/2005/html/0803.htm.

[3] 國家人口和計劃生育委員會. 2006 年全國人口和計劃生育抽樣調查主要數據公報 [J]. 人口與計劃生育，2007（5）.

[4] 翟振武. 全面建設一個中等發達的社會和綜合解決人口問題 [J]. 人口研究，2003（1）.

[5] 張為民，崔紅豔. 對 2000 年中國人口普查完整性的估計 [J]. 人口研究，2003（4）；張為民，崔紅豔. 對 2000 年人口普查人口總數的初步評價 [J]. 人口研究，2002（4）.

[6] 郭志剛. 對中國 20 世紀 90 年代生育水平的研究與討論 [J]. 人口研究，2004（2）.

[7] 吳永求. 中國養老保險擴面問題及對策研究 [D]. 重慶：重慶大學，2012.

[8] 國家人口和計劃生育委員會. 2006 年全國人口和計劃生育抽樣調查主要數據公報 [J]. 人口與計劃生育，2007（5）.

1.55，即城鄉加權平均的總和生育率在 1.7 左右①。

4.1.1.2 死亡率與平均預期壽命

英國人口學家威廉·布拉斯（W. Brass）經過多次試驗發現，將 $0 \sim X$ 歲的存活概率 l_x 經過 Logist 變換，兩種不同生命表上的存活概率之間存在一種近似的線性關係，即：

$$\lambda(l_x) = \alpha + \beta\lambda(l_x^s) \tag{4-7}$$

α 和 β 是兩個系數，l_x 和 l_x^s 為兩個不同生命表的存活概率，Logist 變換為：

$$\lambda(l_x) = \frac{1}{2}\ln\frac{1-l_x}{l_x} \tag{4-8}$$

對全國 2000 年和 2010 年分城鄉、性別 8 張完全生命表的存活概率進行 Brass-Logit 變換，並對變換後的年齡別數據求相關係數得到如表 4-1 所示的相關係數矩陣。

表 4-1　全國人口「五普」和「六普」年齡別存活率經 Brass-Logist 變化後的相關係數

	男性		女性	
	農村	城鎮	農村	城鎮
相關係數	99.7	99.7	99.9	99.9

可見，兩次普查年齡別存活概率經過 Brass-Logit 變換後呈現高度線性相關。通過最小二乘法，求出相應的 α 和 β，得到中國人口死亡模式的「模型生命表」（見表 4-2）。

表 4-2　　　　模型生命表的參數值

	$\beta =$		$\alpha =$	
	參數	t 統計量	參數	t 統計量
農村男性	-0.83	-3.94	1.01	119.78
城鎮男性	-0.96	-6.69	1.054	199.66
農村女性	-0.95	-4.53	1.041	132.84
城鎮女性	-0.209	14.67	1.022	212.89

---

① 本書在寫作過程中作人口預測時普遍「二孩」政策尚未出抬，因此設定的總和生育率可能略低。儘管如此，這並不影響本書對趨勢的判斷。

將式（4-8）帶入式（4-7），移項後得到以下公式：

$$l^*(x) = \left\{1 + \exp\left[2\alpha + \beta\ln\frac{1-l(x)}{l(x)}\right]\right\}^{-1} \quad (4-9)$$

將表 4-2 中的參數值分別帶入上式，就可以建立任意兩張生命表中存活概率的關係。(4-9) 式中，$l(x)$ 為生命表中的存活概率，$l^*(x)$ 為未來某年的存活概率，且 $l^*(x)$ 的水平取決於 α 值，模式取決於 β 值。因此，在預測過程中，只要保持 β 值不變動，變動 α 值來控製死亡水平（平均預期壽命），就可以編制未來各個時期的生命表，從而確定年齡別死亡率。

表 4-3　　　　　1982—2010 年中國人口平均預期壽命　　　　　單位：歲

年份	合計	男性	女性
1982	67.81	66.40	69.25
1990	68.55	66.84	70.47
2000	71.40	69.63	73.33
2005	72.95	70.83	75.25
2010	74.83	72.38	77.37

註：數據根據歷次人口普查資料計算。

未來零歲人口平均預期壽命的假設。聯合國推薦的平均預期壽命經驗數據表明，平均預期壽命達到 67.5～70 歲時，男女每 5 年增加 0.75 歲和 1.8 歲，達到 70～72.5 歲時，男女每 5 年增加 0.45 歲和 1.4 歲，達到 72.5～75 歲時，男女每 5 年增加 0.2 歲和 1 歲。從中國歷次人口普查平均預期壽命變動情況看，「三普」到「四普」，男性增加 0.44 歲，女性增加 1.22 歲；「四普」到「五普」，男女每 5 年都增加 1.4 歲；「五普」到 2005 年 1%人口抽查，男性 5 年增加 1.2 歲，女性 5 年增加 1.9 歲；2005 年到「六普」，男性 5 年增加 1.6 歲，女性五年增加 2.1 歲。中國人口平均預期壽命的增加幅度要高於聯合國推薦的經驗數據。對比世界其他國家平均預期壽命情況，2014 年世界人口平均預期壽命為 70.8 歲，中國的平均預期壽命為 75.3 歲，在世界排名第 83 位；再與平均預期壽命位於世界前列的日本相比較，2014 年日本平均預期壽命為 83.6 歲，中國人口平均預期壽命已接近中等發達國家水平，然而遠遠低於日

本①，因此提高的空間還很大。《中國可持續發展總綱（國家卷）》提出到2050年中國人口平均預期壽命將達到85歲②，假定2050年，全國人口的平均預期壽命男性達到81歲，女性達到87歲。分城鄉來看，據研究，目前城鄉平均預期壽命相差5歲，但差距在逐步縮小③，故假定到2050年城鄉平均預期壽命差距消失。

4.1.1.3 出生性別比

歷次人口普查資料的數據顯示，1982年中國出生性別比為108.5，1990年達到111.3，2000年繼續上升到116.9，2010年繼續小幅上升，城鎮出生性別比為116.2，鄉村出生性別比為119.1。假定未來人口出生性別比城鎮為114，農村為116。

4.1.1.4 城鎮化率

2000年人口普查時，城鎮男性人口占男性總人口的36.7%，城鎮女性人口占女性總人口的37.1%；到2010年人口普查時，城鎮男性人口和女性人口的比重都上升到50.3%，十年之間分別上升了13.6和13.2個百分點。假定到2030年前城鎮化率每年上升1個百分點，2030年後每年上升0.5個百分點，並假定每個年齡組城鎮化率上升的速度不一樣，年齡組城鎮化速度以2010年各年齡組城鎮化率進行加權平均，到2050年城鎮人口接近80%。

4.1.2 中國人口老齡化趨勢

以2010年全國第六次人口普查數據為基礎，按照以上模型和所給參數預測出2011—2050年中國人口老齡化變動趨勢如下：

（1）總人口先升後降，其中城鎮人口總量上升，農村下降。未來40年間，中國總人口呈先升後降的態勢，2020年總人口達到14.13億人，2030年左右達到峰值14.37億人④，然後開始緩慢下降，2040年為14.3億人，2050年為13.98億人（見圖4-1）。

---

① UNDP. 2014 Human Development Report. http://www.undp.org/content/undp/en/home/librarypage/hdr/2014-human-development-report.html.
② 路甬祥，牛文元. 中國可持續發展總綱（國家卷）[M]. 北京：科學出版社出版，2007.
③ 胡英. 中國分城鎮鄉村人口平均預期壽命探析 [J]. 人口與發展，2010（2）.
④ 這一預測結果與蔡昉等人利用「五普」數據所做的預測結果基本一致。參見：蔡昉. 人口轉變、人口紅利與經濟增長可持續性 [J]. 人口研究，2004（2）.

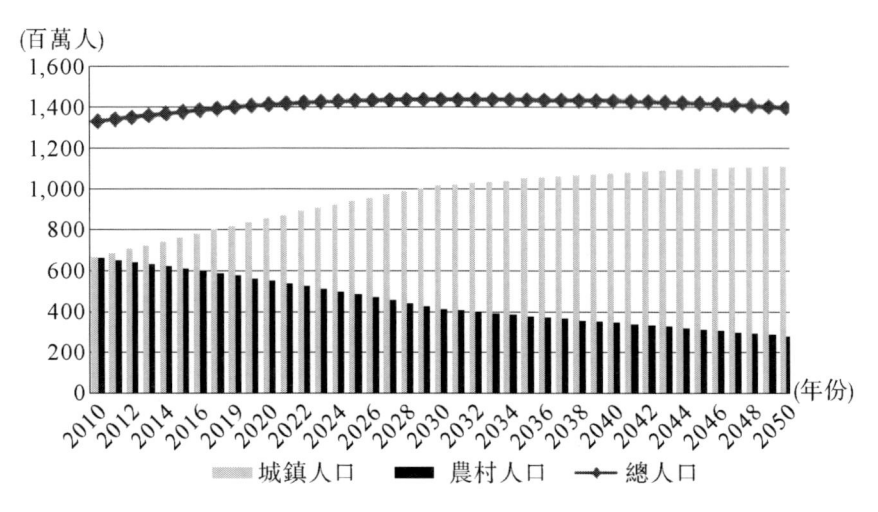

图 4-1　2010—2060 年中国人口变动趋势

註：數據由作者預測。

「六普」數據表明 2010 年城鎮人口已經超過農村人口，隨著城鎮化的進一步發展，城鎮人口繼續增長的趨勢不可逆轉。2020 年城鎮總人口將達到 8.6 億人，2030 年達到 10.2 億人，2040 年達到 10.8 億人，2050 年達到 11.2 億人。與此相對應的是，農村人口逐年減少，2020 年農村總人口為 5.6 億人，2030 年為 4.2 億人，2040 年為 3.5 億人，2050 年為 2.8 億人。

（2）老年人口總量大幅度增加，比例快速上升，人口老齡化逐年加劇。即使在現有的總和生育率水平上適當放鬆人口政策，將總和生育率提高到 1.7 左右，也無法改變總人口老齡化程度加深的趨勢，從圖 3-4 可以看出，中國人口年齡結構呈倒金字塔形的趨勢越來越明顯。

2010 年，全國 60 歲以上[①]人口為 1.78 億人，占總人口的 13.32%，到 2050 年 60 歲以上人口達到 5.34 億人，占總人口的 38.23%。其中，2010 年全國 65 歲以上人口為 1.19 億人，占總人口的 8.92%，到 2050 年 65 歲以上人口達到 4.15 億人，占總人口的 29.7%（見圖 4-2、表 4-4）。

---

① 在本書中，凡是用到「某某歲以上」，都包含分界點在內。

图 4-2 2010—2050 年中国人口年龄结构变化

註：數據由作者預測。

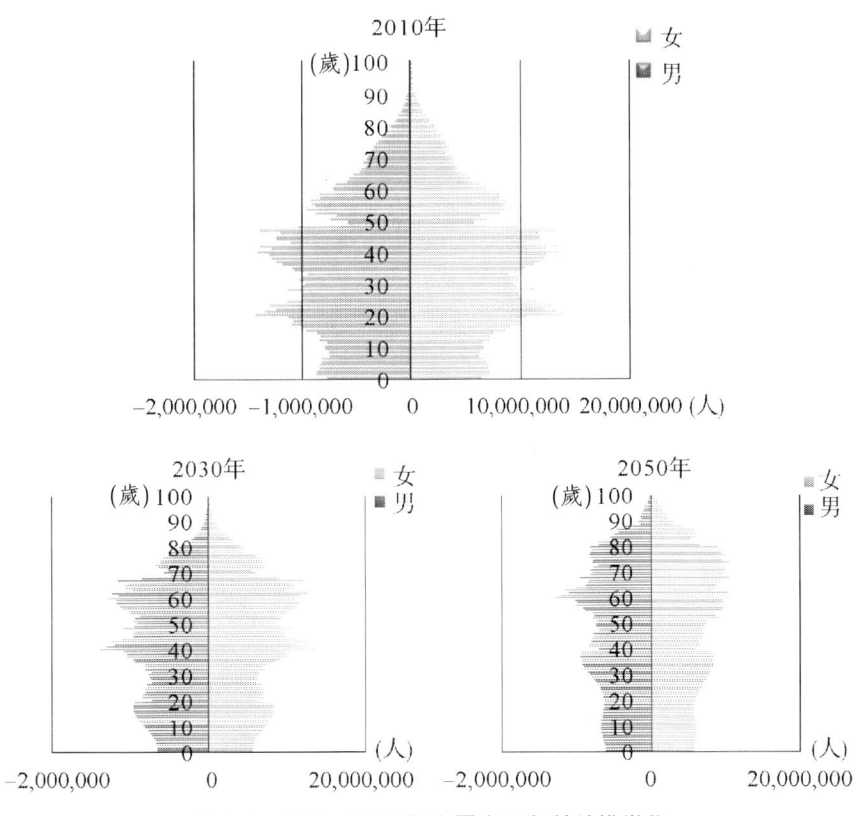

表 4-4　　　　　2010—2050 年中國人口數及結構

年份	人口數（億人）			占總人口的比重（%）		
	總人口	16~59歲	60歲以上	65歲以上	16~59歲	60歲以上	65歲以上
2010	13.33	9.16	1.78	1.19	68.72	13.32	8.92
2020	14.13	8.92	2.57	1.84	63.08	18.21	13
2030	14.37	8.21	3.81	2.66	57.1	26.53	18.51
2040	14.3	7.66	4.64	3.74	53.55	32.44	26.14
2050	13.97	6.65	5.34	4.15	47.56	38.23	29.7

註：數據由作者預測。

　　從老年人口的增長速度來看，2010—2050 年 60 歲以上人口年均增長速度為 2.79%，65 歲以上人口年均增長速度為 3.17%。其中 2010—2020 年間和

4　人口老齡化對養老保險財務可持續的影響 ┃ 87

2021—2030 年間老年人口增長速度最快，60 歲以上人口年均增長速度分別為 3.78% 和 4.01%，65 歲以上人口年均增長速度分別為 4.45% 和 3.77%，2030 年後的年均增長速度將明顯下降（見表 4-5）。

表 4-5　2010—2050 年中國勞動年齡人口和老年人口增長速度　　單位:%

年份	16~59 歲	60 歲以上	65 歲以上
40 年平均	-0.8	2.79	3.17
2010—2020 年	-0.27	3.78	4.45
2021—2030 年	-0.83	4.01	3.77
2031—2040 年	-0.69	1.98	3.46
2041—2050 年	-1.41	1.42	1.05

註：數據由作者預測。

（3）城鄉老齡化情況差異較大，城鎮老齡化的程度將逐步超過農村。2010 年農村老齡化程度高於城鎮，農村 60 歲以上人口占總人口比重為 15%，比城鎮高 3.3 個百分點，到 21 世紀 30 年代農村 60 歲以上人口占總人口比重達到 26.4% 後基本保持穩定，其後開始下降，到 2050 年這一指標下降為 24.2%。城鎮老齡化程度在 21 世紀 30 年代初期將超過農村，而且會繼續加深，到 2050 年城鎮 60 歲以上人口占總人口比重將達到 43%（見表 4-6）。

表 4-6　2010—2050 年中國分城鄉老年人口占總人口的比重　　單位:%

年份	城鎮 60 歲以上人口占總人口比重	城鎮 65 歲以上人口占總人口比重	農村 60 歲以上人口占總人口比重	農村 65 歲以上人口占總人口比重
2010	11.7	7.8	15.0	10.1
2020	17.0	11.8	19.9	14.71
2030	26.6	18.2	26.4	19.1
2040	34.8	27.4	27.1	23.2
2050	43.0	33.1	24.2	19.8

註：數據由作者預測。

（4）勞動年齡人口轉向負增長，勞動力內部結構趨於老化。2011 年 16~59 歲勞動年齡人口達到峰值 9.18 億人，2012 年勞動年齡人口開始下降，並且這一趨勢在今後 40 年中還將加速推進，2020 年為 8.92 億人，2030 年為 8.21 億人，2040 年為 7.66 億人，2050 年只有 6.65 億人，40 年間減少 2.53 億人，

年均增長速度為-0.8%（見表4-4、表4-5）。從勞動力內部的年齡結構來看，2010年40~59歲人口占勞動年齡的比例為42.6%，其後逐年提高，21世紀30年代初期達到52%左右，然後緩慢下降，2050年這一比重仍然高達46.8%，勞動力自身的老齡化趨勢也非常明顯。

（5）老年撫養比一直呈下降趨勢。2010年老年撫養比（16~59歲勞動年齡人口與60歲以上人口的比值）為5.2，2020年下降為3.5，2030年為2.2，2040年為1.7，2050年為1.2，屆時1.2個勞動年齡人口將要撫養一個老年人口。如果將勞動年齡人口界定為16~64歲年齡人口，2010年老年撫養比（16~64歲勞動年齡人口與65歲以上人口的比值）為8.2，2020年下降為5.3，2030年為3.5，2040年為2.3，2050年為1.9（見圖4-3）。

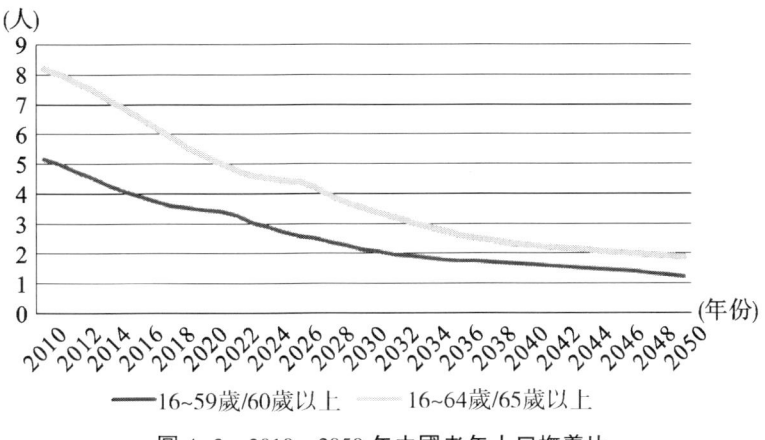

圖4-3　2010—2050年中國老年人口撫養比

註：數據由作者預測。

4.2　人口老齡化與養老保險基金平衡關係的分析框架

人口老齡化影響現收現付制和基金累積制基金平衡的路徑是不同的。現收現付制從形式上看是代際供養，因此總人口年齡結構成為人口老齡化影響現收現付制的主要因素；基金累積制從形式上看是個人儲蓄養老，影響其基金平衡的主要因素是人均餘壽的延長。

4.2.1　人口變量是養老保險可持續發展的基本約束條件

人口首先是一個總量範疇，人口內部各種不同質的規定性的數量比例關係

稱為人口結構。其中，人口總量在各年齡段的分布就是年齡結構，這是影響養老保險基金收支（Revenue and Expenses of Fund）狀況的重要因素。總人口可以分為三個部分：未成年人口、成年人口（勞動年齡人口）和老年人口，其中勞動年齡人口和老年人口是養老保障製度覆蓋的範圍。人口的兩大變量是生育率和死亡率，這兩個變量共同決定著人口的年齡結構，同樣也決定著勞動年齡人口和老年人口的比例關係，即撫養比，這是養老保險系統中最基礎的關係。參加養老保險的勞動年齡人口成為繳費人口，這是養老保險基金的貢獻者，部分在勞動年齡內死亡的參保者也會領取撫恤金和喪葬補貼，成為養老保險基金的支付者；參加養老保險的老年人口成為待遇領取人口，即養老保險基金的消耗者。城鎮化率是總人口在城市和鄉村之間分布的比例關係，當養老保險製度存在城鄉差別時，城鎮化率會影響城鄉養老保險製度各自覆蓋的人口規模。養老保險覆蓋率和法定退休年齡是養老保險製度的內部變量，前者通過調整養老保險製度覆蓋人口的數量從而影響養老保險參保人口的規模；後者通過退休年齡的規定調整勞動年齡人口和退休人口之間的界限，也會直接影響繳費人口和待遇領取人口的比例關係。出生率、死亡率、城鎮化率三個人口變量通過人口結構的變動間接影響養老保險基金的收支平衡。（參見圖4-4）。

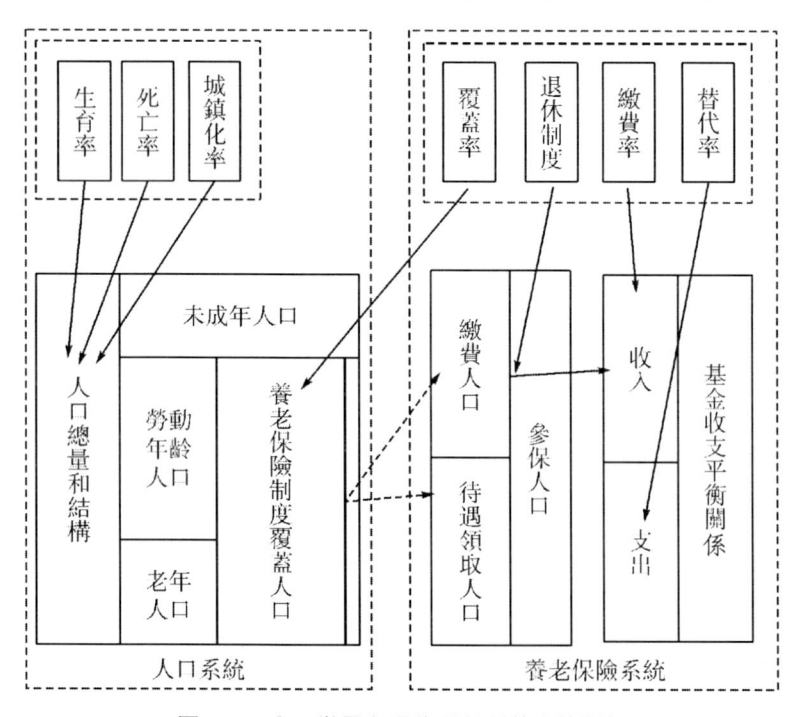

圖4-4 人口變量與現收現付制基金的關係

目前世界各國的公共養老金製度主要有三種形式：DB 型的現收現付制（簡稱現收現付制），DC 型的基金累積制（簡稱基金累積制）和 DC 型的現收現付制（即名義帳戶制，NDC），由於名義帳戶制實際上就是現收現付與基金累積制的結合，因此以下各節主要分析人口老齡化對現收現付制和基金累積制這兩種養老金模式的影響。

4.2.2 人口老齡化與現收現付制的關係

定義老年撫養比為老年人口數 $Q_O(t)$ 與勞動年齡人口數 $Q_L(t)$ 之比，用 $d(t)$ 表示，這一指標反應每個勞動年齡人口平均負擔的老年人口數量。無論人口老齡化是由生育率下降還是由死亡率下降所形成，老年人口撫養比上升都是不可迴避的事實。撫養比只是定義了兩種人口的比例關係，必須與勞動年齡人口和老年人口的平均收入水平聯繫起來才能完整地反應出勞動年齡人口的養老經濟負擔。為此，定義替代率為平均養老金 $\overline{B}(t)$ 與平均工資 $\overline{W}(t)$ 的比率，用 $\delta(t)$ 表示。根據以上定義，有下列等式成立：

$$d(t) = \frac{Q_O(t)}{Q_L(t)} \tag{4-10}$$

$$\delta(t) = \frac{\overline{B}(t)}{\overline{W}(t)} \tag{4-11}$$

某一時間點 t 的全部人口數用 $N(t)$ 表示，所需全部養老費用和勞動年齡人口收入總額分別用 $B(t)$、$W(t)$ 表示，經濟總產出為 $Y(t)$。不考慮未成年人口，則有：

$$N(t) = Q_O(t) + Q_L(t) \tag{4-12}$$

$$W(t) = \overline{W}(t) \times Q_L(t) \tag{4-13}$$

$$B(t) = \overline{B}(t) \times Q_O(t) = \delta(t) \overline{W}(t) \times Q_O(t) \tag{4-14}$$

用 $c(t)$ 表示繳費率，假定在現收現付制下，當年保費收入全部用於當期支出，繳費率等於保費收入與勞動年齡人口收入總額的比值：

$$c(t) = \frac{B(t)}{W(t)} \tag{4-15}$$

將式（4-13）和（4-14）帶入（4-15）得到：

$$c(t) = \frac{\overline{B}(t) \times Q_O(t)}{\overline{W}(t) \times Q_L(t)} = \delta(t) \times d(t) \tag{4-16}$$

式（4-16）表明繳費率是替代率與老年撫養比的乘積。在人口老齡化背

景下，老年撫養比勢必上升，要維持現收現付制基金平衡，要麼提高繳費率，使勞動年齡人口承受更大的養老負擔；要麼降低替代率，使老年人口收入與勞動年齡人口收入水平的相對值降低，相對生活水平也隨之降低。

根據經濟學理論，從長期來看 $W(t)$ 占 $Y(t)$ 的比例大體上是恆定的，即勞動收入總額增長率大致等於總產出增長率①，因此可以設定 $W(t) = \alpha Y(t)$②，有：

$$c(t) = \frac{B(t)}{W(t)} = \frac{\delta(t)\overline{W}(t) \times Q_o(t)}{\alpha Y(t)} \tag{4-17}$$

令 $l(t) = Q_o(t)/N(t)$，即老年人口占總人口的比例，用來表示「人口老齡化程度」；$q(t) = 1 - l(t) = \frac{Q_L(t)}{N(t)}$，表示勞動年齡人口占總人口的比例；$\overline{Y}(t) = Y(t)/N(t)$，表示人均產出。

$$c(t) = \frac{\delta(t)\overline{W}(t) \times l(t)}{\alpha \overline{Y}(t)} \tag{4-18}$$

為了便於分析，先假定 $b(t)\overline{W}(t) = e$，即人均養老金為一常數（現實中這一假定是難以成立的，因此在進一步的分析中我們將放鬆這一假定條件），式（4-18）可以化簡為：

$$c(t) = \frac{el(t)}{\alpha \overline{Y}(t)} \tag{4-19}$$

兩邊求 t 的導數得到：

$$c' = \frac{\partial\ c(t)}{\partial\ t} = \frac{el}{\alpha \overline{Y}}\left(\frac{l'}{l} - \frac{\overline{Y}'}{\overline{Y}}\right) \tag{4-20}$$

令 $g_l = \frac{l'}{l}$，表示人口老齡化程度 l 的增長率，稱之為「人口老齡化速度」；$g_{\overline{Y}} = \frac{\overline{Y}'}{\overline{Y}}$，表示人均產出的增長速度③。

式（4-20）等價於：

---

① Kaldor, Nicholas, 1961, Capital Accumulation and Economic Growth. In F. A. Lutz and D. C. Hegue, eds., The Theory of Capital, 177–222. New York：St. Martin's Press.

② 以下的分析參考了程永宏的論文．詳見：程永宏．現收現付制與人口老齡化關係定量分析［J］．經濟研究，2005（3）．

③ 在文中用 g 加上變量作為下標來表示該變量的增長率。

$$c' = \frac{\partial c(t)}{\partial t} = \frac{el}{\alpha \bar{Y}}(g_l - g_{\bar{Y}}) \qquad (4-21)$$

根據微積分理論，兩變量之商的增長率等於分子增長率與分母增長率之差；兩變量之積的增長率等於兩變量增長率之和。由於 $l(t) = Q_O(t)/N(t)$，$\bar{Y}(t) = Y(t)/N(t)$，所以 $g_l = g_{Q_O} - g_N$，$g_{\bar{Y}} = g_Y - g_N$，式（4-21）等價於：

$$c' = \frac{\partial c(t)}{\partial t} = \frac{el}{\alpha \bar{Y}}(g_{Q_O} - g_Y) \qquad (4-22)$$

在式（4-21）中，e、α、l、$\bar{Y}$ 為正數，當 $g_{Q_O} > g_Y$ 時，$c' > 0$，由此得到定理1：當人均養老金為常數時，只要老齡人口增長率（g_{Q_O}）大於經濟增長率（g_Y），繳費率就會上升，勞動年齡人口的養老負擔就會加重。如果要維持繳費率不變，養老保險基金就會面臨支付危機。

將等式 $\bar{Y}(t) = Y(t)/N(t)$ 左邊分子分母同乘以 $Q_L(t)$ 得到：

$$\bar{Y}(t) = Y(t)/N(t) = \frac{Y(t)}{Q_L(t)} \times \frac{Q_L(t)}{N(t)} \qquad (4-23)$$

令 $\bar{\bar{Y}}(t) = \frac{Y(t)}{Q_L(t)}$，表示勞動年齡人口的平均產出，或者稱為勞動生產率；$q(t) = \frac{Q_L(t)}{N(t)}$，式（4-23）兩邊求 t 的導數得到：

$$g_{\bar{Y}} = g_{\bar{\bar{Y}}} + g_q \qquad (4-24)$$

將等式 $q(t) = \frac{Q_L(t)}{N(t)}$ 左邊分子分母同乘以 $Q_O(t)$ 得到：

$$q(t) = \frac{Q_L(t)}{Q_O(t)} \times \frac{Q_O(t)}{N(t)} = \frac{l(t)}{d(t)} \qquad (4-25)$$

式（4-25）兩邊求 t 的導數得到：

$$g_q = g_l - g_d \qquad (4-26)$$

將式（4-26）和（4-24）帶入（4-22）得到

$$c' = \frac{\partial c(t)}{\partial t} = \frac{el}{\alpha \bar{Y}}(g_d - g_{\bar{\bar{Y}}}) \qquad (4-27)$$

其中，g_d 和 $g_{\bar{\bar{Y}}}$ 分別表示老年人口撫養比增長率和勞動年齡人口的平均產出增長率。由式（4-27）此得到定理2：當人均養老金為常數時，只要老年人口撫養比增長率（g_d）大於勞動生產率（$g_{\bar{\bar{Y}}}$），繳費率就會上升；如果要維持繳費率不變，養老保險基金就會面臨支付危機。

現在放鬆「人均養老金為常數」這一限制條件，但是假定替代率保持不

變，即 $\delta(t) = b$，替代率為常數。式（3-9）兩邊求 t 的導數得到：

$$c' = \frac{\partial c(t)}{\partial t} = \frac{b\overline{W}l}{\alpha \overline{Y}}\left(\frac{\overline{W}'}{\overline{W}} + \frac{l'}{l} - \frac{\overline{Y}'}{\overline{Y}}\right) \quad (4-28)$$

令 $g_w = \dfrac{\overline{W}'}{\overline{W}}$，表示平均工資增長率。根據式（4-22）的推導過程，式（4-28）等價於：

$$c' = \frac{\partial c(t)}{\partial t} = \frac{b\overline{W}l}{\alpha \overline{Y}}(g_w + g_{Q_n} - g_{\overline{Y}}) \quad (4-29)$$

對等式 $\overline{W}(t) = W(t)/Q_L(t)$ 兩邊求 t 的導數得到：$g_{\overline{W}} = g_W - g_{Q_L}$，又由於 $W(t) = \alpha Y(t)$，所以 $g_W = g_Y$。式（4-29）等價於：

$$c' = \frac{\partial c(t)}{\partial t} = \frac{b\overline{W}l}{\alpha \overline{Y}}(g_{Q_n} - g_{Q_L}) \quad (4-30)$$

由此得到定理 3：當替代率為常數時，只要老齡人口增長率（g_{Q_n}）大於勞動年齡人口增長率（g_Y），繳費率就會上升；如果維持繳費率不變，養老保險基金就會面臨支付危機。

以上的討論說明：在現收現付制下，為了緩解人口老齡化對養老金製度的影響，可以有多個政策選擇，然而並非每種政策都具有現實意義：

（1）提高繳費率面臨在職人員承受能力的限制。

（2）勞動參與率具有相對的穩定性，提高勞動參與率難以做到。

（3）擴大製度覆蓋面在一定時期具有顯著效果，但是從長遠來看，也不能解決根本問題。

（4）降低替代率可以緩解基金收支缺口的壓力，但是養老金待遇水平的下限要受到保障退休人員基本生活的剛性約束。

（5）提高工資增長速度，但是社會平均工資的增長將主要取決於社會總產出的增長。

（6）提高退休年齡。提高退休年齡將增加在職人員數，減少退休人員數，從而使製度撫養比上升，但過度提高法定退休年齡將引起社會的強烈反對。

4.2.3 人口老齡化與基金累積制的關係

從表面上看，基金累積制下是每個參保人為自己儲蓄養老金，在職人口按照工資一定比例的繳費收入沒有被用於同期退休人口的養老金支付，而是計入個人帳戶進行累積，似乎與人口結構沒有必然聯繫，人口老齡化不會導致支付

危機。然而，情況並非如此，人口老齡化依然會對基金累積制產生影響。

基金累積制下的財務平衡機制在於個體工作期累積的繳費總額及其收益等於退休期領取的養老金總額。假定一個典型的參保者工作年數（工作年限）為 n 年，從 n + 1 年開始領取退休金，退休後生存年數（退休餘命）為 m 年；平均工資為 $\overline{W}$，繳費率為 c_2，平均養老金為 B_2，平均養老金與平均工資的比率為替代率 b_2，養老基金累計投資回報率為 R_2，則有：

$$n \times c_2 \times \overline{W} \times (1 + R_2) = m \times B_2 \qquad (4-31)$$

由於 $b_2 = B_2 \div \overline{W}$，上式等價於：

$$c_2 = b_2 \times \frac{m}{n} \times \frac{1}{(1 + R_2)} \qquad (4-32)$$

可見，在基金累積制下，繳費率是參保者退休餘命與工作年限比、養老金替代率和基金收益率三個因素的函數。由於基金累積制往往是繳費確定型，繳費率是固定的，假定收益率確定，要使資金實現平衡，必須要求退休餘命與工作年限比和養老金替代率之間呈反比變動。當人均預期壽命延長後，人均領取養老金的年限越來越長，在工作年限不變的前提下必然出現 $\frac{m}{n}$ 值增大，只有降低替代率才能實現基金的收支平衡，而一旦降低替代率就意味著個人帳戶累積的養老基金資產總額沒有真正實現製度預期的給付，也就是說在老齡化的背景下，基金累積制面臨的是因為人均壽命延長帶來的財務失衡。

應當指出的是，兩種製度因人口老齡化發生財務失衡時的調整機制難度不一樣。為了實現基金收支的平衡，基金累積制下調整替代率遠比現收現付制下調整繳費率要容易。[①] 在基金累積制下，應對人口老齡化的可選政策主要有：

（1）提高退休年齡，使退休餘命與工作年限比下降，從而達到改善養老保險財務狀況的目的。

（2）提高基金收益率可以在同等繳費水平下增加養老金累積總額。

（3）降低養老金水平。

4.3 老齡化和全覆蓋背景下的製度撫養比變動趨勢

國家「十三五」規劃提出實施全民參保計劃，基本實現法定人員全覆蓋。

[①] 林寶. 人口老齡化與養老金模式關係辨析 [J]. 人口與發展，2010（6）.

在養老保險製度全覆蓋的前提下，法定人員全覆蓋就是全民參保，就是讓政府提供的基本養老保險覆蓋全民，人人享有。在本書中全覆蓋的標準是機關事業單位養老保險參保率達到100%，企業職工基本養老保險參保率達到應參保人口的95%，沒有參加這兩項養老保險的適齡人口全部納入到城鄉居民基本養老保險。根據第三章的分析，目前60歲以上的老年人口基本上都不同程度享受到了現實的製度化的養老收入保障，而20歲以上勞動年齡人口的參保率還較低，粗略地估算大概在78.3%①左右，目前仍有1億多人未能參加基本養老保險，全民參保的任務還比較艱鉅。

4.3.1 養老保險製度覆蓋人口預測的思路

養老保險是在勞動年齡人口②和老齡人口之間分配既定數量產品的一種製度設計，因此養老保險製度覆蓋人口只涉及16歲以上人口。中國目前的基本養老保險分為企業職工基本養老保險和城鄉居民基本養老保險兩種製度，前者覆蓋的人口為城鎮就業人員和離退休人員，後者覆蓋的人口為農村居民和城鎮非從業居民。所謂法定人群全覆蓋，也就是16歲以上人口（除全日制在校學生）都應該進入養老保險製度覆蓋範圍，人口預測是製度覆蓋人口預測的基礎。本書有關養老保險製度覆蓋人口的預測是基於一個假定：參保人口年齡分布與總人口年齡分布相一致。

測算基本養老保險參保繳費人數的關鍵是測算城鎮就業人口。首先要定義城鎮就業人口等於城鎮經濟活動人口減城鎮失業人口，城鎮經濟活動人口等於城鎮勞動年齡人口乘以勞動參與率。在統計慣例中，經濟活動人口指在16歲以上、有勞動能力、參加或要求參加社會經濟活動的人口，在本書中，由於參保繳費人口都是在法定退休年齡以下，所以根據男性和女性退休年齡以及未來調整退休年齡的具體情況設定經濟活動人口的上限（見圖4-5）。

---

① 根據本書作者測算，2014年城鄉20~59歲勞動年齡人口總計約84,574萬人，扣除其中約2,700萬已經在60歲前退休的女職工數，應參人數約為81,874萬人，其中已經參加企業職工人數約為24,417萬人，機關事業單位人數約為3,900萬人，參加城鄉居保人數約為35,794萬人，參加各種養老保險的人數約占20歲以上勞動年齡人口數的78.3%。

② 研究養老保險只需要區分繳費人口和待遇領取人口，因此以待遇領取的年齡條件為上限界定勞動年齡人口是有現實意義的。

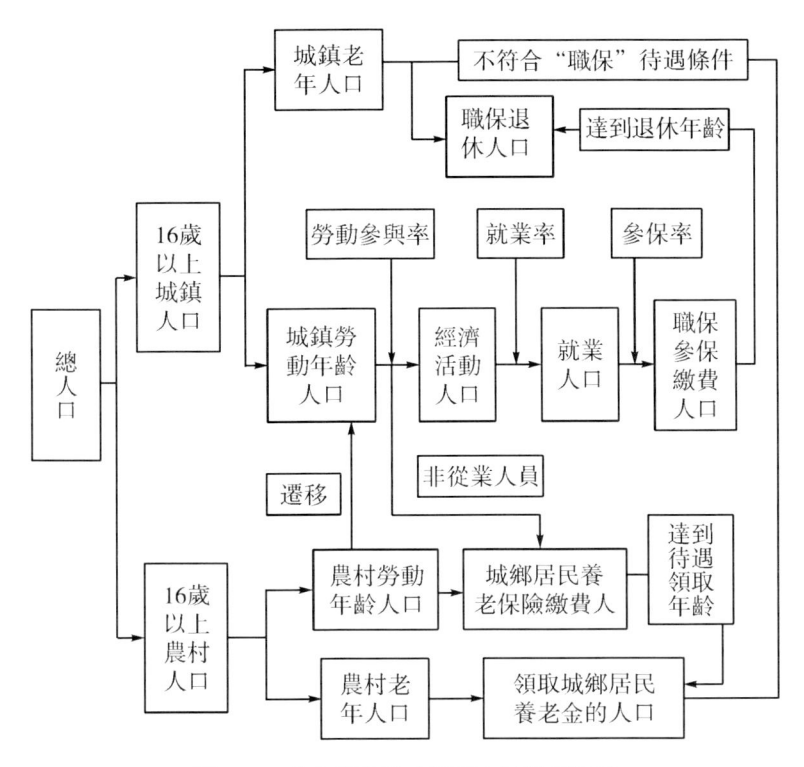

圖 4-5　養老保險製度覆蓋人口測算思路

城鎮職工基本養老保險製度覆蓋人口測算思路：在分城鄉、年齡組人口預測的基礎上，將 16~59 歲人口（上限隨退休製度而改變）作為參保繳費的對象，預測年份按照城鎮化率將農村 16~59 歲人口加入城鎮勞動年齡人口，由勞動年齡人口和勞動參與率計算出經濟活動人口，由經濟活動人口和就業率計算出就業人口，由就業人口和參保率計算出參保繳費人口。在現有退休人口數的基礎上，將退休人口數乘以一定的死亡率再加上就業人口中符合退休條件的人數，得到參保退休人口數。

城鄉居民基本養老保險製度覆蓋人口測算思路：從城鄉勞動年齡人口中減去城鎮就業人口和全日制在校學生，就是城鄉居民基本養老保險製度應當覆蓋的人口。從城鄉 60 歲以上人口中減去符合城鎮職工養老保險退休條件的就是城鄉居民養老金領取人口。

4.3.2　製度覆蓋人口預測模型及結果

目前中國養老保險製度設計是以城鎮就業人口為界限，將全部 16 歲以上

人口分別納入「職保」和「居保」兩種製度覆蓋範圍，儘管從 2014 年 10 月起將國家公職人員納入「職保」範疇，但由於機關事業單位職工養老保險的基金並不進入企業職工養老保險基金，因此「職保」「居保」和改革後的機關事業單位養老保險的參保繳費人數和養老金領取人數應當分別測算。

4.3.2.1　企業職工基本養老保險參保繳費人數及養老金領取人數測算

從城鎮經濟活動人口數中減去失業人口數和有編制的機關事業單位人員數[①]，就是企業職工基本養老保險制度覆蓋的在職人口數。用養老保險制度覆蓋的在職人口數（養老保險應覆蓋人口）乘以參保率得到參保職工數，參保職工數乘以徵繳率可以得到參保繳費人數。因此，測算參保繳費人數需要知道城鎮勞動年齡人口的勞動參與率、失業率、養老保險參保率和徵繳率。

$$L_t = \left[\sum_{x=16}^{X} P_{x(t)} \times v_{x(t)} \times (1 - u_t) - a \right] \times pr_t \quad (4-33)$$

上式中，L_t 表示參保繳費人數；$P_{x(t)}$ 表示 t 年 x 歲的人口數，x 的取值是男性為 16~59 歲，女性為 16~49 歲；$v_{x(t)}$ 表示勞動參與率；u_t 表示失業率；a 為常數，表示有編制的機關事業單位人員數（在本書中將其視為常數）；pr_t 表示參保率與徵繳率的乘積。

勞動參與率是指一定區域內全體就業人員和失業人員的總數占勞動年齡人口的比率，可分總勞動參與率和年齡別勞動參與率。從總勞動參與率的研究情況來看，蔡昉認為 1978—2002 年期間，中國經濟活動人口占勞動年齡人口的比例保持在 70%~86% 的水平，高於世界上大多數國家[②]。張雄將 16 歲以上人口中剔除退休人口後的勞動年齡人口作為分母，計算得出 2000—2005 年中國勞動參與率在 80%~85% 之間，且呈下降趨勢[③]；分城鄉來看，鄉村人口比城鎮人口的總勞動參與率高出 13.52 個百分點[④]，即是說城鎮人口的總勞動參與率在 70% 左右。張車偉利用「五普」資料計算得出 2000 年中國城鎮總勞動參與率為 67.67%[⑤]；分性別來看，男性人口比女性人口總勞動參與率高出 14.43 個百分點[⑥]。年齡別勞動參與率呈頂部較寬的倒「U」拖尾形分布，男性人口

[①] 根據國發〔2015〕2 號文件精神，機關事業單位工作人員養老保險制度改革適用於按照《公務員法》管理的單位、參照《公務員法》管理的機關（單位）、事業單位及其編制內的工作人員。

[②] 蔡昉. 人口轉變、人口紅利與經濟增長可持續性 [J]. 人口研究，2004 (2).

[③] 張雄. 退休年齡對勞動參與率的影響 [J]. 西北人口，2009 (6).

[④] 人力資源和社會保障部勞動科學研究所. 中國勞動參與率變化分析 [J]. 關注，2012 (5).

[⑤] 張車偉，吳要武. 城鎮就業、失業和勞動參與：現狀、問題和對策 [J]. 中國人口科學，2003 (6).

[⑥] 人力資源和社會保障部勞動科學研究所. 中國勞動參與率變化分析 [J]. 關注，2012 (5).

以 26~49 歲勞動參與率位於頂部區域，女性人口以 24~44 歲勞動參與率位於頂部區域，分別達到 90% 和 75% 以上，然後向低年齡和高年齡兩邊遞減（見圖 4-6）。

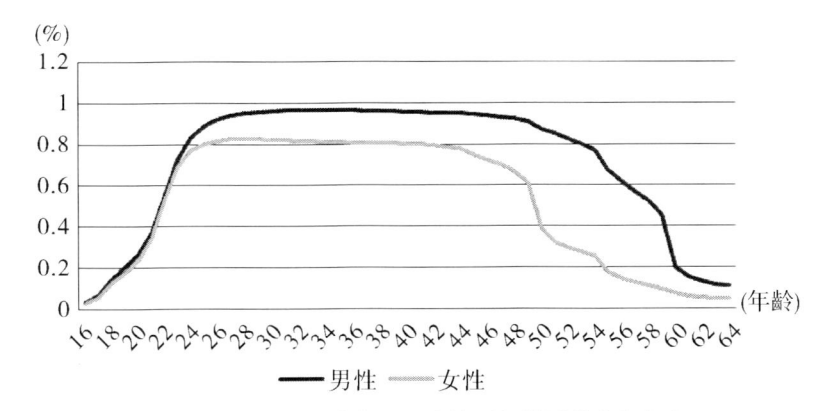

圖 4-6 「六普」非農戶口分性別年齡別勞動參與率

數據來源：《第六次全國人口普查勞動力數據資料》。

結合教育年限延長、男女平等、退休政策、健康和社會保障等因素進行綜合考慮，我們對未來分年齡、分性別的勞動參與率變化進行假設。16~22 歲組勞動參與率下降與就學率上升密切相關，根據教育部發布的《2014 年全國教育事業發展統計公報》，目前中國高中階段教育毛入學率為 86.5%[①]，高等教育毛入學率為 37.5%。假定 2020 年以後高中階段教育毛入學率達到 95%，高等教育毛入學率達到 40%。圖 4-6 顯示的 19~22 歲組勞動參與率偏低，根據毛入學率將目前這個年齡段的勞動參與率調整為 60%，到 2020 年逐步下降為 50%。此外，「六普」資料中城鎮女性人口的總勞動參與率為只有 56.5%，而男性人口的總勞動參與率為 75%，男性和女性人口的總勞動參與率數據都偏低，對年齡別勞動參與率調整後的男性總勞動參與率約為 80.5%，女性總勞動參與率約為 68.2%。

其他參數假定：①失業率。1997—2009 年中國的自然失業率在 3.78%~5.42% 之間變動[②]，目前的調查失業率為 5% 左右[③]，考慮到經濟增速放緩後失業率會上升，因此將失業率設定為 5.5%。②參保率。儘管國家「十三五」規

[①] 教育部. 2014 年全國教育事業發展統計公報 [EB/OL]. 中國教育部官網，2015-07-30.
[②] 都陽，陸暘. 中國的自然失業率水平及其含義 [J]. 世界經濟，2011（4）.
[③] 李克強總理在英國《金融時報》發表署名文章表示，中國 2013 年上半年調查失業率為 5% [EB/OL]. Premier Li Keqiang's Article「China Will Stay The Course On Sustainable Growth」was published on Financial Times (UK). On Sept 9, 2013.

劃提出了實現法定人員全覆蓋的目標，但是目前企業職工基本養老保險的覆蓋率僅有75%左右，而且繼續擴面的難度較大，要在2020年實現參保率達到95%不太現實，因此本書保守地考慮，設定2030年前企業職工基本養老保險參保率逐步達到95%（法定人員全覆蓋下的標準方案）。而為了對比研究，還提出了一個對比方案是參保率達到85%（標準方案是本書實際採用的測算方案，對比方案是為了與標準方案進行對比而設置的方案，目的是驗證參保率對製度撫養比的影響），此後參保率保持穩定。③徵繳率為100%。① ④退休年齡。男性退休年齡為60歲，女性退休年齡為50歲（儘管女幹部退休年齡為55歲，然而在企業職工養老保險中所占比重小，可以忽略不考慮）。

企業職工基本養老保險的養老金領取人數來自於往年累計退休人數和當年新退休人數兩部分。RM_t 表示 t 年養老金領取人數；s_{t-1} 表示已退休人員總存活率，$S_{X(t-1)}$ 表示49歲女性人口和59歲男性人口存活率的加權平均值；$P^F_{49(t)}$ 和 $P^M_{59(t)}$ 分別表示49歲女性人數和59歲男性人數，$\sum_{x=16}^{49} P^F_{x(t)}$ 和 $\sum_{x=16}^{59} P^M_{x(t)}$ 分別表示女性和男性勞動年齡人口。

$$RM_t = RM_{t-1} \times s_{t-1} + L_{t-1} \times \left[\frac{P^F_{49(t-1)} + P^M_{59(t-1)}}{\sum_{x=16}^{49} P^F_{x(t-1)} + \sum_{x=16}^{59} P^M_{x(t-1)}} \right] \times S_{X(t-1)} \quad (3-33)$$

預測結果見表4-7。

表4-7　2010年至2050年企業職工基本養老保險參保繳費人數和養老金人數預測　　　單位：萬人

年份	城鎮就業人口合計	參保率達到85% 參保繳費人數	參保率達到85% 待遇領取人數	參保率達到95% 參保繳費人數	參保率達到95% 待遇領取人數
2010	35,531	17,823	5,812	17,823	5,812
2011	36,713	19,970	6,314	19,970	6,314
2012	37,723	21,361	6,911	21,361	6,911
2013	38,530	22,944	7,105	22,944	7,105
2014	39,281	24,417	7,529	24,417	7,529
2015	39,701	25,046	7,904	25,280	7,904
2020	41,737	28,268	10,031	29,746	10,113

---

① 雖然徵繳率設定為100%不符合實際情況，但是在本書中，將繳費率視為基金徵繳總額除以參保在職人數，徵繳被實際率涵蓋，因此徵繳率設定為100%不會改變預測的趨勢。

表4-7(續)

年份	城鎮就業人口合計	參保率達到85%		參保率達到95%	
		參保繳費人數	待遇領取人數	參保繳費人數	待遇領取人數
2030	42,130	32,196	16,147	36,176	16,925
2040	38,213	29,209	22,826	32,640	24,606
2050	34,012	25,636	26,862	28,647	29,309

註：2010—2014年為統計數，數據來自《人力資源和社會保障統計公報》；2015年後為預測數；就業人口均為預測數，且就業人口僅屬於企業養老保險製度規定的應參保繳費人群，不是所有的城鎮就業人口。

按照對比方案（參保率在目前基礎上逐年提高，到2030年達到85%），2050年城鎮就業人口達到34,102萬人，參保繳費人數達到25,636萬人，退休人數達到26,862萬人。

按照標準方案（參保率在目前的基礎上逐年提高，到2030年達到95%），2050年城鎮就業人口達到34,102萬人，參保繳費人數達到28,647萬人，退休人數達到29,309萬人。

4.3.2.2 機關事業單位職工基本養老保險參保繳費人數及養老金領取人數測算

測算機關事業單位養老保險製度覆蓋人口首先需要知道其基數。目前中國具體有多少機關事業單位人員，口徑並不一致，在本書中將機關事業單位職工養老保險製度覆蓋人口從企業職工養老保險製度覆蓋人口中分離出來，正是考慮到這部分群體養老保險資金來源渠道的特殊性，即由政府財政供養，因此本書將機關事業單位養老保險製度覆蓋人口的範圍界定為有編制的財政供養人員[①]。按照財政部2012年出版的《2009年的地方財政統計資料》中的數據，1998—2009年，中國財政供養人員中在職人數從3,214萬人增長到3,816萬人，年均增長1.57%，退休人數從629萬人增長到1,577萬人，年均增長8.71%，[②] 財政供養人口的快速增加主要是離退長休人員的迅速增加（見圖4-7）。

[①] 財政供養人員有狹義與廣義之分。狹義的財政供養人員主要由三部分組成：一是公務員，指在黨委、人大、政府、政法機關、政協、民主黨派及群眾團體等機構工作的人員；二是各類事業單位人員，主要供職於教育、科研、衛生等領域；三是黨政群機關和事業單位的離退休人員。廣義的財政供養人員還包括軍隊，本書中財政供養人員不包括這部分人群。

[②] 財政部國庫司. 2009年的地方財政統計資料 [M]. 北京：經濟科學出版社，2010.

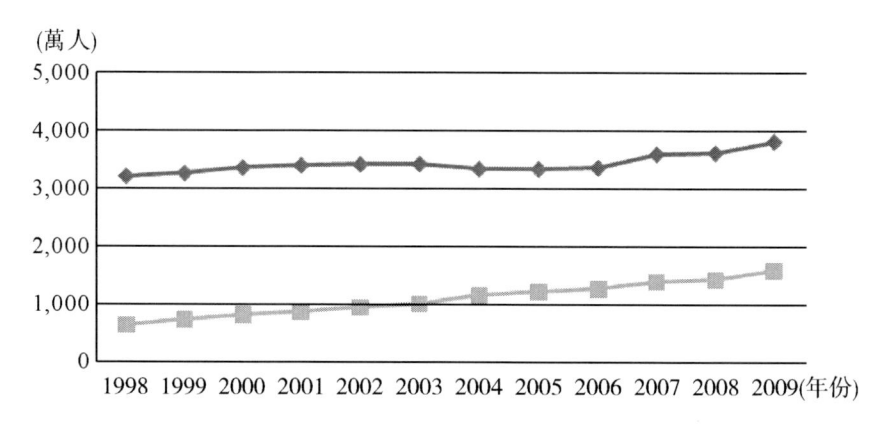

图 4-7　1998—2009 年财政供养人员数

註：數據來源於《2009 年的地方財政統計資料》。

　　由於政府嚴格控製機關事業單位在編人員數的增長，假定從 2010 年起機關事業單位在職人員數保持在 3,870 萬人①②，以此為基數作為未來機關事業單位養老保險參保繳費人數。由於機關事業單位人員的學歷普遍較高，假定在職人員的年齡分布為 23~59 歲之間，然後以 2010 年城鎮人口年齡結構為標準對 3,870 萬人按年齡進行分配，得到 2010 年機關事業單位在職人員的年齡結構。從 2011 年開始，按照自然減員數（在職人員死亡加退休人數）補充相應的人數進入機關事業單位，並將新進人員年齡設定為 23 歲，由此得到逐年的機關事業單位在職人員的年齡分布。有了在職人員的年齡分布，就可以計算每年新退休的人員數。養老金領取人數測算方法與企業職工基本養老保險的養老金領取人數測算方法相同。

　　從表 4-8 可以看出，未來機關事業單位退休人員增長迅速，從 2015 年的 1,685 萬人增長到 2050 年的 2,674 萬人，年均增長 1.3%。製度撫養比則從 2.3 降低為 1.45。

---

① 姚奕. 中國現有事業單位 111 萬個，事業編制 3,153 萬人 [EB/OL]. 人民網，2014-05-15，http://renshi.people.com.cn/n/2014/0515/c139617-25022183.html.
② 國家公務員局. 2013 年年底全國公務員總數為 717.1 萬人 [EB/OL]. 國家公務員局官網，2014-10-08，http://www.scs.gov.cn/gzdt/201410/t20141008_2433.html.

表 4-8　　2015—2050 年機關事業單位養老保險參保繳費人數和養老金人數預測　　單位：萬人；%

年份	在職人數	退休人數	製度撫養比
2015	3,870	1,685	2.3
2020	3,870	1,750	2.21
2030	3,870	2,155	1.8
2040	3,870	2,511	1.54
2050	3,870	2,674	1.45

註：數據由作者預測。

4.3.2.3　城鄉居民基本養老保險參保繳費人數及待遇領取人數測算

城鄉居民基本養老保險參保繳費人數測算方法採用從勞動年齡人口中減去參加企業養老保險和機關事業單位養老保險的人數，再減去在校學生和提前退休人員數得到。2014 年城鄉居民基本養老保險的參保率為 67.3%，到 2030 年實現全覆蓋，參保率達到 100%。城鄉居民基本養老保險待遇領取人數測算採用從 60 歲以上老人中減去在企業養老保險和機關事業單位養老保險領取待遇的人數，再加上 60 歲前已經開始領取企業職工基本養老保險待遇的人數。

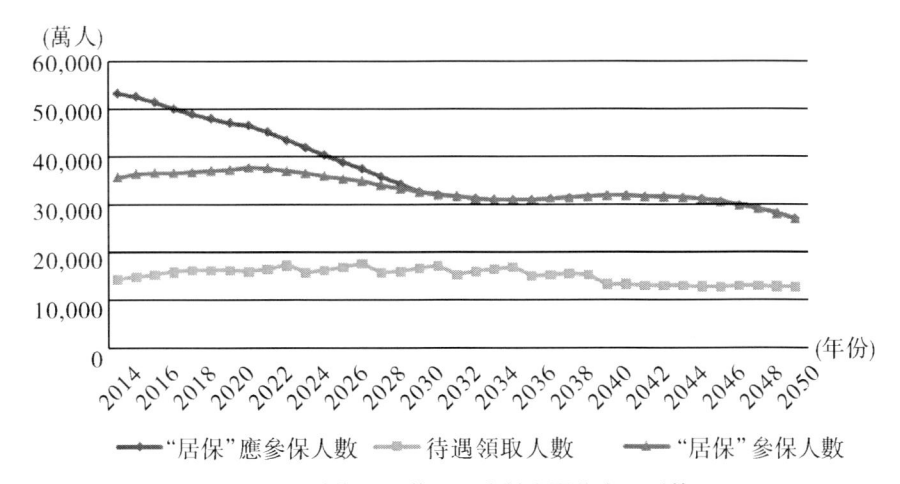

圖 4-8　城鄉居民養老保險製度覆蓋人口測算

註：數據由作者預測。

從圖 4-8 可以看出，城鄉居民基本養老保險應參保繳費人數呈下降的趨勢，從 2014 年的 53,226 萬人減少到 2050 年的 27,008 萬人。2014 年已參加城鄉居民基本養老保險的人數為 35,794 萬人，到 2030 年參保人數達到 32,661 萬人，實現法定人員全覆蓋。而待遇領取人數會呈現先增後減的特徵，從 2014 年的 14,313 萬人增加到 2027 年的 17,501 萬人，然後減少，到 2050 年還

有 12,672 萬人參加居保。

4.3.3 製度撫養比對基金收支平衡影響的實證分析

製度撫養比①是參保職工數與參保離退休人數的比率，是衡量養老保險基金負擔大小的有效指標。2000—2014 年，城鎮職工基本養老保險製度撫養比大致圍繞在 3 的水平上下波動（即 3 個在職繳費人員負擔 1 個養老金領取人員），最高為 3.19，最低為 2.97。企業職工養老保險參保人數占城鎮職工基本養老保險參保人數的 90% 左右，企業職工基本養老保險製度撫養比的變動趨勢與城鎮職工基本養老保險製度撫養比變動趨勢基本一致，保持在 2.89~3.24 的範圍內波動，變動幅度不大。然而，「老機保」的製度撫養比變動幅度非常大，2000 年撫養比為 8.33，由於參保職工增長速度遠遠低於離退休人數增長速度，製度撫養比一直呈下降趨勢，到 2014 年下降為 1.05（見圖 4-9）。

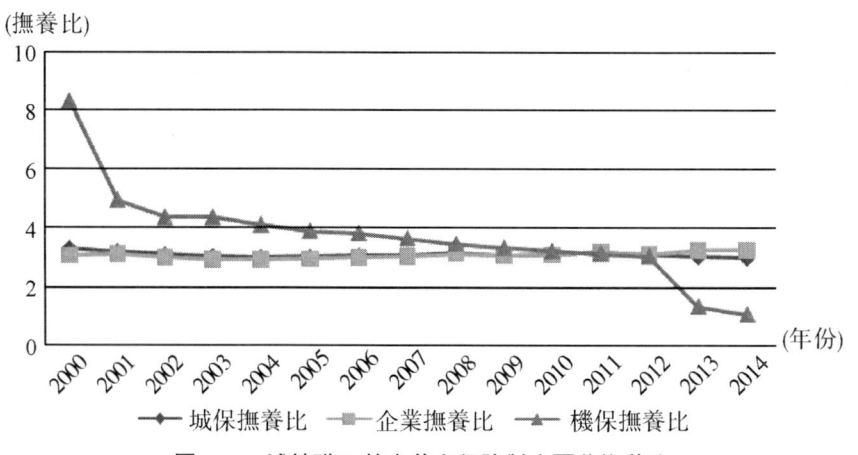

圖 4-9 城鎮職工基本養老保險製度覆蓋撫養比

註：根據圖 3-2 和圖 3-3 數據計算得出。

儘管目前全國企業職工養老保險製度撫養比還比較適度，但是不少省的企業職工基本養老保險製度贍養比下降趨勢十分明顯。以四川省為例，1998 年製度撫養比為 2.59，此後開始波動下降，2008 年下降為 2.27；2009 年和 2010 年為解決歷史遺留問題，將 69 萬原城鎮集體企業職工和返城知青超齡人員納入基本養老保險，使得待遇領取人員急遽增加，製度撫養比進一步大幅度降低，到 2012 年這一指標下降為 1.92（見圖 4-10），即 1.92 個在職繳費人員負擔 1 個養老金領取人員。到 2014 年，製度撫養比下降為 1.77，遠遠低於全國

---

① 由於城鄉居民基本養老保險的基礎養老金部分由財政提供，個人帳戶養老金部分實行完全累積，因此城鄉居民基本養老保險研究製度撫養比沒有實際意義。

平均水平（全國為2.8：1），2015年6月底，全省企業職工養老保險待遇領取總人數為629.26萬人，扣除中央財政補貼和一次性補繳收入後，當期收支缺口高達269.86億元①。並且各地結餘結存的基金分布極不均衡，其中成都市和省本級約占68.99%，其餘20個市（州）僅占31.01%。

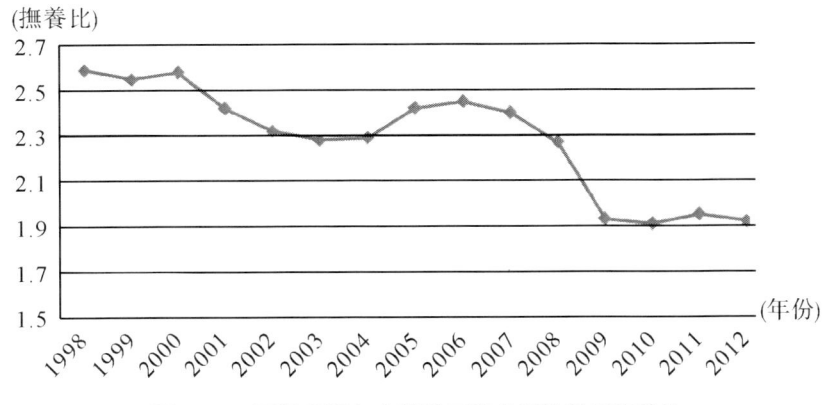

圖4-10　四川省歷年企業職工養老保險製度撫養比

註：根據歷年《四川省人力資源和社會保障統計公報》計算得出。

再來看城鎮職工養老保險製度撫養比的長期變動趨勢。由圖4-11可知，參保率從85%提高到95%，對製度撫養比的長遠影響非常小，到2050年撫養比都將低於1②。參保率的改變無法從根本上改變製度撫養比的趨勢，因此無法改變基金長期平衡的人口基礎，但是會影響基金缺口的絕對數額。

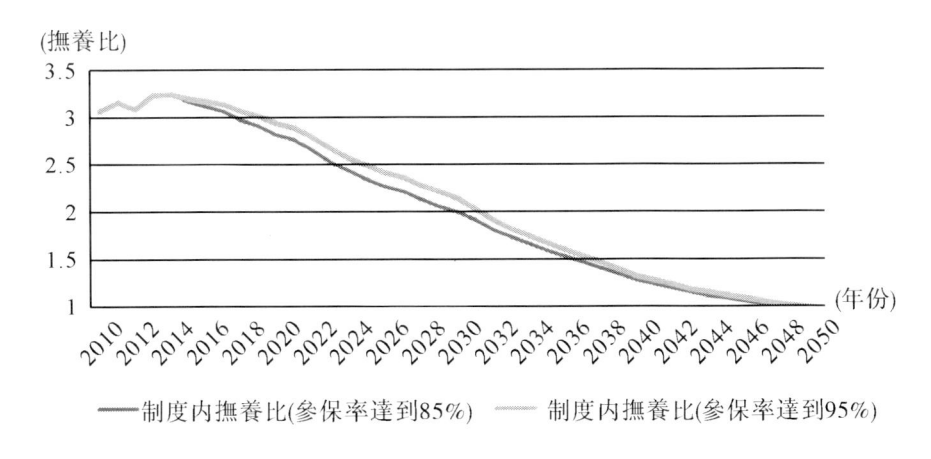

---

① 羅良娟. 順應時代需求　凸顯為民理念［N］. 中國勞動保障報，2015-10-27.
② 這一預測結果與曹遠徵、馬駿等的結論是一致的。參見：曹遠徵，馬駿，等. 化解國家資產負債中長期風險［J］. 財經，2012（6）.

图 4-11 2010—2050 年城鎮職工養老保險製度內撫養比

註：數據由作者預測。

在現收現付製度下，如果替代率為某一常數，當老齡人口增長率大於勞動年齡人口增長率，要維持繳費率不變，養老保險基金必然會面臨當期支付危機。老齡人口增長率大於勞動年齡人口增長率的實質也就是參保繳費人數增長率大於養老金領取人數增長率。從預測結果可知，在對比方案的情況下，參保繳費人數年均增長率與養老金領取人數年均增長率分別為 0.74% 和 3.2%。在標準方案的情況下，參保繳費人數年均增長與養老金領取人數年均增長率分別為 0.96% 和 3.4%，養老保險基金平衡需要的人口結構條件難以滿足。也就是說除非改變繳費率，或者降低養老金替代率，否則養老金是難以實現收支平衡的。由此可以看出，養老保險財務可持續面臨的最大障礙是製度撫養比的嚴重失衡。目前城鎮職工養老保險繳費滿 32 年的製度替代率約為 44%，當 2050 年製度撫養比達到 1∶1 左右的時候，法定繳費率應當為 44% 才能實現基金當期收支平衡，即使要求基金累計結餘為正，法定替代率也要達到 35% 左右。製度撫養比發生巨大改變之後，在退休年齡保持現行標準不變的情景下要保持原有的替代率和繳費率，養老保險財務是不可持續的。

4.4 本章小結

（1）人口老齡化是人口結構中老年人口與勞動年齡人口比例關係發生較大改變的表現形式，人口老齡化是養老保險可持續發展的基本約束條件。在現收現付製度中，人口老齡化通過製度撫養比來影響著基金收支情況，當製度撫養比下降，繳費率或替代率必須作相反的調整才能實現基金的收支平衡。在基金累積制中，基金的支付壓力主要來自於長壽風險。

（2）測算養老保險製度覆蓋人口的基本假設在於養老保險參保人口與總人口的年齡分布具有一致性，尤其在逐步實現法定人口全覆蓋的背景下，這一假設具有很強的現實意義。

（3）中國人口老齡化具有不可逆轉的趨勢，而且隨著時間的推移，老齡化的程度還會加深，對養老保險的影響集中在老年撫養比的不斷下降，即使將老年人口界定為 65 歲以上，到 2050 年老年撫養比也只有 1.9，即 1.9 個勞動年齡人口撫養 1 個老年人口。

（4）通過模型推算出來的城鎮職工養老保險參保繳費人數與養老金領取人數可以計算出製度撫養比，這一指標值也是逐年下降的，通過擴大養老保

覆蓋面同樣無法改變這一趨勢，在目前的退休年齡規定下，將參保率從85％提高到95％，對製度撫養比的長遠影響也非常小，到2050年撫養比都將低於1。

5 養老保險財務可持續的參量約束分析

養老保險的財務狀況是由眾多參數決定的，其中既有製度內參數，也有製度外參數。製度內參數主要有繳費率、製度撫養比、替代率和財政補貼機制，退休年齡也是養老保障製度的一個參數，通過退休年齡的調整可以改變製度撫養比，進而影響基金收支平衡。在養老保險製度的設計過程中，製度撫養比是既定的，由人口結構和退休製度共同決定，值得討論的是替代率和繳費率問題。替代率體現著養老保險的本質，而且一旦替代率參數確定以後，繳費率才可以圍繞它進行調整。製度撫養比的有關問題已經在上兩章中進行了討論，這一章重點研究退休年齡、繳費率和替代率對養老保險基金收支的影響，尤其要研究參數調整的可行性和對財務平衡的影響效果。除了製度內參數，經濟增長率也是影響基金平衡的重要參數，在這一章綜合考慮各種參量的變動情況，並對現行製度下基金收支狀況的變動趨勢進行測算。

5.1 經濟增長速度對養老保險財務可持續的影響

經濟增長是影響養老保險基金收支的宏觀因素，作為環境變量首先討論。經濟增長速度對養老保險基金收支的影響通過工資增長率和投資回報率作為中間變量傳導。

5.1.1 中國經濟發展與工資增長率變動趨勢

改革開放以來，中國一直保持較高的經濟增長速度，1978—2014 年年均經濟增長率達到 9.8%。然而，未來 30 多年中國經濟要保持過去的超高速增長

已經是不可能的了。2014年，中國人均GDP已上升至7,575美元，如果從購買力平價來說，人均國民總收入已經超過10,000美元。按照發展經濟學的理論①，人均GDP在10,000美元以上為穩定增長階段。林毅夫②、李京文③、王小魯④等多位學者研究認為，2030年以前中國經濟增長率保持在5%~8%之間是可能的。2011年中國經濟增長率為9.2%，2012年為7.8%，2013年為7.7%，2014年為7.4%，蔡昉認為2016—2020年中國平均潛在GDP增長率將進一步下降到6.1%⑤。假定：2015—2020年經濟增長率為7.0%，2021—2030年為5%，2030年以後維持在3.5%的經濟增長速度。這一假設也許顯得過於簡單，但是對我們預測結果的影響來說並非至關重要，因為接下來的分析將證明養老金的收入和支付都與城鎮工資增長率具有指數化關係。

關於工資增長率與經濟增長的關係，學者們有不同的研究結論。馬克思的政治經濟學理論認為工資在剩餘價值中的分配依據是生產和再生產勞動力的成本。新古典經濟學理論認為在完全競爭條件下工資取決於勞動的邊際報酬率。李稻葵、劉霖林等人從工資性收入占國民收入比例的角度得出結論：中國職工的工資增長速度在經濟發展初期是下降的，當農村剩餘勞動力轉移結束，勞動收入份額會開始上升。⑥ 龔剛、楊光發現隨著投資率和勞動生產率的提高，工資的增長率將慢於經濟的增長率。⑦ 劉麗等人通過對工資、物價和經濟增長三者之間的關係的實證分析，驗證了實際工資增長率低於經濟增長率。⑧

工資增長率與經濟增長率的關係可以用經濟學理論來推導。建立柯布—道格拉斯生產函數：

$$Y = AK^a L^{1-a} \tag{5-1}$$

其中，Y表示產出，A表示技術進步，K表示資本投入，L表示勞動力的投入，a和$1-a$分別表示資本和勞動的產出份額。由於勞動者的實際工資等於勞

---

① 羅斯托. 經濟成長的階段 [M]. 郭熙保, 譯. 北京: 商務印書館, 1962.
② 林毅夫. 展望新千年的中國經濟 [M] //張卓元. 21世紀中國經濟問題專家談. 鄭州: 河南人民出版社, 1999: 22.
③ 李京文. 21世紀中國經濟發展預測與分析 (2000—2050年) [M] //張卓元. 21世紀中國經濟問題專家談. 鄭州: 河南人民出版社, 1999: 41-44.
④ 王小魯, 樊綱. 中國經濟增長的可持續性 [M]. 北京: 經濟科學出版社, 2002: 61-62.
⑤ 蔡昉, 陸暘. 中國經濟今後10年可以實現怎樣的增長率 [J]. 全球化, 2013 (1).
⑥ 李稻葵, 劉霖林, 王紅領. GDP中勞動份額演變的U型規律 [J]. 經濟研究, 2009 (1).
⑦ 龔剛, 楊光. 論工資性收入占國民收入比例的演變 [EB/OL]. 中國經濟學教育科研網, http://down.cenet.org.cn/view.aspid=92073. 2009, (7).
⑧ 劉麗, 任保平. 工資、物價和經濟增長的內在關係——來自中國數據的實證研究 [J]. 社會科學研究, 2008 (1).

動的邊際產量,因此工資 w 可以表示為:

$$w = \frac{\partial Y}{\partial L} = A(1-a)K^a L^{-a} = A(1-a)k^a \tag{5-2}$$

工資增長率為:

$$\frac{\dot{w}}{w} = \frac{\dot{A}}{A} + a\frac{\dot{K}}{K} - a\frac{\dot{L}}{L} \tag{5-3}$$

經濟增長率為:

$$\frac{\dot{Y}}{Y} = \frac{\dot{A}}{A} + a\frac{\dot{K}}{K} + (1-a)\frac{\dot{L}}{L} \tag{5-4}$$

由式(5-3)和(5-4)可以得到

$$\frac{\dot{w}}{w} = \frac{\dot{Y}}{Y} - \frac{\dot{L}}{L} \tag{5-5}$$

該式表明工資增長率等於經濟(產出)增長率減勞動力增長率,當勞動增長率為零的時候,工資增長率正好等於經濟增長率。由上一章勞動力預測可知,中國勞動年齡人口已經轉向負增長,勞動增長率為零的假設是成立的,因此,從長期來看,可以假定工資增長率等於經濟增長率。

5.1.2 利率、工資增長率與養老保險基金收支的關係

利率對養老保險基金收支關係的影響要具體分析,不能一概而論,養老保險籌資模式或給付模式不同,利率變動對基金收支產生的效果也不一樣。從基金收入的角度看,現收現付制當期收入主要用於當期支出,結餘部分可以作為儲備基金進行投資,會產生投資收益,利率作為衡量資金占用的時間價值,往往成為養老保險基金投資的基礎收益率,或者作為公共養老保險基金確定收益率高低的基礎。但是由於現收現付制的基金累積規模有限,利率高低並不是影響基金收入的主要因素。基金累積制是將在職者收入的一部分轉化為儲蓄,並通過投資收益來實現保值增值,利率的高低對累積制下的基金收入就會產生決定性的影響。從基金支出的角度看,如果養老金待遇與基金累積規模掛鉤,毫無疑問利率將發揮重要影響;如果養老金只是與在崗職工工資水平掛鉤,利率將變得無關緊要。總之,在現收現付製度中,利率並不是一個重要的參量,而在基金累積制中,利率提高則養老保險基金收入增加,個人帳戶財務狀況得到改善。

工資增長率對養老保險基金平衡的影響仍然可以從收支兩個角度來分析:從基金收入的角度看,由於養老保險費的徵繳往往以工資作為基數,無論是現收現付制還是基金累積制,工資增長率都會影響到基金收入的規模。從基金支

出的角度看，現收現付制下的養老金計發辦法往往以在崗職工的工資水平作為參照系，工資增長率越高，養老金支出增長越快；在基金累積制下，退休人員的養老金是個人帳戶累計額的年金化，與工資增長率沒有直接關係，但是工資增長率會影響替代率水平。

建立一個只有兩期的現收現付制養老保險基金收支模型，假設：繳費率為 c；養老金替代率為 δ；在崗職工平均貨幣工資為 $\overline{W_t}$，年均增長率為 g；利率為 r；參保繳費職工人數為 CL_t，退休職工數為 OL_t；基金累計結餘用 TI_t 表示；t 取 0 和 1。

$$\overline{W_1} = \overline{W_0} \times (1+g) \quad (5\text{-}6)$$

$$TI = \overline{W_0}(c \times CL_0 - \delta \times OL_0) \times (1+r) + \overline{W_0}(c \times CL_1 - \delta \times OL_1) \times (1+g) \quad (5\text{-}7)$$

分別對上式取 g 和 r 的導數為：

$$\frac{\partial TI}{\partial g} = \overline{W_0}(c \times CL_1 - \delta \times OL_1) \quad (5\text{-}8)$$

$$\frac{\partial TI}{\partial r} = \overline{W_0}(c \times CL_0 - \delta \times OL_0) \quad (5\text{-}9)$$

當 $c \times CL_1 - \delta \times OL_1 > 0$，即 $c \times \frac{CL_1}{OL_1} > \delta$，繳費率與製度撫養比的積大於替代率時，$\frac{\partial TI}{\partial g} > 0$，工資增長率提高會增加基金的結餘；反之則否。

當 $c \times CL_0 - \delta \times OL_0 > 0$，即 $c \times \frac{CL_0}{OL_0} > \delta$，繳費率與製度撫養比的積大於替代率時，$\frac{\partial TI}{\partial r} > 0$，利率率提高會增加基金的結餘；反之則否。

以上的討論說明，工資增長率和利率的高低對基金結餘的影響具有不確定性，不能簡單說工資增長率和利率提高會增加或減少基金結餘，最關鍵的還是要看養老保險製度內參數之間的具體情況。在傳統的壽險精算理論中往往假定利率為確定的。中國現行養老保險製度規定個人帳戶基金按照一年期銀行利率計息，因此本書中如果沒有特別說明，利率是指一年期銀行存款利率。

5.2 提高法定退休年齡對養老保險財務可持續的影響

法定退休年齡是參保繳費人員與退休人員劃分的「分水嶺」，在人口老齡化背景下，確定合理的法定退休年齡，能夠提高製度撫養比，從而緩解基金收支缺口的壓力。近年來，養老保險基金支付面臨人口老齡化帶來的巨大壓力，提高法定退休年齡已經成為政府和社會公眾不可迴避的問題。

5.2.1 退休年齡對基金平衡影響的理論分析

退休既是一種事實狀態，又是一次性事件，學者們往往傾向於從事件發生的起因和效果兩個方面來定義退休。退休的發生是因為勞動者達到法定的年齡（或者是工傷），而這一年齡被作為勞動者喪失或者即將喪失勞動能力的標誌。退休的直接效果有兩個方面：一是勞動者退出原來的工作崗位，二是勞動者可以依法從社會獲得養老金收入。從本質上講，退休是勞動者不再需要付出當期勞動即可獲取一定收入的關鍵性要素之一，也就是《貝弗里奇報告》中所說的以退休作為領取養老金的條件，「不需要經濟狀況調查即可享受的養老金只能給予達到最低領養老金年齡之後，實際已從工作崗位退休的人。」① 基於本書是研究養老保險這一對象，我們把退休定義為領取養老金的開始和必備要件。

從定義可以看出，年齡是引起退休事件最關鍵的因素，也是退休製度中不可迴避的首要問題。中國目前關於退休年齡的規定基本上沿用了 20 世紀五六十年代的製度規定②，甚至一些特殊工種還可以在法定退休年齡基礎上提前退休。半個多世紀過去，中國經濟社會和人均壽命已經發生了天翻地覆的變化，但是退休年齡的規定一直沒有改變。隨著老齡化程度的急遽加深，關於退休年齡的改革引起社會普遍的關注。

國際社會保障學界就人口老齡化對社會保障製度帶來的挑戰所達成的一項共識認為，提高法定退休年齡是政府應對人口老齡化能夠發揮關鍵作用的一種有力手段。例如日本規定男性將從 2013—2025 年，女性將從 2018—2030 年，

---

① 貝弗里奇. 貝弗里奇報告——社會保險和相關服務 [M]. 社會保險研究所，譯. 北京：中國勞動社會保障出版社，2004.

② 1951 年《勞動保險條例》將男職工退休年齡規定為 60 週歲，女職工為 50 週歲；1955 年頒布的《關於國家機關工作人員退休暫行辦法》把女幹部的退休年齡提高到 55 週歲。

將退休年齡逐漸從 60 歲增加到 65 歲,延長繳費期。美國社會保障總署（SSA）編寫的《全球社會保障2010》對2009年世界各國退休年齡進行了比較分析,共收集了全球 170 個國家和地區的數據①。全球平均退休年齡為 61.2 歲,85.9%的國家執行 60 歲及以上的退休年齡,其中,69 個國家實行 60 歲退休,占全球 170 個國家和地區的 40.6%。從性別來看,全球有 111 個國家執行男女相同的退休年齡政策,占 65.3%,男女法定退休年齡不同的共有 59 個,占 34.7%。在執行男女不同退休年齡的國家中,無一例外都是規定男性退休年齡高於女性,男性平均退休年齡為 62.5 歲,女性為 58.0 歲,男性平均要晚 4.5 歲。中國男女退休年齡均早於世界平均水平,尤其是女性退休年齡遠遠早於世界平均水平。

人均預期壽命、養老保險政策和社會經濟發展水平是影響各國退休年齡規定的主要因素。一般而言,人均 GDP 高、預期餘命長、老齡人口撫養比大的國家,其退休年齡規定相應也會較高。從根本上講,目前法定退休年齡與中國人口發展模式是不適應的。20 世紀 50 年代確定的法定退休年齡是在中國「高出生、高死亡」背景下,經過 20 世紀 70 年代以來計劃生育的實施,中國人口發展模式已經轉變為「低出生、低死亡」,人口預期壽命由 1950 年的 40 歲提高到 2010 年的 75 歲。依據過去人均壽命制定的退休年齡現在已經嚴重缺乏合理性與適應性,如果繼續執行原來的退休年齡政策,將導致退休年限與工作年限比嚴重失衡,加劇代際利益衝突。職工退休後的餘壽與工作年限的比值是衡量法定退休年齡是否合理的重要指標,比值越大則養老保險基金負擔越沉重。發達國家職工退休年限與工作年限比值一般為 0.5,2010 年中國城鎮職工退休年限與工作年限比為 0.59,比值偏高②。由於目前養老保險仍然是現收現付制,退休職工的養老金由在職者承擔,從代際公平的角度講法定退休年齡偏低加劇了代際分配的不公平。

提高法定退休年齡對個人帳戶的作用機制比較簡單,一般只會導致個人帳戶儲存額的增加。然而提高法定退休年齡對統籌基金影響就比較複雜,提高法定退休年齡對統籌基金收支產生四種效應③:首先是直接導致參保人繳費期間延長和領取養老金期間縮短,分別稱為「繳費年限效應」和「領取年限效應」,這兩種效應都會增加基金收入;按照企業職工基本養老保險製度的規

---

① 汪澤英. 提高法定退休年齡政策研究 [M]. 北京:中國經濟出版社,2013.
② 汪澤英. 提高法定退休年齡政策研究 [M]. 北京:中國經濟出版社,2013.
③ 張熠. 延遲退休年齡與養老保險收支餘額:作用機制及政策效應 [J]. 財經研究,2011(7).

定，一個代表性退休者（其繳費工資等於在崗職工月平均工資）的基礎養老金是按照上年度在崗職工社會平均工資①乘以繳費年限再乘以1%來確定的，提高法定退休年齡會增加繳費年限，從而提高退休者的養老金替代率，稱為「替代率效應」；在延長的工作年限期間，在崗職工社會平均工資增長速度會快於養老金增長速度，延遲退休者領取的養老金水平高於不延遲情況下退休者領取的養老金水平，稱為「工資增長效應」，後兩種效應導致基金支出增加。具體來講，提高法定退休年齡是否會減緩養老保險基金缺口取決於四種效應的疊加結果，在本書中將通過實證分析來說明這個問題。

5.2.2　利用生命表估算平均繳費年限

生命表（Life Table）是描述人口壽命規律的重要模型，生命表是壽險精算的基礎。把生命表的技術用於研究同時出生的一批人進行參保繳費過程，就形成參保繳費狀態生命表（見表5-1）。

假定有同時出生的一批人（Cohort，一般為10萬人）按照2010年人口普查時的年齡別死亡率②和勞動參與率，從20歲參加工作，直到50歲（女性）或60歲（男性）退休，提高法定退休年齡後，男性和女性退休年齡為65歲；在這期間會有一部分人失業，失業率保持不變（意味著每個年齡組的失業率是一樣的），按照製度設計失業人員不計入企業職工養老保險應參保範圍；每個年齡組的參保率相同③；參保人員不允許退保，即是說參保人數最多的年齡組為這一批人的總參保人數。

符號設定：P_x為x歲的人口數，$P_{20}=100,000$；m_x為x歲的人口死亡率；v_x表示勞動參與率；u表示失業率；pr表示參保率；yr_x表示平均參保繳費年限。

$$P_{x+1}=P_x\times(1-m_x) \tag{5-10}$$

$$yr_x=\frac{\sum_{20}^{49or59}P_x\times v_x\times(1-u)\times pr}{\max\{P_xv_x\times(1-u)\times pr\}}=\frac{\sum_{20}^{49or59}P_x\times v_x}{\max\{P_x\times v_x\}} \tag{5-11}$$

上式表明，平均參保繳費年限與參保率和失業率無關，只與年齡別死亡率和勞動參與率相關，這說明決定平均參保繳費年限最關鍵的因素是每個年齡組

---

① 在本書中，在崗職工平均工資、城鎮全部單位就業人員平均工資、社會平均工資三個概念是一致的。

② 死亡率特別是勞動年齡人口的年齡別死亡率在未來變動是非常小的，因此這一假設是合理的。

③ 應該承認，每個年齡組失業率和參保率一樣這兩個假設是不符合實際的。

實際的社會勞動參與情況。

表 5-1　　企業職工基本養老保險參保繳費狀態生命表　　單位：年

年齡組	目前平均參保繳費年限		提高法定退休年齡後平均參保繳費年限	
	男性	女性	男性	女性
20	35	27.4	38.8	35.8
21	34.4	26.8	38.2	35.2
22	33.7	26.1	37.6	34.5
23	32.9	25.4	37	33.9
24	32.2	24.6	36.2	33
25	31.3	23.7	35.4	32.1
26	30.4	22.7	34.5	31.1
27	29.5	21.7	33.5	30.1
28	28.5	20.7	32.5	29.1
29	27.5	19.7	31.5	28.1
30	26.5	18.7	30.5	27.1
31	25.5	17.7	29.5	26.1
32	24.5	16.7	28.5	25.2
33	23.5	15.7	27.5	24.2
34	22.5	14.7	26.5	23.2
35	21.5	13.8	25.5	22.2
36	20.5	12.8	24.5	21.2
37	19.5	11.8	23.5	20.2
38	18.5	10.8	22.6	19.3
39	17.5	9.9	21.6	18.3
40	16.5	8.9	20.6	17.3
41	15.5	7.9	19.6	16.4
42	14.6	7	18.6	15.4
43	13.6	6	17.6	14.4
44	12.6	5.1	16.7	13.5
45	11.6	4.1	15.7	12.6
46	10.7	3.2	14.7	11.7
47	9.7	2.4	13.8	10.8

表5-1(續)

年齡組	目前平均參保繳費年限		提高法定退休年齡後平均參保繳費年限	
	男性	女性	男性	女性
48	8.8	1.5	12.8	10
49	7.8	0.7	11.9	9.2
50	6.9		11	8.4
51	6		10.1	7.7
52	5.2		9.2	7
53	4.3		8.3	6.3
54	3.5		7.5	5.6
55	2.8		6.6	4.9
56	2.1		5.8	4.3
57	1.5		5	3.8
58	0.9		4.3	3.2
59	0.4		3.5	2.6
60			2.8	2.1
61			2.2	1.6
62			1.7	1.2
63			1.1	0.8
64			0.5	0.4

註：數據來自作者本次預測。

在目前退休製度下，如果參加養老保險的平均初始年齡為20歲，男性與女性按照勞動參與率加權平均的繳費年限約為32年。將法定退休年齡統一提高到65歲後，男性與女性按照勞動參與率加權平均的繳費年限約為37年。

5.2.3 提高法定退休年齡影響撫養比的實證分析

黨的十八屆三中全會決定提出「研究制定漸進式延遲退休年齡政策」，國家人力資源和社會保障部部長在2015年十二屆全國人大三次會議答記者問時提到2017年將制定出延遲退休的方案，然後伺機正式實施，並且會採取「小步徐趨、漸進到位」的策略，通過每年將法定退休年齡延遲幾個月的做法，在未來幾十年的時間跨度中逐步實現提高初次領取養老金的最低年齡條件。根據以上的信息，本書提出以下的延遲退休方案：從2020年開始到2048年，將女職工退休年齡由50歲提高到65歲，每2年提高1歲；2020年開始到2040

年,將男職工退休年齡由60歲提高到65歲,每4年提高1歲;城鄉居民養老金領取年齡從2020年開始到2040年,由60歲提高到65歲,每4年提高1歲(見表5-2)。

表5-2　　延遲退休對企業職工基本養老保險參保人數的影響　　單位:萬人

年份	延遲退休前 參保繳費人數	延遲退休前 待遇領取人數	延遲退休後 參保繳費人數	延遲退休後 待遇領取人數	增加繳費人數	減少領取待遇人數
2020	29,746	10,113	30,333	9,398	587	715
2030	36,176	16,925	39,961	13,285	3,785	3,640
2040	32,640	24,606	39,439	18,456	6,799	6,150
2050	28,647	29,309	36,086	23,715	7,439	5,594

註:數據由作者預測。

與延遲退休前相比,延遲退休後將導致繳費人數增加,待遇領取人數減少。在繳費人數增加最多的年份,達到7,540萬人,待遇領取人數減少最多的年份,達到6,284萬人。到2050年繳費人數增加7,439萬人,待遇領取人數減少5,594萬人(見圖5-1)。

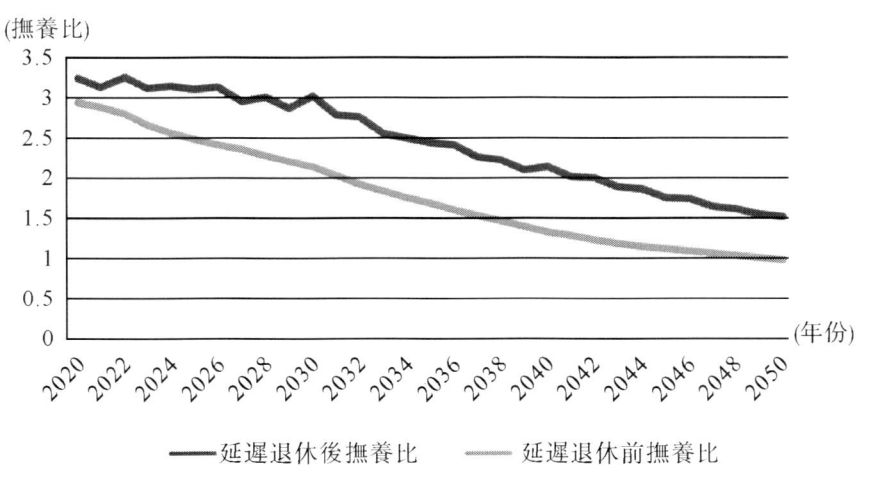

圖5-1　延遲退休與原退休製度下企業職工養老保險撫養比

註:數據由作者預測。

延遲退休後對製度撫養比的影響十分明顯,從2020年開始,企業職工養老保險撫養比提高,到2050年撫養比為1.52,比原退休製度下的撫養比高0.54,對基金平衡的壓力會明顯減輕。

5.3 替代率變動對養老保險財務可持續的影響

養老金替代率是衡量養老金水平的重要指標，也是影響養老保險基金平衡的重要參數。制定一個較為合理的替代率水平對於養老保險製度可持續發展具有非常重要的意義，因為如果替代率太低，達不到保障退休人員基本生活的目標，而替代率太高，會使社會總產品中用於養老金的支出增加，影響在職一代的福利和經濟的長遠發展。

5.3.1 養老金替代率水平的國際比較

替代率的定義歸納起來主要有三種：一是個人養老金替代率，指退休職工退休後第一月所得養老金與該職工上一年度月平均工資的比率①。二是社會養老金替代率，指某地區當年退休人員的養老金平均水平與該地區上年職工平均工資水平的比率②。三是平均養老金替代率，指全體退休人員平均養老金與全體在職人員上年平均工資的比率③。到目前為止並無相關文件明確使用全體在職人員平均工資替代率這個概念，但是根據國發〔2005〕38號文件確定的養老金計發辦法，退休時的基礎養老金月標準以當地上年度在崗職工月平均工資（即社會平均工資）為基數，基本養老保險的替代率指的就是在職人員平均工資替代率。即使針對第三種定義，由於平均工資統計口徑不同，替代率的值也會有差別，在本書中，平均工資是指城鎮單位就業人員平均工資。替代率的定義明確後，一個關鍵性問題出現了，替代率的目標確定為多少才是合適的？很明顯，退休後的開支會比退休前有所減少，因此100%的替代率是沒有必要的。理論界和實務中往往通過對退休前和退休後的開支進行比較來確定替代率的水平（見表5-3）。

---

① 舒爾茨將替代率定義為個體在退休時獲得為其退休前平均收入的百分比，參見：詹姆斯·舒爾茨. 老年經濟學 [M]. 雄必俊, 譯. 北京：華夏出版社, 1990：98.
② 褚福林. 養老保險金替代率研究 [J]. 北京市計劃勞動管理幹部學院學報, 2004 (3).
③ 劉貴平. 關於中國未來退休職工工資替代率水平的初步研究 [J]. 遼寧大學學報, 1995 (5).

表 5-3　　　　　部分 OECD 國家的養老金替代率　　　　　單位:%

國家	養老金支出占財政支出的比率	強制養老金毛替代率	公共養老金毛替代率	中位數收入計算的毛替代率	中位數收入計算的淨替代率	自願參加的養老金計劃(DC)毛替代率	總替代率(強制和自願養老金替代率的加總)	養老金基尼系數
丹麥	10.3	80.3	22.9	88	98.7			12.8
冰島	4.7	90.2	8.3	91.7	96.5			22.5
愛爾蘭	10	34.2	34.2	39.8	45.6	40.8	75	
盧森堡	17.3	88.1	88.1	90.1	98.1			22.5
挪威	11.5	59.3	51.9	59.6	70.2	12.8	72.1	16.8
瑞典	13.9	61.5	37.8	61.5	64.1			29.6
瑞士	19.1	58.3	35.6	62	69.5			12.7
美國	16.2	38.7	38.7	40.8	47.1	40.1	78.8	16.1
奧地利	25.3	80.1	80.1	80.1	90.3			18.7
比利時	17.3	42	42	42.4	65.3	16.6	58.6	11.8
加拿大	10.6	44.5	44.5	50.2	63.6	33.2	77.7	3.3
芬蘭	16.7	56.2	56.2	56.2	62			24.9
法國	23	53.3	53.3	53.3	65.3			21.9
德國	24.3	43	43	43	61.5	18.3	61.3	20.6
義大利	29	67.9	67.9	67.9	74.8			26.8
日本	22.7	33.9	33.9	35.7	40.3			14.6
荷蘭	11	88.3	30.2	88.9	105.5			25.7
英國	12.8	30.8	30.8	33.5	44.3	39.2	70	5.1
澳大利亞	9.9	41.6	14.6	45.7	59.2			8.1
希臘	26.6	95.7	95.7	95.7	110.4			26.1
韓國	5.4	42.1	42.1	45.1	49.2			9.3
新西蘭	10.9	38.7	38.7	45.6	47.3	15.9	54.4	
葡萄牙	22	53.9	53.9	54.1	68			26.2
西班牙	21	81.2	81.2	81.2	84.2			22.4
捷克	16.3	49.7	49.7	54.9	69.8			8.5
匈牙利	17.1	76.9	50.7	76.9	95.4			27.2
墨西哥	不詳	36.1	4.6	36.9	38			18.5
波蘭	26.3	61.2	30	61.2	74.8			26.3
斯洛伐克	16.2	56.4	24	56.4	71.5			27

表5-3(續)

國家	養老金支出占財政支出的比率	強制養老金毛替代率	公共養老金毛替代率	中位數收入計算的毛替代率	中位數收入計算的淨替代率	自願參加的養老金計劃(DC)毛替代率	總替代率(強制和自願養老金替代率的加總)	養老金基尼系數
土耳其	不詳	86.9	86.9	86.9	124			26.5
OECD	16.69	59.03	45.72	60.84	71.82		68.4	17.75

資料來源: OECD. Pensions at a Glance 2009; Retirement-Income Systems in OECD Countries. www.oecd.org/publishing/corrigenda, p119, p121, p127.

　　國際勞工組織《社會保障最低標準公約》要求一個有配偶的已婚男性,至少繳費 30 年後,應獲得的養老金替代率不低於 40%[①],在 1967 年的 128 號公約又提高到 45%。美國勞工統計局以食品支出與收入之間的關係為基礎進行估算,提出一對老年夫妻用在商品和勞務上的支出大概相當於一個年輕的四口之家維持同樣生活水平的 51%,再考慮其他因素,一個中等收入的工人適當的替代率大約為其退休前總收入的 65%～70%[②]。在經合組織成員國中,掙平均工資的職工退休金毛替代率（Gross Replacement Rates, 扣除稅收和轉移支付以前）平均為 59%,但各國差別很大,從英國 31%、愛爾蘭和日本 34%,到希臘 96%[③]。值得注意的是,經合組織成員國的強制養老金包括公共養老金（Public Pensions）和強制私營養老金（Compulsory Private Pensions）兩部分,部分經合組織成員國還有自願參加的私營養老金（DC 或 DB 計劃）。雖然政府提供的公共養老金替代率的平均值只有 45.7%,但是加上強制私營養老金後毛替代率平均值可以達到 59%,再加上自願參加的私營養老金,毛替代率可以達到 68.4%。扣除稅收以後的強制養老金淨替代率（NetReplacement Rates）更高,達到了 71.8%（見表 5-3）。通過 OECD 國家養老金替代率的考察,我們可以得出以下幾點啟示:其一, OECD 國家養老金總替代率普遍較高,強制和自願養老金替代率加總後的平均水平達到 68.4%；其二, 就強制性的公共養老金替代率而言,平均水平並不高,只有 45.7%,與中國基本養老保險的替代率水平相近。

---

① ILO. Social Security (Minimum Standards) Convention (No. 102), Geneva, 1952.
② 詹姆斯·舒爾茨. 老年經濟學 [M]. 雄必俊, 譯. 北京: 華夏出版社, 1990: 98.
③ OECD. Pensions at a Glance 2009; Retirement-Income Systems in OECD Countries. www.oecd.org/publishing/corrigenda.

5.3.2 現行養老保險製度的替代率水平

隨著中國養老保險製度的建立和逐步完善，國內學者對各種養老製度的替代率水平進行了研究。王曉軍採用精算模擬的方法，得出企業職工因繳費年限不同替代率水平相差較大。相對而言，機關事業單位職工養老金（退休工資）替代率在工齡上的差別要小得多，然而企業與機關之間的退休人員替代率差距較大，機關比企業高出15%~40%[①]。鄧大松將「新農保」替代率定義為參保農民開始領取第一年養老金與上年農民人均純收入的比值，並測算出年繳費標準從100~500元之間的替代率可以達到14.15%~41.98%[②]。劉昌平等還估算了中國企業年金的養老金替代率水平及其影響因素。在替代率指標的計算中，絕大多數文獻沒有考察社會保障繳費和個人所得稅對職工工資收入以及替代率的影響（見表5-4）。

表5-4　　　　　　　　各種養老保險待遇支付規定

	企業職工基本養老保險	企業年金	機關事業單位	城鄉居民基本養老保險
待遇領取年齡	60/50	60/50	60/55	60/60
統籌帳戶支付	基礎養老金月標準以當地上年度在崗職工月平均工資和本人指數化月平均繳費工資的平均值為基數，繳費每滿1年發給1%	無	公務員退休後的退休費按本人退休前職務工資和級別工資之和的一定比例計發　事業單位工作人員退休後的退休費按本人退休前崗位工資和薪級工資之和的一定比例計發	中央確定基礎養老金最低標準，地方人民政府可以根據實際情況適當提高基礎養老金標準，2013年基礎養老金為每人每月55元
個人帳戶支付	個人帳戶養老金月標準為個人帳戶儲存額除以計發月數	從本人企業年金個人帳戶中一次或定期領取企業年金	無	個人帳戶全部儲存額除以139

目前，中國的養老製度主要包括城鎮企業職工基本養老保險、企業年金、機關事業單位養老保險（退休金）、城鄉居民基本養老保險，計算這些製度模

---

① 王曉軍，喬楊. 中國企業與機關事業單位職工養老待遇差距分析 [J]. 統計研究，2007 (5).
② 鄧大松，薛惠元. 新型農村社會養老保險替代率的測算與分析 [J]. 山西財經大學學報，2010 (4).

式的替代率依據的政策規定分別為：企業職工基本養老保險依據的文件是《關於完善企業職工基本養老保險製度的決定》（國發〔2005〕38號），企業年金依據的文件是《企業年金試行辦法》（勞社部〔2004〕20號），機關事業單位退休製度依據的文件是《關於機關事業單位離退休人員計發離退休費等問題的實施辦法》（人部發〔2006〕60號）①，城鄉居民基本養老保險製度依據的文件是《關於建立統一的城鄉居民基本養老保險製度的意見》（國發〔2014〕8號）。

由於城鎮職工養老金包括基本養老金和年金，因此可以分為基本養老金替代率（δ）和年金替代率（δ_a），基本養老金由統籌部分和個人帳戶部分構成，分別稱為基礎養老金替代率（δ_b）和個人帳戶養老金替代率（δ_p）。城鄉居民基本養老金替代率用δ_r表示。

5.3.2.1 城鎮職工基本養老金替代率

用δ表示企業職工平均基本養老金替代率，FP_t表示t年基本養老金支出②，RM_t表示養老金領取人數，$\overline{W}_{t-1}$表示城鎮單位就業人員上年度平均工資。根據定義，企業職工平均基本養老金替代率可以用公式表示為：

$$\delta = \frac{FP_t}{RM_t \times \overline{W}_{t-1}} \quad (5-12)$$

利用公式（5-10）可以計算出歷年企業職工平均養老金及替代率。2003年以來，企業退休職工年平均養老金從7,478元增長到22,646元，年均增長11.7%；然而替代率呈下降趨勢，從56.3%下降為2012年的46.6%③④，近幾

---

① 公務員工作年限滿35年的按90%計發；工作年限滿30年不滿35年的，按85%計發；工作年限滿20年不滿30年的，按80%計發。事業單位工作人員工作年限滿35年的，按90%計發；工作年限滿30年不滿35年的，按85%計發；工作年限滿20年不滿30年的，按80%計發。

② 嚴格地講，養老保險基金總支出主要包括「基本養老金支出」和「喪葬撫恤補助支出」兩項，計算平均養老金水平和替代率的時候應當採用「基本養老金支出」這一指標。從財政部網站公布的2003年以來社會保險基金決算數據來看，基本養老金支出占基本養老保險基金總支出的96%~98%。

③ 中國人力資源和社會保障部計算替代率時採用的是以某年度退休人員的平均養老金除以上一年度參保職工的平均繳費基數。當初國家在設計企業職工養老保險替代率的時候，大體是這樣計算的：勞動者在職的時候，以職工平均工資繳費滿35年，退休時基本養老金的目標替代率相當於上年度職工平均工資的59%左右。參見：胡曉義．國務院《決定》解讀系列之二——保障水平要與中國社會生產力發展水平及各方面承受能力相適應[J]．中國社會保險，1997（11）。

④ 在計算平均養老金的公式中，基金總支出包括基本養老金支出、參保者達到法定退休年齡前完全傷殘的病殘津貼、對參保者遺屬提供的喪葬撫恤補助支出和其他支出等，因此用養老基金總支出除以領取人數估計的平均養老金水平比實際水平偏高大概0.5~1個百分點。

年替代率又有所回升，2014年的替代率為49.1%（由於喪葬撫恤補助大約占1.5%，如果扣除喪葬撫恤補助，實際的養老金替代率為47.6%）。城鎮單位就業人員平均工資是稅前工資，包括應當繳納的個人所得稅和社會保險個人繳費部分，而退休人員的養老金是淨收入，所以應當從就業人員平均工資中扣除稅費後再計算替代率，此時的替代率稱為淨替代率。由於個人所得稅不好計算，本書只考慮扣除個人需要繳納的社會保險費。假定社會保險費率為11%，此時計算出來的淨替代率比毛替代率高6到9個百分點，2014年的淨替代率為55.2%，高於國際勞工組織《社會保障最低標準公約》提出的養老金替代率最低標準（見表5-5）。

表5-5　　2003—2014年全國企業職工養老金水平及替代率

年度	基本養老金支出（億元）	離退休人數（萬人）	平均養老金（元）	城鎮單位就業人員平均工資（元）	毛替代率（%）	淨替代率（%）
2003	2,660	3,557	7,478	13,969	—	—
2004	2,968	3,775	7,862	15,920	56.3	63.2
2005	3,422	4,005	8,544	18,200	53.7	60.3
2006	4,200	4,239	9,909	20,856	54.4	61.2
2007	5,033	4,544	11,076	24,721	53.1	59.7
2008	6,327	4,868	12,997	28,898	52.6	59.1
2009	7,675	5,348	14,351	32,244	49.7	55.8
2010	9,152	5,812	15,748	36,539	48.8	54.9
2011	11,027	6,314	17,464	41,799	47.8	53.7
2012	13,458	6,911	19,473	46,769	46.6	52.3
2013	16,090	7,105	22,646	51,483	48.4	54.4
2014	19,045	7,529	25,296	56,339	49.1	55.2

數據來源：歷年《社會保險基金決算數據》[EB/OL]. 財政部網站，http://www.mof.gov.cn/；歷年《人力資源和社會保障事業發展統計公報》[EB/OL]. 人力資源和社會保障部網站，http://www.mohrss.gov.cn/；中國統計年鑒（2014）[M]. 北京：中國統計出版社，2015。

這裡計算的是企業職工實際的平均基本養老金替代率，再計算製度替代率。根據本章第5.2.2節計算的平均繳費年限，假設一個代表性的參保者工作年限為32年，即繳費年限 $N = 32$，60歲退休，在職時獲得在崗職工平均工資（$\overline{W}_t$），工資增長率為 g；退休時基本養老金（BP_t）由基礎養老金（b_t）和個人帳戶養老金（p_t）構成。由於代表性參保者是按照在崗職工平均工資繳納養老

保險費，因此本人指數化年平均繳費工資①就是 $\overline{W}_t$，先不考慮個人帳戶的記帳利息，按照基本養老金計發辦法②，基本養老金可以表示為：

$$BP_{t+1} = b_{t+1} + p_{t+1} \qquad (5-13)$$

$$b_{t+1} = \frac{(\overline{W}_t + \overline{W}_t)}{2} \times N \times 1\% = 0.01 \times N \times \overline{W}_t \qquad (5-14)$$

$$p_{t+1} = \frac{\left[0.08 \times \sum_{t=1}^{32} \overline{W}_0 (1+g)^{t-1}\right](1+r)^{32-t}}{139/12} \qquad (5-15)$$

假定工資增長率 $g = 7\%$，$r = 3\%$ 一個代表性參保者退休當年獲得的養老金為：

$b_{33} = 0.32 \overline{W}_{32}$

$p_{33} = 0.121 \overline{W}_{32}$

$BP_{33} = b_{33} + p_{33} = 0.441 \overline{W}_{32}$

基礎養老金、個人帳戶養老金和基本養老金的製度替代率分別為：

$$\delta_b = \frac{0.35 \overline{W}_{32}}{\overline{W}_{32}} \times 100\% = \frac{0.32 \overline{W}_{32}}{\overline{W}_{32}} \times 100\% = 32$$

$$\delta_p = \frac{0.096 \overline{W}_{32}}{\overline{W}_{32}} \times 100\% = \frac{0.096 \overline{W}_{32}}{\overline{W}_{32}} \times 100\% = 12.1\%$$

$\delta = \delta_b + \delta_p = 44.1\%$

由式（5-13）和（5-14）可以看出，工資增長率只影響到個人帳戶養老金替代率，對基礎養老金替代率沒有影響；當工資增長率為7%時，企業職工基本養老保險金的製度替代率為44.1%；當工資增長率為10%時，企業職工基本養老保險金的製度替代率為40.7%。說明隨著工資增長率的提高，個人帳戶儲存額增長速度低於在崗職工平均工資增長速度，參保者個人帳戶儲存額貶值

---

① 本人指數化月平均繳費工資＝退休時上一年全省在崗職工月平均工資×平均繳費工資指數。平均繳費工資指數是歷年繳費中的當年本人繳費工資與在崗職工平均工資比值的平均數確定，計算公式為：平均繳費工資指數＝（X1/C1+X2/C2+…+Xn/Cn）÷N，其中，X 表示當年本人繳費工資；Cn 表示當年在崗職工平均工資。

② 《國務院關於完善企業職工基本養老保險製度的決定》（國發〔2005〕38號）規定，基本養老金由基礎養老金和個人帳戶養老金組成；退休時的基礎養老金月標準以當地上年度在崗職工月平均工資和本人指數化月平均繳費工資的平均值為基數，繳費每滿1年發給1%；個人帳戶養老金月標準為個人帳戶儲存額除以139。

越大，導致退休職工的養老金替代率下降。2005年以來，企業職工基本養老保險毛替代率保持在53.7%~48.4%之間，與製度替代率相差較大，一是因為目前領取養老金待遇的人員中絕大多數不是依據公式5-13進行的計發；二是依據模型計算的平均繳費年限可能比實際的繳費年限少。

原勞動和社會保障部在設計企業職工基本養老保險製度時，設想參保者以職工平均工資繳費滿35年，並且在記帳利率等於工資增長率的情況下，60歲退休職工養老金替代率相當於上年度職工平均工資的59%，依據公式5-13計算計算得出替代率為57%，與之接近。但是實際記帳利率採用的是一年期銀行利率，得到的製度替代率就相差甚遠。

企業職工基本養老保險製度規定個人實際繳費工資位於在崗職工平均工資60%~300%之間①，假定工資增長率為7%，利率為3%，不同繳費年限和不同繳費基數對替代率的影響如表5-6所示。目前製度規定的計發辦法體現了長繳、多繳多得的原則，隨著繳費年限延長、繳費基數提高，養老金替代率會提高，從最低的16.5%提高到120.5%。

表5-6　　　　　　繳費年限和繳費基數對替代率的影響　　　　　　單位:%

繳費年限	替代率							
	繳費基數為在崗職工平均工資的60%			繳費基數為在崗職工平均工資			繳費基數為在崗職工平均工資的3倍		
	基礎養老金	個人帳戶	合計	基礎養老金	個人帳戶	合計	基礎養老金	個人帳戶	合計
40	32	8.1	40.1	40	13.5	53.5	80	40.5	120.5
39	31.2	8	39.2	39	13.3	52.3	78	40	118
38	30.4	7.9	38.3	38	13.2	51.2	76	39.6	115.6
37	29.6	7.8	37.4	37	13	50	74	39.1	113.1
36	28.8	7.7	36.5	36	12.7	48.9	72	38.6	110.6
35	28	7.6	35.6	35	12.7	47.7	70	38.1	108.1
34	27.2	7.5	34.7	34	12.5	46.5	68	37.6	105.6
33	26.4	7.4	33.8	33	12.3	45.3	66	37	103
32	**25.6**	**7.3**	**32.9**	**32**	**12.1**	**44.1**	**64**	**36.4**	**100.4**
31	24.8	7.2	32	31	11.9	42.9	62	35.8	97.8

① 個人實際的繳費工資按上一年在崗職工月平均工資的60%~300%以內的繳費基數確定。職工本人上月工資，超過上一年在崗職工月平均工資的300%以上的部分，不計入繳費基數；低於上一年在崗職工月平均工資60%的，按60%計算繳費基數。

表 5-6(續)

繳費年限	替代率								
	繳費基數為在崗職工平均工資的 60%			繳費基數為在崗職工平均工資			繳費基數為在崗職工平均工資的 3 倍		
	基礎養老金	個人帳戶	合計	基礎養老金	個人帳戶	合計	基礎養老金	個人帳戶	合計
30	24	7	31	30	11.7	41.7	60	35.2	95.2
29	23.2	6.9	30.1	29	11.5	40.5	58	34.6	92.6
28	22.4	6.8	29.2	28	11.3	39.3	56	33.9	89.9
27	21.6	6.6	28.2	27	11.1	38.1	54	33.2	87.2
26	20.8	6.5	27.3	26	10.8	36.8	52	32.5	84.5
25	20	6.4	26.4	25	10.6	35.6	50	31.8	81.8
24	19.2	6.2	25.4	24	10.3	34.3	48	31	79
23	18.4	6	24.4	23	10.1	33.1	46	30.2	76.2
22	17.6	5.9	23.5	22	9.8	31.8	44	29.4	73.4
21	16.8	5.7	22.5	21	9.5	30.5	42	28.5	70.5
20	16	5.5	21.5	20	9.2	29.2	40	27.6	67.6
19	15.2	5.3	20.5	19	8.9	27.9	38	26.6	64.6
18	14.4	5.1	19.5	18	8.6	26.6	36	25.7	61.7
17	13.6	4.9	18.5	17	8.2	25.2	34	24.7	58.7
16	12.8	4.7	17.5	16	7.9	23.9	32	23.6	55.6
15	12	4.5	16.5	15	7.5	22.5	30	22.5	52.5

2015 年機關事業單位養老保險製度改革後，在基本養老保險部分與企業職工養老保險的製度替代率計算方法一致。

5.3.2.2 企業年金和職業年金替代率

補充養老保險主要指企業年金和職業年金，二者最大的區別在於職業年金具有強制性，而企業年金是由企業自主決定。

根據國發〔2015〕2 號文件的規定，機關事業單位在參加基本養老保險的基礎上，應當為其工作人員建立職業年金，單位按本單位工資總額的 8% 繳費，個人按本人繳費工資的 4% 繳費，工作人員退休後，按月領取職業年金待遇。與基本養老保險個人帳戶不同的是，職業年金的長壽風險由參保者自己承擔，帳戶中的儲存額領完為止。

假設職業年金替代率用 δ_α 表示，繳費基數為在崗職工平均工資（$\overline{W}_t$），工資增長率為 g，繳費年限用年金 n 表示，計發年數為 m（由計發月數除以 12

個月得到)。由第三章人口預測可知，2010 年人口普查時城鎮 60 歲老年人口的平均餘命為 23.2 年（278 月），以此作為職業年金計發月數（見表 5-7）。

表 5-7　　城鎮退休老年人口平均餘命及職業年金計發月數

退休年齡	男性	女性	平均餘命	計發月數
60	21.74	24.7	23.2	278
65	17.8	20.3	19.1	229

職業年金替代率計算公式如下：

$$\delta_\alpha = \frac{[(4\% + 8\%) \sum_{t=1}^{n} (1+g)^{t-1}](1+r)^{n-t}}{m(1+g)^n} \quad (5-16)$$

表 5-8　　不同繳費年限和利率情況下的職業年金替代率

繳費年限	替代率					
	60 歲退休			65 歲退休		
	r=0.03	r=0.04	r=0.05	r=0.03	r=0.04	r=0.05
40	14.2	18.7	26	17.9	23.8	31.7
35	12.1	15.2	19.2	15.2	19.3	24.6
25	8.4	9.7	11.2	10.6	12.4	14.5
15	5	5.4	5.8	6.5	7	7.6

由表 5-8 可見，利率和繳費年限對職業年金替代率的影響十分明顯，如果按照繳費年限 35 年計算，在利率為 3% 的情況下，職業年金替代率為 12.1%；把法定退休年齡延遲到 65 歲，按照繳費年限 35 年計算，在利率為 3% 的情況下，職業年金替代率為 15.2%。

企業年金替代率與職業年金替代率的計算方法一致，由於《企業年金試行辦法》只是規定企業繳費每年不超過本企業上年度職工工資總額的 1/12，企業和職工個人繳費合計一般不超過本企業上年度職工工資總額的 1/6，繳費率由企業自主決定，因此替代率還與企業選擇的繳費率有關。

5.3.2.3　城鄉居民基本養老金替代率

將城鄉居民基本養老金替代率定義為城鄉參保居民年滿 60 歲後第一年所領取的養老金與開始領取養老金的上年城鄉居民人均收入或社會平均工資的比值。為了便於與城鎮職工基本養老保險替代率進行比較，本書計算城鄉居民基

本養老金替代率時分母用社會平均工資。根據國發〔2014〕8 號文件的規定，我們作以下幾個假設：①城鄉居民繳費年限最短為 15 年，最長為 37 年①，初始繳費年齡用 a 表示，開始領取養老金年齡為 60，繳費年限用 i 表示，待遇領取年限用 j 表示。②儘管文件規定城鄉居民基本養老保險基金由個人繳費、集體補助、政府補貼構成，實際上農村集體經濟組織絕大部分名存實亡，根本拿不出任何補助，測算時忽略不計。③文件規定繳費標準目前設定為每年 100 元至 2,000 元之間 12 個檔次，2014 年全國城鎮單位就業人員平均工資為 56,339 元②，為了簡化計算程序，我們取 100 元、1,000 元、2,000 元三個檔次，大約分別相當於社會平均工資的 0.18%、1.8%、3.6%，並假定政府依據這一固定比例每年調整一次繳費檔次，選取的繳費檔次用 c_1 表示。④參保者在年初按照自己所選擇的繳費標準向個人帳戶供款，繳費標準所處的檔次不變，並且繳費不中斷。⑤政府對參保者的繳費補貼在繳費的同時記入個人帳戶，100 元、1,000 元、2,000 元三個檔次繳費補貼標準相當於社會平均工資的 0.06%、0.14%、0.21%③，政府繳費補貼標準與社會平均工資的比例不變，用 c_2 表示。⑥假定參保農民達到領取年齡後，在每年的年初一次性領取全年的養老金。⑦社會平均工資增速用 g 表示，增長率設為 7%。⑧個人帳戶記帳利率為 3%。⑨以國務院規定的 2014 年 7 月 1 日最低養老標準 70 元為基礎養老金，60 歲開始領取待遇時個人帳戶的計發年數為 11.6 年（即約等於 139 個月）。

根據前面的假定，每年城鄉居保基礎養老金調整的增長比例等於社會平均工資增長率，則參保居民在年滿 60 歲時領取的基礎養老金 P_1 為：

$$P_1 = P_0 \times (1+g)^j \tag{5-17}$$

參保居民年滿 60 歲時上一年度的社會平均工資 Y 為：

$$Y_1 = Y_0 \times (1-g)^j \tag{5-18}$$

基礎養老金替代率 R_1 為：

$$R_1 = P = W \tag{5-19}$$

根據第二章公式（2-18），城鄉居民基本養老保險個人帳戶替代率 R_2 用

---

① 儘管文件規定年滿 16 週歲即可參保，但是考慮到實際參保情況，本書假定居民從 23 歲開始初次參加養老保險。

② 國家統計局. 中華人民共和國 2014 年國民經濟和社會發展統計公報 [R]. 新華社，北京 2 月 26 日電.

③ 四川省在統一城鄉居民養老保險時將 2014 年繳費標準設為每年 100 元、200 元、300 元、400 元、500 元、600 元、700 元、800 元、900 元、1,000 元、1,500 元、2,000 元、3,000 元 13 個檔次，全省各級政府對參保人繳費給予補貼，政府補貼分別對應為每人每年 40 元、40 元、45 元、50 元、60 元、60 元、65 元、70 元、75 元、80 元、100 元、120 元、160 元。

公式表示為：

$$R_2 = \frac{(c_1 + c_2)\sum_{t=1}^{60-a}(1+g)^{i-1}(1+r)^{60-a-i}}{11.6\times(1+g)^{60-a-1}} \quad (5-20)$$

城鄉居民基本養老金替代率的計算公式為：

$$\delta_r = \frac{70}{4,695} + \text{EMBED Equation. DSMT4} \quad (5-21)$$

根據公式5-21可以計算不同繳費年限和選取不同繳費檔次的替代率水平。

從表5-9可以看出，即使按照最高繳費檔次參保37年，替代率也只有8.1%。

表5-9　　　　　　城鄉居民基本養老金替代率　　　　　單位:%

繳費年限	按照0.18%繳費			按照1.8%繳費			按照3.6%繳費		
	基礎養老金	個人帳戶	合計	基礎養老金	個人帳戶	合計	基礎養老金	個人帳戶	合計
37	1.5	0.4	1.9	1.5	3.4	4.9	1.5	6.6	8.1
36	1.5	0.4	1.9	1.5	3.3	4.8	1.5	6.6	8.1
35	1.5	0.4	1.9	1.5	3.3	4.8	1.5	6.5	8
34	1.5	0.4	1.9	1.5	3.2	4.7	1.5	6.4	7.9
33	1.5	0.4	1.9	1.5	3.2	4.7	1.5	6.3	7.8
32	1.5	0.4	1.9	1.5	3.2	4.7	1.5	6.2	7.7
31	1.5	0.4	1.9	1.5	3.1	4.6	1.5	6.1	7.6
30	1.5	0.4	1.9	1.5	3	4.5	1.5	6	7.5
29	1.5	0.4	1.9	1.5	3	4.5	1.5	5.9	7.4
28	1.5	0.4	1.9	1.5	2.9	4.4	1.5	5.8	7.3
27	1.5	0.4	1.9	1.5	2.9	4.4	1.5	5.6	7.1
26	1.5	0.3	1.8	1.5	2.8	4.3	1.5	5.5	7
25	1.5	0.3	1.8	1.5	2.7	4.2	1.5	5.4	6.9
24	1.5	0.3	1.8	1.5	2.7	4.2	1.5	5.3	6.8
23	1.5	0.3	1.8	1.5	2.6	4.1	1.5	5.1	6.6
22	1.5	0.3	1.8	1.5	2.5	4	1.5	5	6.5
21	1.5	0.3	1.8	1.5	2.5	4	1.5	4.8	6.3
20	1.5	0.3	1.8	1.5	2.4	3.9	1.5	4.7	6.2
19	1.5	0.3	1.8	1.5	2.3	3.8	1.5	4.5	6
18	1.5	0.3	1.8	1.5	2.2	3.7	1.5	4.4	5.9

表5-9(續)

繳費年限	按照0.18%繳費			按照1.8%繳費			按照3.6%繳費		
	基礎養老金	個人帳戶	合計	基礎養老金	個人帳戶	合計	基礎養老金	個人帳戶	合計
17	1.5	0.3	1.8	1.5	2.1	3.6	1.5	4.2	5.7
16	1.5	0.3	1.8	1.5	2	3.5	1.5	4	5.5
15	1.5	0.2	1.7	1.5	1.9	3.4	1.5	3.8	5.3

註：按照城鎮居民養老保險製度設計，替代率應該與城鄉居民人均收入進行比較，考慮到替代率定義的統一性和與城鎮職工基本養老保險的可比較性，計算居保的替代率仍然是與社會平均工資進行比較。

5.3.3 目標替代率的確定及其對基金平衡的影響

養老金目標替代率是指能使養老保險製度優化發展的養老金替代率，它是從需求方面來衡量基本養老金替代率的數量指標[1]。企業職工基本養老保險製度建立時本來設定的替代率是60%左右[2]。國務院發展研究中心也認為，退休職工應從社會統籌和個人帳戶養老保險系統獲得60%左右替代率的養老金[3]。邱東從中國的家庭成員數及結構角度分析，認為替代率在55%左右比較合適[4]。賈洪波認為基本養老金合意替代率的下限應該為50%，才能保證退休者在其退休後領取的基本養老金不至於大幅度降低[5]。鄭功成認為以恩格爾系數為40%左右的人均消費性支出為依據來確立基本養老保險水平較為合理，中國基本養老保險的替代率設定在50%左右比較合適[6]。褚福林將中國養老金替代率目標設定為60%左右[7]。

確定養老金目標替代率要明確基本養老保險的定位，是保證退休人員基本生活的需要，參照系是在崗職工的平均收入，而不是為了達到退休前的某個收入水平，因此，將替代率盯住退休前的收入是沒有意義的。從老年人的需求角

---

[1] 賈洪波，高倚雲. 基於帕累托優化的基本養老金替代率測算 [J]. 市場人口分析，2007 (1).

[2] 何平. 企業改革中的社會保障製度 [M]. 北京：經濟科學出版社，2000：101.

[3] 國務院發展研究中心社會保障課題組. 分離體制轉軌成本，建立可持續發展製度——世紀之交的中國養老保障製度改革研究報告 [J]. 管理世界，2006 (6).

[4] 邱東. 養老金替代率水平及其影響的研究 [J]. 財經研究，1999 (1).

[5] 賈洪波，高倚雲. 基於帕累托優化的基本養老金替代率測算 [J]. 市場與人口分析，2007 (1).

[6] 鄭功成. 中國養老保險製度的未來發展 [J]. 勞動保障通訊，2003 (3).

[7] 褚福林. 養老保險金替代率研究 [J]. 北京市計劃勞動管理幹部學院學報，2004 (3).

度講,基本需求主要包括吃、穿、住、行(交通、通信)、醫療等,基本養老保險只要提供這些基本需求的支付資金,更高的生活水平應該由補充養老保險和個人儲蓄來提供。或者形象地說,基本養老保險只是為退休老人提供麵包,至於黃油應當由退休者自己負責去規劃和獲取。與在崗職工的支出比較起來,退休職工一般不用購買住房,不用撫養子女,也不會在發展需求上有太多的支出,除了醫療費用支出外退休人員在大部分支出項目上都應該低於在崗職工。考慮到這些因素,只要養老金水平不低於居民人均現金消費支出,基本養老保險就可以實現保基本的目標。確定養老金目標替代率的最好依據是居民平均消費支出水平,2003年以來城鎮職工基本養老金替代率都高於城鎮人均現金消費支出與在崗職工平均工資比值約6個百分點,城鎮職工基本養老保險達到了保基本的目標,替代率水平在合理範圍。再考慮醫療費用支出的因素,由於醫療費用要占到老年人支出的相當大一部分,國際經驗表明,老年人的醫療費支出往往高出全體人口平均水平的3~5倍[1]。2013年城鎮居民人均醫療保健支出為1,118元,如果將醫療保健支出擴大3倍後計入城鎮人均現金消費支出,此時得到的消費支出大致相當於老年人人均消費支出,該項支出與在崗職工平均工資的比值為41.5%,低於目前企業職工基本保險的替代率水平(見圖5-2)。綜合以上分析,我們認為城鎮職工基本養老金目標替代率確定為45%以下比較合適,甚至可以將下限設定為42%。

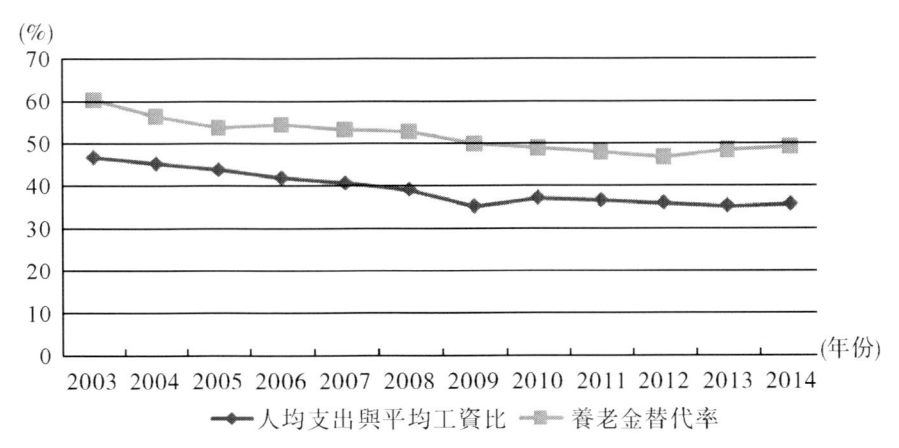

圖5-2 2003—2014年全國城鎮人均支出與平均工資比、養老金替代率

數據來源:歷年《社會保險基金決算數據》[EB/OL].見財政部網站,http://www.mof.gov.cn/;歷年《人力資源和社會保障事業發展統計公報》[EB/OL].人力資源和社會保障部網站,http://www.mohrss.gov.cn/;歷年中國統計出版社的《中國統計年鑒》。

---

[1] 李珍,王海東.基本養老保險目標替代率研究[J].保險研究,2012(1).

以延遲退休年齡後計算的製度撫養比為例，將替代率從 40% 提高到 50%，繳費率需要提高 3 至 7 個百分點，才能滿足基金收支的當期平衡。不管確定為哪種替代率，要保證基金收支的當期平衡，2050 年企業職工基本養老保險的繳費率將比目前實際的繳費率提高 1 倍左右（見圖 5-3）。

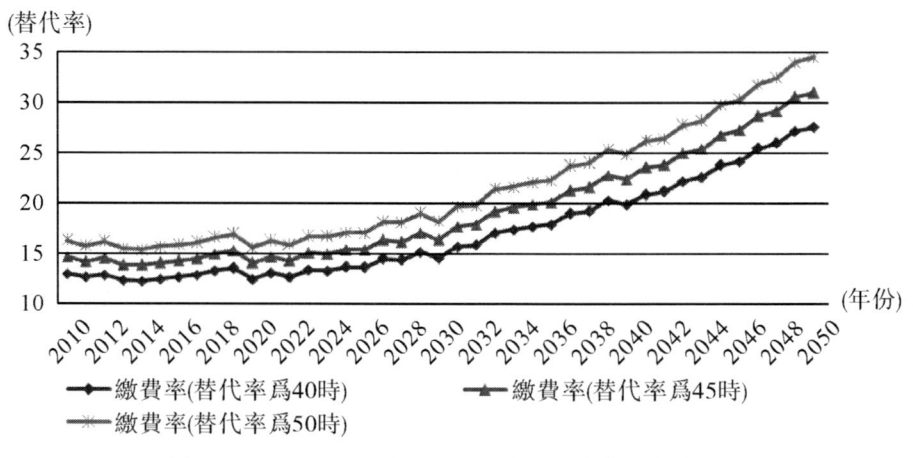

圖 5-3　2010—2050 年不同替代率下的繳費率變動趨勢

註：數據由本書作者計算預測。

5.4　繳費率變動對養老保險財務可持續的影響

養老保險繳費率是養老保險製度的另一個重要參數之一，也是影響養老保險基金平衡的重要參量。在人口老齡化不斷加速的背景下，提高繳費率可以在一定程度上緩解養老金收支壓力。

5.4.1　企業職工基本養老保險的繳費基數與實際繳費率

企業職工基本養老保險基金徵繳收入（PI）來自於兩部分：企業或單位繳費形成統籌帳戶基金，設為 PIE；職工個人繳費形成個人帳戶基金，設為 PII。企業和單位繳納基本養老保險費是以全部在崗職工工資總額作為繳費基數，設為 WT，職工個人繳納基本養老保險費是以本人年度總工資作為繳費基數，設為 WI。假定企業和單位集合為 $j \in [1, n]$，職工集合為 $i \in [1, m]$，企業繳費率為 c_e，職工個人繳費率為 c_i，城鎮單位就業人員平均工資為 $\overline{W}$。

$$PI_t = PIE_t + PII_t \qquad (5-22)$$

$$PIE_t = \sum_{j=1}^{n} WT_{t-1, j} \times c_e = c_e \sum_{j=1}^{n} WT_{t-1, j} \qquad (5-23)$$

$$PIE_t = \sum_{i=1}^{m} WI_{t-1, i} \times c_i = c_i \sum_{i=1}^{m} WI_{t-1, i} \qquad (5-24)$$

按照城鎮單位就業人員平均工資的定義，是全部單位就業人員在一定時期內平均每人所得的貨幣工資額，公式為：

$$\overline{W}_t = \frac{1}{m} \sum_{i=1}^{m} WI_{t-1, i} \qquad (5-25)$$

所有企業和單位在崗職工工資總額等於所有職工個人工資的加總，因此有：$\sum_{j=1}^{n} WT_{tj} = \sum_{i=1}^{m} WI_{ti}$，式（5-23）等價於：

$$PIE_t = \sum_{i=1}^{m} WI_{t-1, i} \times c_e = c_e \sum_{i=1}^{m} WI_{t-1, i} \qquad (5-26)$$

將式（5-24）和（5-26）帶入（5-22）得到：

$$PI_t = c_e \sum_{i=1}^{m} WI_{t-1, i} + c_i \sum_{i=1}^{m} WI_{t-1, i} = (c_e + c_i) \sum_{i=1}^{m} WI_{t-1, i} \qquad (5-27)$$

$$PI_t = (c_e + c_i) \times m \times \overline{W}_{t-1} \qquad (5-28)$$

定義人均繳費額（$\overline{PI_t}$）為當年基本養老保險基金徵繳收入額與參保繳費人數的比值，$\overline{PI_t} = \frac{PI_t}{m}$，有下式成立：

$$\overline{PI_t} = (c_e + c_i) \times \overline{W}_{t-1} \qquad (5-29)$$

即是說，人均繳費額等於城鎮單位就業人員平均工資與繳費率的乘積。

國務院建議各省將企業加職工個人合計的繳費率目標設定為28%，這可以稱為名義繳費率。然而，從圖5-4可以看出1998年以來實際繳費率都遠遠低於名義繳費率，而且呈現逐年下降的趨勢，2013年實際繳費率只有15.8%，2014年為14.9%，2008年以來的均值為17%。有幾個因素可以解釋名義繳費率虛高的現象：其一，中央政府將制定繳費率的權利授予了地方政府，全國各地根據實際情況選擇的費率不一樣，絕大部分地區規定單位繳費比例為20%，但也有一些地區單位繳費比例很低，如深圳為11%，廣州為12%，廈門為14%，重慶為15%。其二，企業職工基本養老保險參保對象中有相當部分是個體工商戶及其雇工、城鎮自由職業者、城鎮靈活就業人員，這類群體的總繳費率往往為20%，拉低了整體繳費率水平。其三，部分企業瞞報繳費基數，或者，選擇低於社會平均工資的一定比例作為繳費基數，從而使實際繳費額低於應繳費額，也導致實際的繳費率低於名義繳費率。例如，以2014年四川省開

展企業職工基本養老保險專項檢查情況來看，檢查企業應參保101.25萬人，實際參保90.77萬人，還有近10%應參保人員未參加養老保險，規模以上企業或國有企業基本上能做到如實申報，但部分小微企業或有雇工的個體工商戶則存在人員漏報、未全員參保情況，部分企業存在繳費基數未如實申報的情況，部分企業存在社保欠費，欠費金額較大，欠費時間較長，影響了基金徵收。儘管2013年人社部頒布了20號令，對社會保險費強制徵收做了明確規定，但是由於缺乏相關部門的有力配合，實施難度極大，特別是在申請法院強制執行時，法院通常會依據其司法解釋不予受理，從而使徵收工作又進入社會保險爭議處理的怪圈。名義繳費率虛高或者名義繳費率與實際繳費率的巨大差距會造成惡劣的影響，對守法企業和公民而言是參保的不公平待遇，對養老保險基金安全而言是一種不負責的行為。

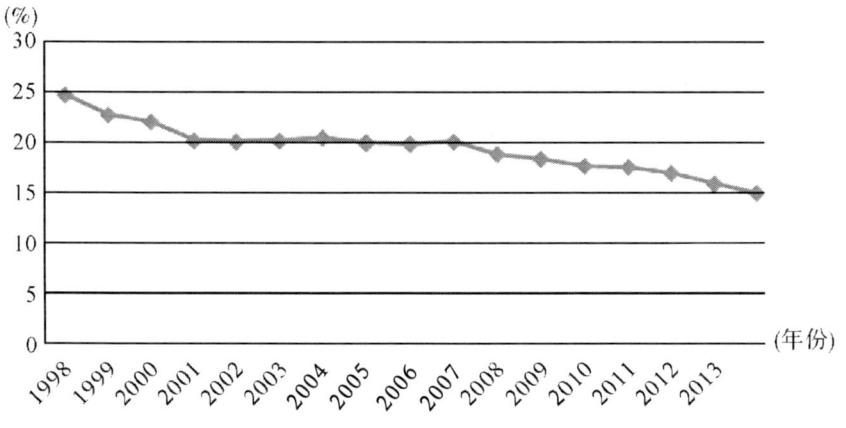

圖 5-4　1998—2014年企業職工基本養老保險實際繳費率

註：參保職工數和基金徵繳收入見歷年《人力資源和社會保障統計公報》《中國勞動和社會保障年鑒2003》、財政部等部委《全國社會保險基金決算說明》，城鎮單位就業人員平均工資數據來源於《中國統計年鑒2014》，實際繳費率利用公式（5-29）計算。

5.4.2　企業職工養老保險最優繳費率分析

目前學術界對養老保險最優繳費率的討論主要是在OLG模型框架內展開的，通過個人效用函數對個人帳戶繳費率求導，社會福利函數對社會統籌帳戶繳費率求導，從而分別得到最優的個人帳戶和社會統籌帳戶繳費率。費爾德斯坦在1985年建立了現收現付制的最優繳費率模型[①]，發現最優繳費率與人口

---

① Feldstein. M. The optimal level of social security benefits. The Quarterly Journal of Economics, Vol. 100, No. 2. (May, 1985), pp. 303–320.

增長率、生產率，以及資本的邊際產品有關。牛淑珍等人將費爾德斯坦的模型用於研究中國的基本養老保險製度最優繳費率的確定，認為最優繳費率與生產函數、未來效用的貼現因子、人口增長率、有效勞動增長率、社會平均工資與個人工資的比例等參數都有關。只要給定相應的參數值，就可以求出最優的社會統籌繳費率和個人帳戶繳費率的值，既能實現個人效用最大化，也能實現社會福利最大化[1]。孫雅娜等在這個模型框架內對目前中國養老金個人和社會統籌帳戶最優繳費率進行了測算，認為最優社會統籌繳費率因繳費年限的不同，處於 23.85% ~ 16.86% 之間，最優的個人帳戶繳費率為 9.8% 左右，都比較接近目前製度規定的繳費率水平[2]。楊再貴通過數值模擬測算了不同人口增長率對最優企業繳費率的影響，當人口增長率下降到 1.931‰ 時，最優企業繳費率為 19.3%[3]。康傳坤測算了人口老齡化背景下的最優社會統籌繳費率，並考察了人口預期壽命提高和人口增長率降低對最優繳費率的影響，最優社會統籌繳費率在 10.22% ~ 19.02% 之間，低於目前製度規定的社會統籌繳費率[4]。

由於養老保險最優繳費率的實質就是要合理確定繳費與消費、儲蓄之間的關係，仍然採用世代交疊模型來分析這一問題。除了世代交疊模型的基本假設以外，再假定該經濟體由勞動者、退休者和政府三個主體（企業行為用生產函數來體現）構成，勞動者和政府具有獨立的目標函數，勞動者關心自己效用最大化，退休者福利由政府代表，政府關心整個社會福利的最大化。在該經濟體引入養老保險製度後，勞動者的消費等於自己按照勞動的邊際生產率決定的工資扣除養老保險繳費的剩餘部分，社會統籌部分雖然名義上是企業支付，實際上仍然是勞動者收入的一部分。社會統籌部分採用現收現付制，個人帳戶部分採用基金累積制，二者分別表示為：[5]

$$b_{t+1} = \theta w_t (1+n)(1+g) \quad (5\text{-}30)$$

$$p_{t+1} = \Phi w_t (1+r) \quad (5\text{-}31)$$

其中，w_t 為社會平均工資，b_{t+1} 為在職者在 $t+1$ 期社會統籌養老金水平，p_{t+1} 為在職者在 $t+1$ 期個人帳戶養老金，r 為利率，n 為勞動人口增長率，g 為工資增長率，每代人有效勞動的增長為：$(1+n)(1+g)$，θ 為統籌部分繳費率，

---

[1] 牛淑珍，劉芳. 基於中國基本養老保險製度的最優繳費率研究 [J]. 商場現代化，2007 (2)：25-26.

[2] 孫雅娜，等. 中國養老保險最優繳費率的實證分析 [J]. 當代經濟管理，2009 (7).

[3] 楊再貴. 養老保險繳費率和人口增長率的 OLG 模型分析 [J]. 西部發展評論，2008 (1).

[4] 康傳坤，楚天舒. 人口老齡化與最優養老金繳費率 [J]. 世界經濟 2014 (4).

[5] Feldstein. M. The optimal level of social security benefits. The Quarterly Journal of Economics, Vol. 100, No. 2. (May, 1985), pp. 303-320.

Φ 為個人帳戶部分繳費率①。

在繳納養老保費以後，t 期在職者的消費為：

$$C_{1,t} = (1 - \theta - \Phi)w_t \qquad (5-32)$$

其中，t 表示生存時期，角標 $i=1$ 為工作狀態，$i=2$ 為退休狀態。$t+1$ 期退休者的消費為：

$$C_{2,t+1} = \theta(1+n)(1+g)w_t + \Phi(1+r)w_t \qquad (5-33)$$

養老保險繳費和給付改變了在職者工作期和退休期的消費構成，進一步影響其生命週期效用。假定效用函數為單調增函數且嚴格的凹函數，即：$U'(C_t) > 0$，$U''(C_{t,i}) < 0$，則個體在整個生命週期的效用函數為：

$$U = U_{1,t}(C_{1,t}) + \rho U_{2,t+1}(C_{2,t+1}) \qquad (5-34)$$

其中，ρ 為個體未來效用的貼現因子，U_t 為工作期效用，U_{t+1} 為退休期效用。

假定政府的目標函數是所有個體目標函數的加總，既包括在職者的效用，也包括退休者的效用。t 期的在職人口為 L_t，t 期的退休人口為 L_{t-1}，$L_t = (1+n)L_{t-1}$。政府的目標函數可以表示為：

$$W = L_t[U_{1,t}(C_{1,t}) + \rho U_{2,t+1}(C_{2,t+1})] + L_{t-1}U_{2,t}(C_{2,t}) \qquad (5-35)$$

其中，$C_{2,t} = \theta(1+n)(1+g)w_{t-1} + \Phi(1+r)w_{t-1}$。

在職者選擇 Φ 最大化其生命週期效用，政府選擇 θ 實現社會福利最大化目標。

對式（5-32）求 Φ 的導數並令其等於 0，得到②：

$$U'_{1,t}(\cdot) = \rho(1+r)U'_{2,t+1}(\cdot) \qquad (5-36)$$

對式（5-33）求 θ 的導數並令其等於 0，得到：

$$U'_{2,t}(\cdot) + \rho(1+n)(1+g)U'_{2,t+1}(\cdot) - U'_{1,t}(\cdot) = 0 \qquad (5-37)$$

$$U'_{2,t}(\cdot) + \rho(1+n)(1+g)U'_{2,t+1}(\cdot) - \rho(1+r)U'_{2,t+1}(\cdot) = 0$$
$$(5-38)$$

令 $U = \ln(C)$，則 $U'(\cdot) = \dfrac{1}{C}$，化簡得到：

$$r = \frac{(1+g)[1+(1+n)\rho]}{\rho} - 1 \qquad (5-39)$$

求解 θ 和 Φ 需要用到生產函數，在生產函數中工資和利率是作為內生變

---

① 由於個人帳戶累積實際是一種強制性儲蓄行為並獲得與私人儲蓄同樣的回報率，因此我們把個人帳戶視為私人儲蓄，不再進行分開處理。

② 牛淑珍，劉芳. 基於中國基本養老保險製度的最優繳費率研究 [J]. 商場現代化，2007（2）：25-26.

量處理，在完全競爭的市場條件下，工資和利率分別等於勞動和資本的邊際產量，因此

$$w_t = (1-a)A_t k_t^a \tag{5-40}$$

$$r = aA_t k_t^{a-1} \tag{5-41}$$

假定每期個人帳戶繳費全部轉化為下一期資本，則 t+1 期的資本存量就是 t 期在職者的個人繳費額①：

$$K_{t+1} = \Phi A_t L_t w_t \tag{5-42}$$

則 t+1 期單位有效勞動的資本存量為：

$$k_{t+1} = K_{t+1}/A_{t+1}L_{t+1} = \frac{\Phi w_t}{(1+n)(1+g)} \tag{5-43}$$

由式（5-40）、式（5-41）、式（5-42）聯立得到：

$$r = \frac{a(1+n)(1+g)^2}{\Phi(1-a)} \tag{5-44}$$

將式（5-39）帶入式（5-44）得到最優個人帳戶繳費率：

$$\Phi = \frac{a}{1-a} \cdot \frac{\rho(1+n)(1+g)}{(1+g)[1+\rho(1+n)]-\rho} \tag{5-45}$$

將式（5-39）、式（5-44）帶入式（5-33）得到最優社會統籌繳費率：

$$\Theta = \frac{1+\rho(1+n)}{1+(1+\rho)(1+n)} \cdot \left\{1 - \frac{a}{1-a} \cdot \frac{(1+\rho)(1+n)(1+g)}{(1+g)[1+\rho(1+n)]-\rho}\right\} \tag{5-46}$$

可以看出，最優個人帳戶繳費率和最優社會統籌繳費率與資本產出彈性 α、未來效用的貼現因子 ρ、勞動人口增長率 n、工資增長率 g 等參數有關。只要給定相應的參數值，就可以求出 θ 和 Φ 的值，既能實現個體效用最大化，也能實現社會福利最大化。

由於採用的經濟學模型不同，研究者對中國經濟增長中資本產出彈性估計結果差異很大，即使採用相同的模型，由於估計的資本存量等基礎數據不同，得到的資本產出彈性值也不固定。呂冰洋利用柯布—道格拉斯生產函數形式估算 1978—2005 年中國資本的平均產出彈性為 0.555②；張軍通過對 1952—1998 年中國經濟統計數據的迴歸分析得出資本的產出彈性為 0.609③；高宇明建立時變參數模型，應用卡爾曼濾波算法，對中國 1952—2005 年間歷年的總量生

---

① 戴維·羅默. 高級宏觀經濟學 [M]. 蘇劍，等，譯. 北京：商務印書館，2004：100.
② 呂冰洋. 中國資本累積的動態效率：1978—2005 [J]. 經濟學（季刊），2008（1）.
③ 張軍，施少華. 中國經濟全要素生產率變動（1952—1998）[J]. 世界經濟文匯，2003（2）.

產函數進行了估算，得出資本的產出彈性變化在 0.32~0.37 之間①；章上峰基於時變彈性生產函數，估計 1978—2008 年資本產出彈性在 0.464~0.557 之間②。世界銀行中國經濟考察團使用資本和勞動的產出彈性時則直接採用的預設做法③。趙志耘等人估計 1978—2004 年中國資本的產出彈性平均為 0.56④。由此可見，即使能夠勉強收集到一定的數據，也難以保證得到的資本產出彈性估計結果就一定可靠。對於本書而言，為了保證繳費率為非負值，資本產出彈性 α 的取值受到一定的限制，只能取小於 0.42 的值（見圖 5-5）。對此合理的解釋是，在引入統籌帳戶加個人帳戶養老金計劃的兩期世代交疊模型中，資本由個人帳戶繳費形成，這就意味著老年人擁有資本，而在職者擁有勞動力，老年人通過養老保險體系獲得的養老金實際上相當於個人帳戶的投資回報⑤，因此資本產出彈性 α 的取值與養老金替代率有著密切聯繫。例如養老金替代率為 50% 的時候，α 大概等於 0.333。如果 α 取值提高，意味著老年人的資本回報率增加，在職者的勞動回報減少。當 α 取值超過某一水平（例如 0.42），會

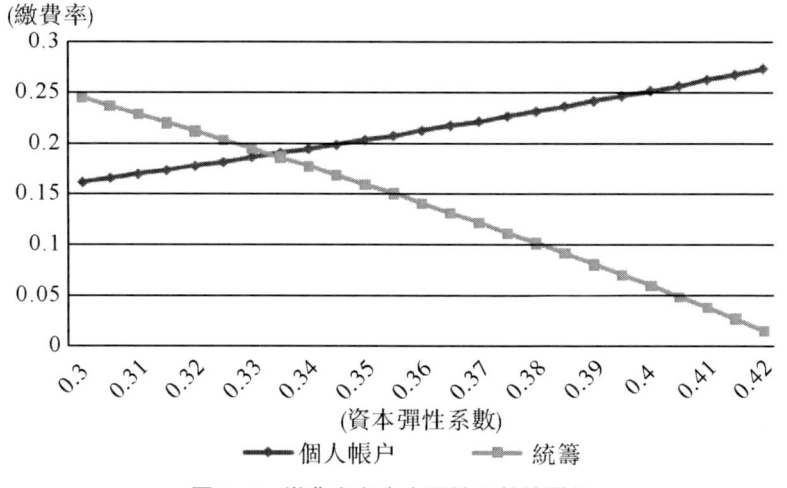

圖 5-5　繳費率與資本彈性系數的關係

① 高宇明，齊中英. 基於時變參數的中國總量生產函數估計 [J]. 哈爾濱工業大學學報：社會科學版，2008（2）.
② 章上峰. 時變彈性生產函數生產率分解公式及其政策含義 [J]. 數量經濟技術經濟研究，2011（7）.
③ 世界銀行中國經濟考察團. 中國：長期發展的問題和方案（附件五）[M]. 北京：中國財政經濟出版社，1987.
④ 趙志耘，劉曉路，呂冰洋. 中國要素產出彈性估計 [J]. 經濟理論與經濟管理，2006（6）.
⑤ 康傳坤，楚天舒. 人口老齡化與最優養老金繳費率 [J]. 世界經濟，2014（4）.

嚴重挫傷在職者的生產積極性，使他們拒絕參加養老保險，所以會出現統籌繳費率為負的情況。通過權衡，本書中資本產出彈性取 α = 0.342 為基準值進行模擬，同時為了分析資本產出彈性對繳費率影響的敏感性，又取 α = 0.4 作對比。

未來效用的貼現因子 ρ 與利率有著密切聯繫，二者的關係是 $\rho = \frac{1}{(1+r)^n}$，其中 n 代表未來期與當期的年份間隔，取平均繳費年限 n = 32 年[1]，利率 r = 0.03，可以得到 ρ = 0.388。

2000 年全國第五次人口普查時 16～59 歲的人口為 82,381 萬人，到 2010 年全國第六次人口普查時增加到 91,587 萬人，年均增長率為 1.2%，2012 年後勞動人口增長將轉為負增長，因此勞動人口增長率 n 取 1.2% 和 0.1% 兩個值。

工資增長率採用名義工資增長率減通貨膨脹率得到的實際工資增長率的平均值，2003 年以來的平均值為 10.8%。為了對照，又取工資增長率為 7%。

表 5-10　基於不同參數組合的養老保險最優繳費率模擬結果　　　單位:%

最優參數	繳費率					
	n = 0.001			n = 0.012		
	g = 0.108	g = 0.108	g = 0.07	g = 0.108	g = 0.07	g = 0.108
	α = 0.4	α = 0.342	α = 0.4	α = 0.342	α = 0.342	α = 0.4
個人帳戶	0.249	0.194	0.252	0.196	0.198	0.251
統籌帳戶	0.063	0.177	0.056	0.174	0.169	0.059

表 5-10 說明個人帳戶繳費率 Φ 對工資增長率、勞動人口增長率變動不敏感，而對資本產出彈性變動有一定的敏感性。統籌帳戶繳費率 θ 對工資增長率、勞動人口增長率變動不敏感，而對資本產出彈性變動非常敏感。當資本產出彈性取 α = 0.342、勞動人口增長率 n = 1.2%，工資增長率 g = 0.108 的時候，個人帳戶繳費率 Φ 和統籌帳戶繳費率 θ 分別為 19.6% 和 17.4%，表明目前製度設計的繳費率中統籌帳戶繳費率 20% 高於最優繳費率，而個人帳戶繳費率 8% 遠低於最優繳費率。對此可以從兩個方面來理解：一是目前繳費率中個人帳戶和統籌帳戶的分配比例不合理，統籌帳戶過高，個人帳戶過低，有必要調整二者的比例；二是估算的最優個人帳戶繳費率實際包含了個人儲蓄在裡面，因此與製度採用的繳費率之間有較大差距。

---

[1]　見本書 114 頁分析結論。

5.4.3 繳費率變動對基金平衡的影響

根據表 5-10，當 α=0.342，相當於替代率等於 52% 左右時，統籌帳戶最優繳費率為 17.4%，個人帳戶最優繳費率為 19.6%。目前企業職工統籌帳戶加個人帳戶實際繳費率在 17% 左右，假設統籌帳戶加個人帳戶名義繳費率（也等於實際繳費率）分為 17%、20% 和 23% 三種方案，採用延遲退休後的參保繳費人數和退休人數，替代率按照目前製度設定，延遲退休後平均繳費年限將達到 37 年，替代率為 52%。

表 5-11　2014—2050年不同繳費率下的企業職工養老保險基金結餘　單位：億元

年份	當期結餘 費率=17%	當期結餘 費率=20%	當期結餘 費率=23%	累計結餘 費率=17%	累計結餘 費率=20%	累計結餘 費率=23%
2014	1,214	4,985	7,499	28,921	32,692	35,206
2015	977	4,969	7,631	29,898	37,661	42,837
2016	819	4,967	7,732	30,717	42,628	50,569
2017	629	4,932	7,800	31,346	47,560	58,369
2018	43	4,479	7,437	31,389	52,039	65,806
2019	-357	4,216	7,265	31,032	56,255	73,071
2020	1,420	6,211	9,405	32,452	62,466	82,476
2021	586	5,592	8,930	33,038	68,058	91,406
2022	1,693	6,895	10,362	34,731	74,953	101,768
2023	449	5,765	9,309	35,180	80,718	111,077
2024	772	6,306	9,996	35,952	87,024	121,073
2025	417	6,050	9,806	36,369	93,074	130,879
2026	646	6,453	10,325	37,015	99,527	141,204
2027	-1,190	4,725	8,668	35,825	104,252	149,872
2028	-714	5,422	9,514	35,111	109,674	159,386
2029	-2,450	3,793	7,955	32,661	113,467	167,341
2030	-616	5,816	10,105	32,045	119,283	177,446
2031	-3,559	2,957	7,302	28,486	122,240	184,748
2032	-4,202	2,383	6,773	24,284	124,623	191,521
2033	-7,470	-932	3,426	16,814	123,691	194,947
2034	-8,505	-1,960	2,403	8,309	121,731	197,350
2035	-9,359	-2,856	1,479	-1,050	118,875	198,829
2036	-10,069	-3,512	860	-11,119	115,363	199,689

表5-11(續)

年份	當期結餘			累計結餘		
	費率=17%	費率=20%	費率=23%	費率=17%	費率=20%	費率=23%
2037	-13,087	-6,578	-2,238	-24,206	108,785	197,451
2038	-13,959	-7,453	-3,116	-38,165	101,332	194,335
2039	-16,856	-10,406	-6,106	-55,021	90,926	188,229
2040	-15,745	-9,304	-5,011	-70,766	81,622	183,218
2041	-18,586	-12,203	-7,948	-89,352	69,419	175,270
2042	-19,126	-12,760	-8,516	-108,478	56,659	166,754
2043	-22,012	-15,711	-11,511	-130,490	40,948	155,243
2044	-22,761	-16,490	-12,309	-153,251	24,458	142,934
2045	-25,917	-19,721	-15,591	-179,168	4,737	127,343
2046	-26,564	-20,404	-16,297	-205,732	-15,667	111,046
2047	-29,719	-23,639	-19,586	-235,451	-39,306	91,460
2048	-30,288	-24,247	-20,221	-265,739	-63,553	71,239
2049	-33,051	-27,084	-23,107	-298,790	-90,637	48,132
2050	-33,733	-27,840	-23,912	-332,523	-118,477	24,220

註：數據由本書作者預測，以經濟增長率作為貼現率貼現到2014年。

當實際繳費率為17%時，2027年將持續出現基金收支當期缺口，基金累計結餘也將在2035年出現負數。當實際繳費率為20%時，2033年後將出現基金收支當期缺口，基金累計結餘也將在2046年出現負數。當實際繳費率為23%時，2037年後將出現基金收支當期缺口，基金累計結餘在2050年前仍然為正。由此可見，如果在提高法定退休年齡的同時，提高實際繳費率，可以極大緩解基金收支平衡的壓力。

5.5 基本養老保險基金平衡中的財政責任

我們將財政補貼界定為養老保險基金平衡的兜底責任，即當基本養老保險基金出現缺口（收不抵支的情況）時，政府有採取一系列的措施（當然最主要是財政資金撥付）來填補養老基金缺口的責任，因此將財政投入對養老保險基金平衡的影響放在宏觀經濟因素和製度內參數之後來探討。

5.5.1 政府承擔養老保險基金平衡責任的依據

生命週期假設賴以成立的前提是人們會以高度自覺的行為來合理安排其老年後的收入來源。事實上個體行為通常是有限理性的，他缺乏必要的信息預測退休期的生活需求，而且人們更傾向於當期消費，習慣用更高的利率來貼現不太遠的將來需要，即使他們隨時都會想到要為退休後的生活進行儲蓄，但又不斷地將儲蓄的實際實施推遲到下一個時點①，個體「短視」的弱點會導致他們對老年後收入風險要麼不夠重視，要麼沒有能力去規劃。同時，完全依靠市場行為也無法有效應對老年收入風險，因為在信息不對稱的市場交易中，「搭便車」這樣的逆向選擇是不可避免的事情，越是老年收入風險高的人群越傾向於購買養老保險，而風險較低的人群在衡量成本與收益之後會選擇退出或放棄參加保險，如此將導致保險費率的上漲，進而把更多的人群推出保險市場。正是由於養老保險市場信息不對稱導致的逆向選擇情況非常嚴重，非強制性的商業養老保險市場難以擔負起社會養老的責任。個體短視行為和市場的缺陷使得政府作為一個製度性的養老責任主體凸顯出來，政府承辦的養老保險應運而生。

有學者將政府介入養老保險的責任歸納為七個方面②：設計製度、制定法規、基金徵收、待遇給付、基金監管、基金增值保值、財政投入。其中最核心的是政府的財務責任，即政府要確保基金的收支平衡。那麼，政府承擔養老保險財務責任的理論依據在哪裡？

政府負有舉辦公共養老保險的責任。無論怎樣定義政府的功能，政府在個體安全方面必須承擔起類似「家長」的角色，應當成為社會風險的終極管理者和個體安全的保護者，這是毋庸證明的事情。政府有權力向社會成員徵收稅賦，社會成員同樣有權利向政府索取相應的公共產品和服務，養老保險正是政府向社會成員提供的公共產品。從養老保險產生的歷史來看，市場經濟伴生的雇傭勞動關係的普遍化和勞動者退休製度的建立，這是養老保險製度產生的社會根源。即使養老保險在本質上是個體的自我保險體系，政府也必須承擔一定程度的派生責任，用來解決個人責任所無力應對的社會性風險。

政府需要承擔養老保險精算責任（或稱為兜底責任）。就公共養老保險而言，政府介入後使得養老保險具有了代際的縱向再分配和代際之內的橫向再分

---

① 阿薩爾·林德貝克，馬茨·佩爾松. 養老金改革的收益 [J]. 比較，2014 (3).
② 萬春. 中國養老保險領域的政府七大職能分析 [J]. 中央財經大學學報，2005 (10).

配效應，政府主導的這兩種再分配難以同時實現個人意義上的權利與義務的完全對等①，個體無法實現的養老保險精算平衡責任只能由政府來實現。政府既然賦予養老保險維護社會公平的價值目標，理所當然應當承擔起養老保險基金平衡的兜底責任。

政府應當承擔養老保險的轉軌成本。養老保險是歷史的產物，在養老保險製度建立之初，由於第一批進入製度且享受養老金支付待遇的人群沒有繳納養老保險費（稅），對他們的待遇支付必然存在基金缺口，這個缺口往往由同期年輕人繳納的養老保險費去彌補，從而形成下一代彌補上一代基金缺口的歷史循環。養老保險體系由現收現付製度向基金累積製度轉型過程中，既要為新製度累積基金，又要為舊製度兌現養老金承諾，舊製度下累計的養老金債務就構成轉軌成本，這幾乎是養老保險轉制國家都會面臨的問題。政府以其權威性來擔保養老保險製度的正常運行，通過「承諾支付養老金」把第一代退休人群產生的淨支付缺口一代一代地傳遞下去，當出現支付危機時，政府也負有償還製度建立時欠下的歷史債務的政治責任。

5.5.2　企業職工基本養老保險轉軌成本估算

隱形債務是現收現付製度下參保人員所累積的未來養老金權益的精算現值。中國城鎮職工養老保險製度從現收現付模式轉向統帳結合模式過程產生的轉軌成本，也就是學者常說的「顯性化的隱性債務（Implicit Pension）」②。在原計劃經濟體制下，職工的養老保險是通過代際轉移，即下一代在職職工承擔已退休職工養老金的給付來實現的，退休職工的養老金從企業生產收益中支付，職工個人不需要繳納養老保險費，這是一種沒有任何累積的現收現付養老保險模式，本質上是在職職工承擔了上一代退休職工的養老保險義務。從1991年開始政府要求職工個人也要承擔一部分繳費責任，1997年改革確定的統帳結合新製度不僅要求在崗職工為自己籌集個人帳戶資金，還要為統籌帳戶繳納養老保險費用於兌現過去在現收現付製度下已經累積起來的養老金承諾。在新製度建立前已經離退休的人員（「老人」）按原製度承諾支付養老金；而在新舊製度之交未達退休年齡的企業職工屬於「中人」，用過渡性養老金來補償其因製度轉軌造成的損失，過渡性養老金從統籌基金中解決。「老人」的養老金和「中人」過渡性養老金在之前都沒有任何資金累積，需要從在職職工

---

① 劉瑋. 個人責任：養老保險的一種理論分析 [J]. 雲南社會科學，2006（3）.
② 孫祁祥.「空帳」與轉軌成本——中國養老保險體制改革的效應分析 [J]. 經濟研究，2001（5）.

繳納的統籌基金中進行支付。

企業職工基本養老保險製度改革建立的是「統帳結合」的部分累積模式，徵收的養老保險基金中一部分用於現收現付，理所當然用於支付已退休人員的養老金待遇，另一部分存入個人帳戶，形成實在的累積基金。但是，在新製度框架下養老金由現收現付的基礎養老金和累積的個人帳戶養老金構成，統籌基金不負有支付「老人」和「中人」全部養老金的義務，「老人」缺乏的個人帳戶養老金累積和「中人」的過渡性養老金並不應該由新製度下的統籌帳戶來支付，更不應該挪用新製度下的個人帳戶資金來支付。因此，在改革過程中的轉軌成本就是，「老人」缺少的個人帳戶累積和「中人」需要支付的過渡性養老金（實際上也是個人帳戶累積）所帶來的即期和未來期隱形債務的精算現值之和①。轉軌成本屬於隱形債務的範疇，但是其規模遠遠小於隱形成本。由於轉軌成本包括「老人」和「中人」兩個群體的隱形債務，應分別建立精算模型。

假定1997年及以前退休的職工都是「老人」，平均最低退休年齡為53歲②，老人都獲得退休職工的平均養老金。計算現值的基年（Base Year）為1998年，設 t 為年份計數器，1998年的時候 $t=0$，每移動一年 t 值增加1；ω 為年份計數器終值，當退休人員生命表壽命終值為100時，$\omega=46$；設 $(L_{1997})_{t-1}$ 為1998年以前退休的職工（「老人」）活到第 $t-1$ 年的人數，db_o 為退休職工轉軌成本，$\overline{BP}_t$ 為 t 年退休職工的平均養老金，2014年以前採用實際數，2014年以後採用在崗職工平均工資的一定比例（替代率）來測算，即 $\overline{BP}_t = \delta \overline{W}_{2014} \times (1+g)^{t-15}$；$A(x)$ 為現年 x 歲以上的已退休人員未來在年初的初始退休金為1元的生存年金精算現值；$\overline{W}_t$ 為在崗職工平均工資，g 是工資增長率，i 是利率，p_{x+t} 是 $x+t$ 歲以上退休人員的平均存活概率，當 $t=0$ 時 $p_{x+0}=1$。則1997年已退休職工（「老人」）的轉軌成本為：

$$db_o = \sum_{t=0}^{\omega} \frac{\delta_p}{\delta} \times \overline{BP}_t \times (L_{1997})_{t-1} \times A(x)_t \qquad (5-47)$$

$$A(x)_t = \left(\frac{1}{1+i}\right)^t \times p_{x+t} \qquad (5-48)$$

「中人」的基本養老金由基礎養老金、個人帳戶養老金和過渡性養老金構

---

① 陳豐元，等.基本養老保險轉軌成本的計算偏誤與償付機制[J].保險研究，2013（11）.
② 由於各種提前退休的情況存在，實際平均退休年齡只有53歲，低於按照男女職工加權平均後的退休參考標準值56.1歲。

成,其中過渡性養老金是對建立「統帳結合」製度以前「中人」沒有累積個人帳戶工作年限的勞動貢獻的補償。因此「中人」的轉軌成本用過渡性養老金來衡量,其值等於在改革時點上,所有「中人」各時期所獲得的過渡性養老金中相當於個人帳戶部分精算現值的總量。2001年國有企業和集體單位共有在崗職工 10,709 萬人①,當這部分群體全部退休後,「中人」結束。用當年總退休人員數減上年存活到當年的總退休人數(上年總退休人數乘以存活率)就是當年新增的退休「中人」數。通過估算到 2020 年退休的「中人」數合計為 10,940 萬人,超過 10,709 萬人,可以視為所有「中人」已經全部退休。因此假設 1998 年以前參加工作且 1998—2020 年退休的都屬於「中人」。從表 5-1《企業職工基本養老保險參保繳費狀態生命表》可知,20 歲參加工作的男性和女性職工加權平均繳費年限約為 32 年。用 y 表示年份,「中人」開始退休的年份為 1998 年,1998 年的時候 $t=0$;ω 為年份計數器終值,由於本書設定的預測終點在 2050 年,因此對中人轉軌成本的估算也以 2050 年為終點,從 1998—2050 年 t 的取值共 53 個,故 $\omega = 52$;L_t 表示 t 年總退休人數;$A(x)$ 為現年 $x+t$ 歲的已退休人員未來在年初的初始退休金為 1 元的生存年金精算現值,l_{x+t} 為 $x+t$ 歲年齡別存活概率。過渡性養老金=指數化平均繳費工資×未建立個人帳戶年限×0.4%②。

$$db_m = \sum_{y=1998}^{2020} \sum_{t=0}^{\omega} \left[\frac{0.4 \times (32-t)}{100} \times \overline{W_{t-1}} \times (L_t - L_{t-1} \times p_{x+t}) \times A(x)_t \right]$$

(5-49)

$$A(x)_t = \left(\frac{1}{1+i} \right)^t \times l_{x+t}$$

(5-50)

根據測算,新製度建立帶來的「中人」和「老人」轉軌成本現值分別為 13,422 億元和 83,646 億元,總的轉軌成本大約為 97,068 億元。在傳統的計劃體制下,中國一直實行「低工資、低消費、高累積」的政策,從 1952—1978 年,職工實際平均工資年均增長僅為 0.38%,而累積率卻由 1952 年的 21.4% 增長到 1978 年的 36.5%,其中許多年份甚至高達 40%以上。這些已退休人員和即將退休的中年勞動者對國家財富累積作出的巨大貢獻,國有資產累積中的一部分是靠這些職工犧牲其消費和積蓄凝聚起來的,向他們支付超過他們繳費

---

① 本應該採用 1998 年國有企業和集體單位職工數,由於找不到該年的相關數據,用 2001 年數據近似替代。

② 過渡性養老金=指數化月平均繳費工資×R×中人臨界點之前的本人繳費年限,其中 R 為計發系數,取值在 1%~1.4% 之間,由各地測算後確定。由於過渡養老金計發系數中有 1% 屬於現收現付的基礎養老金性質,因此應當計入轉軌成本的系數在 0.4% 以內。

水平的養老金是合理的，而且這種製度改革的轉軌成本主要應當由政府承擔（見圖5-6）。

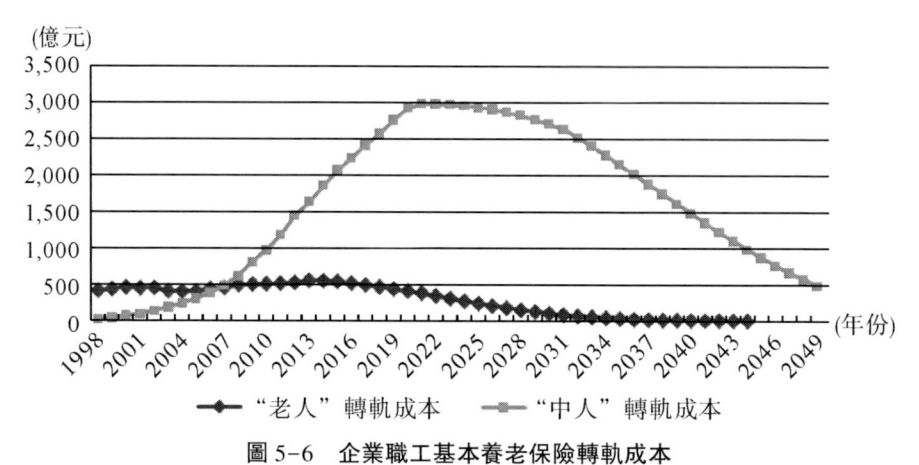

圖 5-6　企業職工基本養老保險轉軌成本

註：數據由作者預測。折現到1998年。

由圖5-7可以看出，從2002—2013年財政對企業職工養老保險的補助金額逐年在增加，財政補助額與轉軌成本比較接近，但低於轉軌成本。可以說財政補助實際上是在彌補（至少是部分負擔[①]）由製度轉型而發生的成本。

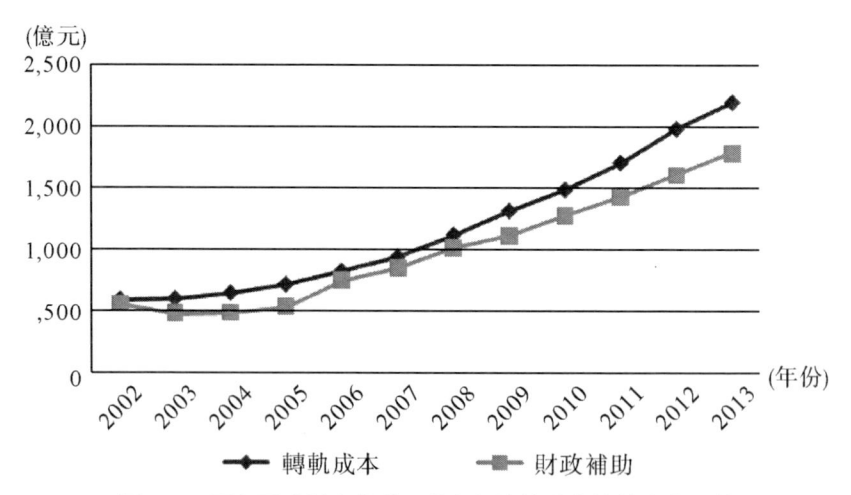

圖 5-7　歷年財政對企業職工養老保險補助與轉軌成本比較

數據來源：財政補助數據來自人力資源和社會保障部官方網站發布的《2003—2012年全國企業職工基本養老保險情況》；圖中數據非原始數據，而是將其折現到1998年的現值。

[①] 路和平，杜志農．基本養老保險基金收支平衡預測［J］．經濟理論與經濟管理，2000(2)．

為測算現行製度下企業職工養老保險基金收支缺口情況，有關假設如下：經濟增長率、工資增長率採用本書 5.1.1 節的設定，記帳利率採用 3%，延遲退休政策從 2020 年開始執行；政府在彌補企業職工養老保險轉軌成本達到峰值後繼續保持年均 6.3%[①]的增速進行補貼，並在出現基金缺口後附有兜底責任，繳費率採用 2008 年以來實際繳費率的平均值 17%（注意，情況更糟糕的是 2014 年的實際繳費率已經降為 14.9%），替代率採用 2010 年以來的平均值 50%（由於此處是測算基金收支問題，而不是退休人員的實際養老水平，指標用的是基金總支出，而不是基金中用於基本養老金支出，因此計算得出的替代率比 5.3.3 節值高），參保率 2030 年達到 95%，目前各省累計結餘的基金歸集中央政府統一調劑使用。

表 5-12　2014—2050 年中國企業職工基本養老保險基金收支情況及缺口測算

單位：億元

年份	徵繳收入	基金支出	轉軌成本補償	基金累計結餘	財政對企保補貼合計（%）
2014	18,726	19,797	4,005	30,376	3,548
2015	24,205	22,268	4,471	37,695	4,471
2020	40,747	37,131	6,465	84,078	6,465
2025	61,148	58,029	7,131	151,895	7,131
2030	89,104	87,125	7,569	220,682	7,569
2035	106,993	129,006	9,032	229,243	9,032
2040	125,845	173,209	10,780	114,021	10,780
2041	129,080	187,896	11,168	69,794	11,168
2042	133,263	196,070	11,570	20,651	11,570
2043	136,494	212,162	11,987	-42,410	54,397
2044	140,605	221,796	12,419	-112,454	124,873
2045	143,776	240,304	12,866	-199,490	212,356
2046	147,961	250,537	13,329	-294,722	308,051
2047	151,154	270,709	13,809	-409,310	423,119
2048	155,419	281,679	14,306	-533,543	547,849
2049	158,889	302,129	14,821	-677,968	692,789
2050	162,424	313,947	15,355	-834,475	849,830

註：數據由作者預測。基金收支採用終值表示。

---

① 6.26% 是 2010—2021 年財政補貼的年均增長速度。

通過初步測算，假如政府只承擔企業職工養老保險的轉軌成本，基金累計結餘在 2043 年左右將轉為負值，而且缺口會逐年迅速擴大，到 2050 年基金累計缺口達到 83.5 萬億元，相當於當年 GDP 的 27%，即是說政府在企業職工養老保險這一項目上負債額達到 GDP 的 27%。測算說明，現行企業職工養老保險製度在財務上是不可持續的。

5.5.3 機關事業單位養老保險製度改革成本測算

要測算機關事業單位養老保險製度改革的成本需要對原退休製度和新養老保險製度下替代率進行比較。前文中我們已經分析了城鎮職工基本養老保險和機關事業單位職業年金的替代率，如果一個機關事業單位的職工工齡為 37 週年，繳費工資基數為社會平均工資，基本養老保險加職業年金的替代率合計為 73%。對外經濟貿易大學孫潔教授認為，機關事業單位的養老金替代率至少應該先降低 10%~15%，相對小幅的降低水平，更利於改革推行（見《京華時報》，2014-12-24 報導）。

人力資源和社會保障部、財政部《關於貫徹落實〈國務院關於機關事業單位工作人員養老保險製度改革的決定〉的通知》規定，對於 2014 年 10 月 1 日前參加工作、改革後退休的「中人」設立 10 年過渡期，過渡期實行新老待遇計發辦法對比，「保低限高」。即是說，2024 年 10 月 1 日以前退休的機關事業單位工作人員至少可以保證以前退休製度規定的替代率水平，而這之後退休的人員待遇水平有可能降低。至於到時候替代率會降低多少，要受到諸多因素的影響，目前難以精確估計，考慮到退休年齡的延遲和機關事業單位工作人員繳費年限普遍較長的特點，會高於 35 年，約為 37.3 年，預測時將 2025 年以前的替代率水平設為 85%。假如職業年金記帳利率可以保證在 4%，繳費滿 37 年的職業年金替代率可以達到 21%，因此 2025 年以後的替代率水平設為 71%[①]。機關事業單位養老保險參保繳費人數和退休人數採用本書第四章的測算結果（見表 4-8、表 5-13）。

表 5-13　2015—2050 年機關事業單位養老保險製度改革後的基金收支情況測算

單位：億元

年份	社會平均工資（元）	基金支出	統籌帳戶基金	個人帳戶基金	職業年金基金	基金當期結餘
2015	59,550	7,656	4,609	1,844	2,766	1,563
2016	63,719	8,278	4,932	1,973	2,959	1,586

---

① 見本章 5.3.2 節的分析。

表5-13(續)

年份	社會平均工資（元）	基金支出	統籌帳戶基金	個人帳戶基金	職業年金基金	基金當期結餘
2017	68,179	8,945	5,277	2,111	3,166	1,609
2018	72,952	9,706	5,646	2,259	3,388	1,587
2019	78,059	10,522	6,042	2,417	3,625	1,562
2020	83,523	11,379	6,465	2,586	3,879	1,551
2021	89,370	12,347	6,917	2,767	4,150	1,487
2022	93,839	13,100	7,263	2,905	4,358	1,426
2023	98,531	13,755	7,626	3,051	4,576	1,498
2024	103,458	14,484	8,008	3,203	4,805	1,532
2025	108,631	15,121	8,408	3,363	5,045	1,695
2026	114,063	15,125	8,828	3,531	5,297	2,531
2027	119,766	16,456	9,270	3,708	5,562	2,084
2028	125,754	17,694	9,733	3,893	5,840	1,772
2029	132,042	19,004	10,220	4,088	6,132	1,436
2030	138,644	20,370	10,731	4,292	6,439	1,092
2031	145,576	21,684	11,268	4,507	6,761	852
2032	150,671	23,087	11,662	4,665	6,997	237
2033	155,944	24,479	12,070	4,828	7,242	−339
2034	161,402	26,087	12,493	4,997	7,496	−1,101
2035	167,051	27,651	12,930	5,172	7,758	−1,791
2036	172,898	29,280	13,382	5,353	8,029	−2,516
2037	178,949	30,936	13,851	5,540	8,310	−3,235
2038	185,212	32,602	14,335	5,734	8,601	−3,932
2039	191,694	34,232	14,837	5,935	8,902	−4,558
2040	198,403	35,906	15,356	6,143	9,214	−5,193
2041	205,347	37,471	15,894	6,358	9,536	−5,683
2042	212,534	39,213	16,450	6,580	9,870	−6,313
2043	219,973	41,063	17,026	6,810	10,216	−7,011
2044	227,672	42,876	17,622	7,049	10,573	−7,632
2045	235,641	44,837	18,239	7,295	10,943	−8,360
2046	243,888	47,156	18,877	7,551	11,326	−9,402
2047	252,424	49,261	19,538	7,815	11,723	−10,185

表5-13(續)

年份	社會平均工資（元）	基金支出	統籌帳戶基金	個人帳戶基金	職業年金基金	基金當期結餘
2048	261,259	51,416	20,221	8,089	12,133	-10,973
2049	270,403	53,621	20,929	8,372	12,558	-11,762
2050	279,867	56,211	21,662	8,665	12,997	-12,887

註：數據由本書作者預測，基金收支採用終值表示。

機關事業單位養老保險製度改革後，退休人員的養老金由基金支付，用統籌帳戶、個人帳戶和職業年金三項基金相加再減去養老金支出，得到基金當期結餘。製度改革後，在2033年以前，基金收入將大於基金支出，當期結餘為正，之後將出現當期收支缺口並逐漸擴大，到2044年基金滾存結餘為負。由於機關事業單位退休人員平均替代率下降了，與原製度相比應該是減輕了財政負擔，機關事業單位養老保險製度改革不會給財政帶來額外負擔。但是按照改革後的製度進行基金收支測算，其結果仍然會出現基金缺口。

5.5.4 城鄉居民基本養老保險財政投入測算

城鄉居民基本養老保險基礎養老金實質是一種普惠制福利，即只要未參加城鎮職工基本養老保險的居民年滿60週歲，就可以享受基礎養老金。根據政策規定，中央財政以國務院確定的基礎養老金最低標準為基數，對中西部地區給予全額補助，對東部地區給予50%的補助。由於基礎養老金是中央財政和地方財政分擔，也可以將基礎養老金視為全額財政投入。2014年國務院確定的基礎養老金最低標準為每年840元，相當於2014年城鎮單位就業人員年平均工資的1.5%，按照《2014年度人力資源和社會保障統計公報》公布的數據，全年實際領取城鄉居民養老金待遇人數14,313萬人，基金支出1,571億元，由此可以得到平均養老金水平為1,098元，相當於上年度社會平均工資的2.13%。2014年全國城市低保平均標準為每人每年4,932元①，相當於城鎮單位就業人員年平均工資的8.8%。假定基礎養老金在目前的水平上逐年增加，到2020年替代率達到城鎮單位就業人員年平均工資的3%，低於城市低保標準，但高於目前的替代率水平。2014年城鄉居民基本養老保險基金收入2,310億元，扣除財政補貼，實際繳費收入739億元，平均繳費為200元，這與各地通過調研反

---

① 民政部. 2014年社會服務發展統計公報 [EB/OL]. 民政部門戶網站, http://www.mca.gov.cn/.

應的情況基本一致。在測算時，樂觀地估計，假如將城鄉居保參保人選擇的繳費檔次普遍提高到 500 元，政府對每個參保者的繳費補貼相當於上年度社會平均工資 0.11%[①]，以此來測算政府財政對城鄉居保的總投入（見表 5-14）。

表 5-14 2014—2050 年中國城鄉居民基本養老保險財政補助支出測算

單位：億元

年份	各級財政對基礎養老金補貼	各級地方財政對參保人的繳費補貼	財政補貼合計	占財政收入比重(%)
2014	1,570	204	1,774	1.3
2015	1,937	237	2,174	1.4
2020	3,933	333	4,266	1.9
2025	5,539	412	5,951	2
2030	7,724	443	8,167	2
2035	9,672	487	10,159	2.1
2040	10,126	553	10,679	1.8
2045	11,130	620	11,750	1.6
2050	12,833	599	13,432	1.5

註：數據由作者預測。基金收支採用終值表示。

按照以上假設，各級財政對城鄉居保的補貼占財政收入的比重將由目前的 1.3% 上升到 2% 左右，並長期保持這一水平，直到 2036 年後才逐漸有所下降。在現行製度下，城鄉居民基本養老保險對財政的投入要求不高。

5.5.5 養老保險的財政補貼能力限度和基金缺口

財政補貼是養老保險基金收入的重要來源，有必要通過財政支付能力（Fiscal Space）分析來評估養老保險製度運行的財務可持續性。財政收入是政府參與社會產品分配所得的貨幣收入，與經濟增長密不可分。GDP 作為國民經濟的最終成果，經過初次分配和再分配後形成三部分：政府所得（主要是財政收入）、企業利潤和個人所得，國民經濟規模和增長速度決定著財政收入的規模和增長速度。從 1996—2014 年中國經濟增速與財政收入增速之間的比

[①] 國發〔2014〕8 號文件規定：「地方人民政府應當對參保人繳費給予補貼……對選擇 500 元及以上檔次標準繳費的，補貼標準不低於每人每年 60 元。」也就是說參保人選擇繳費標準越高，政府補貼越多。假如參保人平均選擇 500 元的繳費標準（實際多選擇 100 元標準），政府補貼為每人每年 60 元，相當於 2014 年社會平均工資的 0.11%，並假定以後政府補貼都保持在 0.11%。

較來看，財政收入增速一直高於經濟增長速度，財政收入占 GDP 比重也在不斷上升，從 1996 年的 10.4% 上升到 2014 年的 22.1%。近年來，由於經濟增速放緩，財政收入增速與經濟增速已經比較接近（見圖 5-8）。

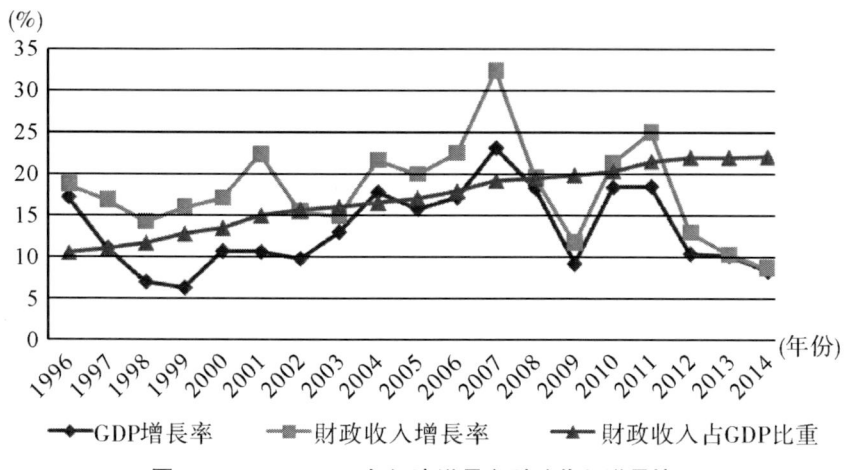

圖 5-8　1996—2014 年經濟增長與財政收入增長情況

註：數據來源於《中國統計年鑒 2015》；GDP 增長率和財政收入增長率用當年名義（Nominal）值計算。

再來看財政收入占 GDP 比重的國家（地區）間對比（見表 5-15），在選

表 5-15　2000—2011 年財政收入占 GDP 比重的國家和地區間對比　　單位：%

年份	中國	德國	中國香港	印度	日本	瑞典	美國
2000	17.6	46.8	17.3	17.2	29.2	55.8	—
2001	19	45	13.2	17.1	30.3	53.3	34.3
2002	19.6	44.6	13.7	17.6	28.9	51.4	31.8
2003	19.5	44.8	16.1	18.2	28.4	51.7	31.2
2004	16.6	43.6	19	18.9	27.9	52.1	31.5
2005	17.2	43.8	18.7	19.1	29.3	53.3	33
2006	18.2	44	20.2	20.2	30.8	52.4	33.8
2007	19.8	43.7	23.7	21.8	31.2	51.9	33.9
2008	19.7	44	19	20.1	31.6	51.3	32.5
2009	20.2	44.9	19.2	19.2	29.6	51.2	30.9
2010	21.5	43.6	22.5	18.7	29.6	49.8	31.7
2011	22	44.5	24.4	18.5	30.6	49.1	31.4
平均	19.3	44.4	18.9	18.9	29.8	51.9	32.4

資料來源：何凌雲，胡振虎. 中國財政收入超 GDP 增長的比較研究［J］. 財政研究，2013（6）.

出的6個國家和地區中，中國財政收入占 GDP 比重除了略高於中國香港和印度，比日本低 10 個百分點左右，比美國低 13 個百分點，與歐洲大陸的德國、瑞典等高福利國家相比，財政收入占 GDP 比重更低。

從長期來看，中國政府財政收入增長的空間還較大。假設 2015—2050 年，中國財政收入增速略高於經濟增長速度，財政收入占 GDP 比重到 2050 年達到 28%（見圖 5-9）。

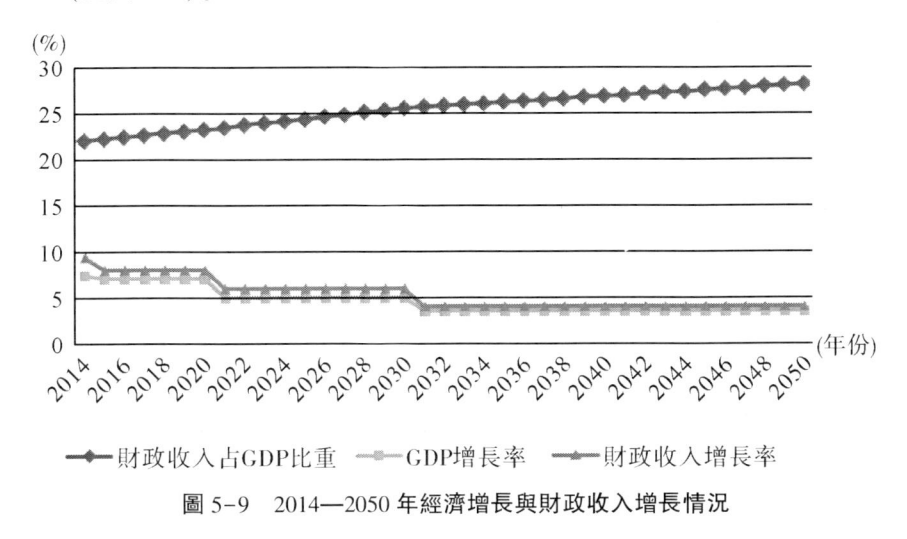

圖 5-9　2014—2050 年經濟增長與財政收入增長情況

2014 年各級財政對企業職工基本養老保險補貼約為 3,548 億元，對城鄉居民基本養老保險補貼約為 1,644 億元，對機關事業單位退休人員退休金支出約為 5,952 億元，占當年全國財政收入的 7.9%。

為了測算現行制度下各項養老保險需要財政進行補貼的總額和占財政收入的比例，相關假設如下：財政對企業職工養老保險的補貼（兜底責任）採用表 5-12 測算結果，機關事業單位（國家公職人員）養老保險的財政支出採用表 5-13 測算結果，即財政支出等於機關事業單位退休人員退休金支出；城鄉居民基本養老保險的財政支出採用表 5-14 測算結果（見表 5-16）。

測算表明，財政對各項養老保險的補貼占財政收入的比重將逐年上升，即從目前的 7.9 上升到 10.4%，2042 年以後這一比重將迅速提高，到 2050 年達到 105.9%，完全超出財政的承受能力。而造成這一困境的主要原因是企業職工養老保險基金在 2043 年開始出現虧空（即基金出現支付危機）並且基金缺口變得越來越大，養老保險財務可持續性令人擔憂。

表 5-16　　2014—2050 年財政對各項養老保險補貼情況測算　　單位：億元

年份	財政對企保補貼	財政對居保補貼	國家公職人員退休金支出	財政補貼合計	財政收入	財政補貼占財政收入比重(%)
2014	3,548	1,644	5,952	11,144	140,350	7.9
2015	4,471	2,160	7,665	14,296	151,578	9.4
2020	6,465	4,500	11,473	22,438	222,718	10.1
2025	7,131	6,153	15,339	28,623	298,048	9.6
2030	7,569	8,457	22,183	38,209	398,856	9.6
2035	9,032	10,420	30,270	49,722	485,268	10.2
2040	10,780	10,962	39,443	61,185	590,403	10.4
2045	212,356	12,081	49,334	273,771	718,316	38.1
2050	849,830	13,860	61,929	925,619	873,941	105.9

註：數據由本書作者預測；基金收支採用終值表示。

全國社會保障基金是國家戰略儲備基金，主要來源於財政撥入資金和投資收益，用於人口老齡化高峰時期的養老保險等社會保障支出的補充、調劑。從 2000 年建立該基金到 2014 年年底，累計財政性淨撥入 6,552.7 億元，年均撥入 436.9 億元，累計投資收益 5,855.3 億元，年均投資收益率達到 8.38%，基金權益總額達到 12,408 億元（見表 5-17），為 21 世紀 30~50 年代中國人口老齡化高峰期的老年收入保障增加了一道保險。但是全國社保基金能否完全填補企業職工養老保險形成的約 834,475 億元缺口，這是值得提前評估的事情。即使樂觀地按照年均 8.38% 的投資收益率和財政性淨撥入年均增長 3% 來測算全國社保基金的增加，到 2050 年基金權益總額達到 385,841 億元，仍然無法從根本上解決企業職工養老保險的財務危機。

表 5-17　　　　2000—2014 年全國社保基金主要財務數據　　　　單位：億元

年份	基金權益總額	累計財政性淨撥入	累計投資增值	本年度財政撥入	本年度實現收益	收益率（%）
2000	200.2	200	0.2	200	0.2	0
2001	805.1	795.3	9.8	595.3	9.7	2.3
2002	1,241.9	1,211	30.8	415.8	21	2.8
2003	1,325	1,260.1	64.9	49.1	34.1	2.7
2004	1,659.9	1,538.6	121.2	278.5	56.3	3.3
2005	1,954.3	1,767.4	186.9	228.7	65.7	4.2

表5-17(續)

年份	基金權益總額	累計財政性淨撥入	累計投資增值	本年度財政撥入	本年度實現收益	收益率(%)
2006	2,724.2	2,341.6	382.6	574.2	195.7	29
2007	4,139.7	2,649.7	1,490	308.1	1,107.5	43.2
2008	4,803.8	2,976.7	1,827.1	327	337.1	8.9
2009	6,927.7	3,802.6	3,125.2	825.9	1,298	16.2
2010	7,809.2	4,437	3,372.2	634.4	247	4.2
2011	7,727.7	4,782.8	2,944.9	345.8	−427.3	0.8
2012	8,932.8	5,445.9	3,486.9	663.2	542	7
2013	9,911	6,000.3	3,910.8	554.3	423.9	6.2
2014	12,408	6,552.7	5,855.3	552.4	1,944.5	11.7

註：數據來源於全國社會保障基金理事會歷年《全國社會保障基金年度報告》[EB/OL]. http://www.ssf.gov.cn。

5.6 本章小結

（1）經濟增長速度作為環境變量對養老保險系統的影響是複雜的，主要通過工資增長率作為中間變量將二者聯繫在一起。從長期趨勢講，工資增長率應該等於經濟增長率，養老保險基金的收入和支出都與上年度社會平均工資掛鉤，工資增長速度會同方向同指數的形式作用於基金的收入和支出，因此經濟增長速度對養老保險基金收支影響具有不確定性。

（2）提高法定退休年齡是世界各國應對人口老齡化所採取的普遍措施，中國人口老齡化的趨勢迫切需要改革目前退休年齡偏低的退休製度，通過實施漸進性的延遲退休政策，將法定退休年齡提高到65歲可以極大改善製度撫養比狀況，與原退休製度相比製度撫養比可以提高0.59，人口老齡化對基金的壓力會明顯減輕。

（3）替代率是調節基金支出的重要參數，就養老保險替代率的國際比較來看，公共養老金的替代率多數都在50%以下，平均水平為45%；目前中國城鎮職工基本養老保險實際替代率在49%左右，與製度設計的替代率水平相近。從人均現金支出的角度考察，老年人收入的替代率在45%左右就能夠保證基本的生活需要。提高替代率水平會顯著增加基金支出，優於替代率、繳費率

和製度撫養比之間的交錯關係，以提高法定退休年齡後計算的製度撫養比為前提，將替代率從40%提高到50%，繳費率需要提高3~7個百分點才能確保基金收支平衡。

（4）繳費率是調節基金收入的重要參數，目前城鎮職工基本養老保險名義繳費率與實際繳費率相差甚遠，前者為28%，但是從人均繳納養老保險費占上年度社會平均工資的比例來看，實際繳費率只有15%左右。利用疊代模型研究統籌帳戶和個人帳戶的繳費率可以發現，在目前現收現付的養老保險製度中，如果替代率水平設計過高，會降低在職人員的繳費能力和意願，反而會降低繳費率。當實際繳費率從17%提高到23%，到2050年基金累計結餘仍然可以為正。

（5）政府在養老保險基金平衡中的責任要具體界定，在城鎮職工基本養老保險中政府應當承擔的是轉軌成本和兜底責任，在機關事業單位養老保險中政府承擔的是完全責任，而在城鄉居民基本養老保險中政府承擔的是基礎養老給付和繳費補貼責任。經過測算，財政對城鄉居保的給付責任相對穩定，對機關事業單位的退休金支出也會增加，但仍在可以承擔的範圍，而企業職工基本養老保險的財政責任將呈幾何級數增加，超出了政府的承受能力。

（6）通過調節法定退休年齡、繳費率、替代率和財政補貼比例等參量可以在一定程度上緩解養老保險基金收支平衡的壓力，但是無法從根本上解決現行養老保險製度下的財務可持續問題，這說明單一的參量改革成效有限，必須回到製度設計本身，通過結構性改革才能從根本上保證養老保險的可持續發展。

6 製度優化與養老保險可持續發展

參量改革治標，製度改革制本。小調小改易於被社會各方面所接受，但是在深度人口老齡化的系統性風險不可迴避、參保覆蓋面如此廣泛、參保規模十分巨大的背景下，僅僅只是「打補丁」式的政策調整或參量改革難以達到滿意的效果，要實現養老保險製度的長期可持續發展，必須將結構性改革與參量調整結合起來，對養老保險的目標定位、製度框架、運行機制、核心參數進行系統性優化和評估。

6.1 國際養老保險製度改革的實踐與啟示

世界各國在養老保險製度改革過程中面臨許多共同的議題，國際組織和各國學者都對養老保險的相關理論進行了深入的探討和爭論，各國也根據本國的實際情況進行了卓有成效的改革實踐，通過對養老保險改革的各種思潮和實踐進行回顧和總結，可以對國內養老保險改革提供有價值的借鑒。

6.1.1 國際養老保險製度改革趨勢的回顧與展望

養老保險製度從產生伊始就不斷地在反思與變革之中曲折發展。1601年英國《濟貧法》首次確立了社會保障中的政府責任，這一原則成為後世社會保障立法的基礎。19世紀80年代的德國建立起現代意義上的社會保險製度，確立了社會保險費由被保險人、雇主和政府三方分擔的原則。20世紀30年代羅斯福新政中建立的強制性社會保障製度表明自願性方法在解決老年人收入保

障方面的非有效性①。40年代初以英國《貝弗里奇報告》為標誌開啓了「福利國家」的理論與實踐，提出福利國家的基本思想是政府的主導作用和保障每個公民的基本生活需要，社會保障體系的基本框架是社會保險方案加上國民救助和自願保險，提供收入保障的社會保險需要國家和個人合作，政府在提供最低保障水平的同時應該給個人留有參與的空間②。由此可見，社會養老保險正是在政府責任這一基本理念之上產生和發展起來的。

　　福利國家作為戰後西方國家社會改革的重要思潮，在提高社會成員的福利水平、縮小社會收入差距、緩解社會矛盾等方面取得了積極效果，但是慷慨的福利待遇也有造成財政不堪重負的嚴重弊端。例如英國由政府提供的福利曾經占到GDP的25%③，老年社會保障支出占GDP的比重達到6.7%，義大利更是達到了15.6%④。面對日益加深的養老保險財務危機，20世紀80年代以來幾乎所有的工業化國家都進行了不同程度的養老保險製度調整與改革，重點通過降低保險金給付水平、提高法定退休年齡和調整財務結構等措施抑制養老保險支出⑤，在增加公共養老金繳費負擔的同時抑制養老金支出的增長是各國進行養老保險製度改革的共同趨勢⑥。「養老金私有化」是這一時期全球養老保險製度改革的主要浪潮，歐美一些大國在80年代以後都在經濟自由主義思想影響下削減政府的社會保障項目開支，強調個體的自我保障責任。智利作為首個實行養老金私有化改革和取得重大成效的國家，得益於這期間經濟高速發展帶來的資產投資高回報率，該國1981—1992年平均回報率是14.5%⑦，如此高的回報率使改革在國內暢通無阻，在國際社會也引人矚目。

　　在國際養老金製度設計方面起主導建議作用的是國際勞工組織和世界銀行，關於如何改革完善養老保險製度以應對日益加深的養老保險財務危機，國際上介入社保領域的主要組織（包括ILO、IBRD、ISSA、IMF、OECD等）觀點不一。世界銀行是養老金私有化改革的積極支持者和鼓動者，在該機構

---

① 喬治·E. 雷吉達. 社會保險與經濟保障 [M]. 陳秉正, 譯. 北京：經濟科學出版社，2005：22.
② Beveridge, W. Social Insurance and Allied Services: Report by Sir William Beveridge. HMSO, 1995.
③ 尼古拉斯·巴爾. 福利國家經濟學 [M]. 穆懷中, 譯. 北京：中國勞動社會保障出版社，2003：8.
④ 林義. 養老保險改革的理論與政策 [M]. 成都：西南財經大學出版社，1995：184.
⑤ 林義. 養老保險改革的理論與政策 [M]. 成都：西南財經大學出版社，1995：185.
⑥ 宋健敏. 日本社會保障製度 [M]. 上海：上海人民出版社，2012：90.
⑦ 彼得·戴蒙德. 社會保障私有化：智利經驗 [J]. 拉丁美洲研究，2010 (6).

1994年在發表的報告（Averting the Old Age Crisis）[1][2] 中提出現收現付制難以應對人口老齡化危機，其出路在於引入養老保險個人帳戶。世界銀行對以完全累積、繳費確定型為基本特徵的私營養老金製度推崇備至，認為這是解決養老保險製度長期財務危機最有效的製度選擇。世界銀行提出了重構養老保險體系的「三支柱」模型（Three-pillar System）：第一支柱旨在消除貧困，以稅收或保費作為籌資來源的現收現付是其基本特徵，可以達成收入再分配的目的；第二支柱是私營的個人帳戶，同樣屬於強制性保險項目，要求政府退出其中，交予市場進行營運；第三支柱的個人儲蓄計劃引起的爭議不大。世界銀行報告的主要用意是希望通過三支柱的結合達到分散籌資風險，通過強制儲蓄來提高經濟增長、降低逆向選擇等目的。由於世界銀行對發展中國家存在提供資金援助的利害關係，在其大力推薦智利模式的示範效應下，養老金私有化改革在發展中國家和轉型國家中迅速流行起來，秘魯、阿根廷等11個拉美國家先後引入由私營部門經營的完全累積的基金制，隨後這一新模式擴展到匈牙利等13個東歐國家和中亞國家，中國也在1995年決定在城鎮企業職工養老保險製度中引入個人帳戶的累積機制。而發達國家沒有從世界銀行接受資金援助的需求，在製度設計時幾乎沒有受到世界銀行1994年報告的直接影響。

世界銀行的觀點受到上述國際組織內設智庫和諸多國際知名學者的廣泛批評，從而在20世紀90年代起國際社保界就現收現付制與基金制在應對人口老齡化方面的差別進行了曠日持久的大論戰。國際勞工組織認為傳統的現收現付製度更能體現養老金製度再分配功能，而且在應付人口老齡化問題方面，私營製度並不比公營製度更有成效。國際勞工組織的R. Beattie和國際社會保障協會的W. R. McGillivray將世界銀行的報告稱為「危險的戰略」[3]，認為完全累積的養老金製度將使參保人的老年收入保障被寄托於更加變化無常的市場力量支配之下，儘管政府的財政壓力得到減輕，但是個體的風險反而增大。而且在應對人口老齡化方面，人口結構的惡化極有可能導致市場利率的降低，年輕人退休後最終拿到手的養老金難以達到收入替代的效果。時任世界銀行副總裁的約瑟夫·斯蒂格利茨同樣對養老金私有化表示了強烈的反對，認為在發展中國家進行養老金私有化改革將面臨資本市場不完善帶來的弊端，與市場機制的

---

[1] 世界銀行. 防止老齡危機——保護老年人及促進增長的政策 [M]. 北京：中國財政經濟出版社，1996.
[2] 該報告的執筆責任人是E. James女士，原文發表於1994年。
[3] R. Beattie and W. McGillivray. A risky strategy: Reflections on the World Bank Report Averting the old age crisis. International Social Security Review, 1995, Vol.48 (3-4): 5-22.

缺陷比較起來，傳統的現收現付制在應對老年風險方面更有價值①。尼古拉斯·巴爾和彼得·戴蒙德同樣對養老金私有化進行了批評。他們首先對基金累積制的基本假設發起了攻擊，認為市場利率的決定並不能獨立於經濟增長率和人口老齡化，完全累積的私營養老金系統能夠更好地應對人口老齡化缺乏嚴密的理論基礎。

儘管世界銀行改革方案受到廣泛的批評，但是在當時仍然有更多的政府傾向於相信基金累積制是能夠有效應對人口老齡化帶來的財務問題，因此私營化改革一度如火如荼地開展起來。2008年國際金融危機期間，國際養老保險基金總額大幅度貶值，危機導致的損失大約在5.5萬億美元，公共養老金所受影響較小，而採取完全的市場化投資策略的私營養老基金資產損失嚴重②。完全DC型養老金計劃本身就存在管理成本高、再分配功能缺失、實際的投資回報率低、擴面困難等重大局限性，金融危機進一步暴露了基金完全累積存在著市場風險，國際養老金私有化改革的信心大受打擊。已經進行了養老金私有化改革的國家紛紛開始轉向，2008年智利對其私營儲蓄養老保險進行改革，增加了互助共濟養老金內容；阿根廷關閉了個人帳戶養老金，將其全部轉入公共養老保險製度；2010年玻利維亞將私營養老保險國有化；匈牙利決定所有新人不再加入個人帳戶基金③。在金融危機之前世界銀行已經認識到養老金體系改革的複雜性，因此不再拘泥於1994年報告的僵化內容，在進行資金援助時推薦的養老金改革方案富有更大的靈活性④，「五支柱」模型⑤就是這種背景下的產物。與1994年的方案比較起來，「五支柱」明顯增加了保障保護最貧困人群的零支柱和強調傳統家庭贍養責任的非正式製度安排，同時也認識到養老金製度改革的複雜性和多元性，支持各國進行製度創新（見表6-1）。

---

① Peter R. Orszag and Joseph E. Stiglitz. Rethinking pension reform : ten myths about social security systems. In Holzmann eds. New ideas about old age security : toward sustainable pension systems in the 21st century. - Washington, DC: The World Bank, ISBN 0821348221, 2001: 17-56.

② 鄭秉文. 金融危機對全球養老資產的衝擊及對中國養老資產投資體制的挑戰 [J]. 國際經濟評論, 2009 (5).

③ 2013年國際勞工大會報告四：新的人口變化背景下的就業和社會保護 [Z] //轉引自國際勞工局. 關於中國深化養老保險製度改革頂層設計的研究報告.

④ 高山憲之. 信賴與安心的養老金改革 [M]. 張啟新, 譯. 上海：上海人民出版社, 2012: 92.

⑤ 羅伯特·霍爾茨曼, 理查德·漢茲. 21世紀養老保險改革展望 [J]. 經濟社會體制比較, 2006 (3).

表6-1　　　　　　　　世界銀行「五支柱」養老保險體系

支柱	目標群體	主要標準		
		特徵	參與	籌資
0	所有群體	福利型	普享	財政預算
1	正規就業群體	公共養老金	強制	雇主和在職者繳費
2	正規就業群體	個人儲蓄帳戶式	強制	個人繳費
3	所有群體	個人和雇主發起的DC或DB型	自願	金融資產
4	所有群體	非正規製度	自願	金融資產或非金融資產

6.1.2　幾個典型國家養老保險製度改革的評述

為了深入參考借鑑國際養老保險製度改革的主要成果，我們選擇英國、美國、日本、智利、新加坡、瑞典等國養老保險製度改革進行評析：

（1）英國養老保險體系的保障層次最多。英國目前的養老保險體系由多個支柱構成，層次最為複雜：

第一支柱是政府提供的公共養老金，包括多個項目。第一層養老金是國家基本養老金（Basic State Pension，即 BSP），這是由中央政府提供、面向全體從業人員、強制繳費、現收現付養老保險，資金主要由雇主和雇員共同負擔，養老金是固定金額（會依據物價水平作相應調整），與參保人的歷年繳費金額沒有關係（但與繳費年限有一些掛鉤），用於體現社會公平原則，該支柱目前替代率在18%左右[①]。第二層養老金是國家第二養老金計劃（State Second Pension，S2P），這也是由中央政府提供、適用於受雇僱人員、強制參加、現收現付養老保險，養老金給付額與參保人的歷史繳費掛鉤，該項目的替代率與BSP大致相當，在13%~18%的範圍內。第零層是養老金補貼製度（MIG），是政府從一般稅收中進行籌資來對已領取公共養老金的貧困人口進行的補貼，按照世界銀行的劃分標準，相當於零支柱。

第二支柱是私人養老金，這是參保自願、繳費來自雇主和雇員、基金進行完全累積的DB型、DC型或二者混合型的養老金計劃，在同一代人之間可以

[①] 中華人民共和國財政部國際司. 英國社會保障製度概述［EB/OL］. http://gjs.mof.gov.cn/pindaoliebiao/cjgj/201304/t20130409_813504.html.

實現長壽風險的互濟,但不具有橫向的貧富收入再分配功能,該支柱參保人數約占全部人口的 45%,替代率在 50% 左右,成為英國養老金體系中最重要的組成部分。

第三支柱是個人養老金計劃。政府通過立法要求雇主與保險公司簽訂協議,讓沒有參加職業年金的雇員可以自願選擇加入一項 DC 型計劃,也包括雇員自主選擇的人壽保險。2012 年開始實施養老金個人帳戶系統方案後,實際上英國的養老保險體系還多了半層,可以稱為公私合營養老金,凡是正式受雇傭的勞動者都可以自由進出(一旦雇員選擇參加,雇主就必須分擔繳費)個人帳戶系統,繳費由國家、雇主和雇員分攤,繳費是個人工資的 8%,其中雇主繳 3%,雇員繳 4%,國家以稅收減免的方式相當於讓利 1%,個人帳戶投資資產組合由個人自主選擇。英國的養老金系統如圖 6-1 所示①。

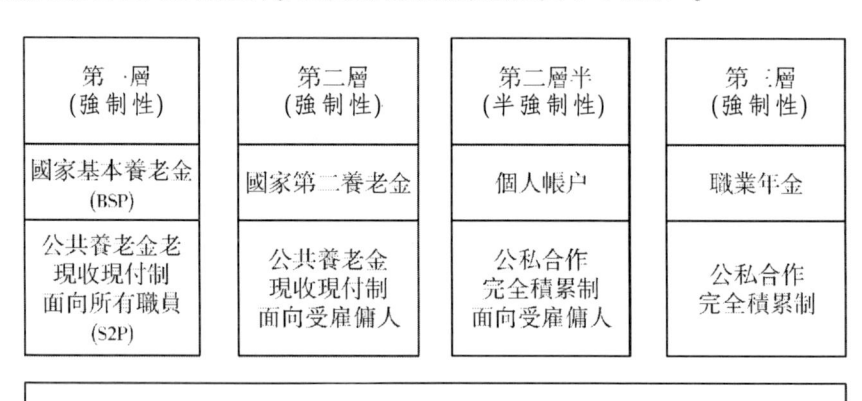

第一層 (強制性)	第二層 (強制性)	第二層半 (半強制性)	第三層 (強制性)
國家基本養老金 (BSP)	國家第二養老金	個人帳戶	職業年金
公共養老金老 現收現付制 面向所有職員 (S2P)	公共養老金 現收現付制 面向受雇傭人	公私合作 完全積累制 面向受雇傭人	公私合作 完全積累制

第零層:國家出資、經過家庭收入調查的養老金補貼制度(MIG)

圖 6-1 英國的養老保險體系

(2)美國的私營 DC 型養老金計劃發展比較成熟。美國養老保險製度是經過長期演變逐步定型下來的,為了應對由於人口老齡化帶來的養老金支付危機,美國也建立起多層次的養老保險體系。有學者認為美國的養老金製度由社會保障計劃、雇主養老金計劃和個人儲蓄養老金計劃組成②③。

第一支柱是在 20 世紀 30 年代經濟危機中建立起來的養老、遺屬及殘障保

---

① 宋春榮. 英國社會保障製度 [M]. 上海:上海人民出版社,2012.
② 李超民. 美國社會保障製度 [M]. 上海:上海人民出版社,2009.
③ 馬凱旋,侯風雲. 美國養老保險製度演進及其啟示 [J]. 山東大學學報(哲學社會科學版),2014(3).

險製度（簡稱 OASDI），這是美國的基本養老保障製度，屬於公共養老金性質，覆蓋了美國約96%的勞動人口，包括政府雇員與企業雇員、自雇人員以及農場工人等，資金來源於雇主與雇員共同繳納的工薪稅（Payroll Tax），稅率為12.4%，員工達到正常退休年齡後可以按月獲得按該員工平均指數化月收入計算出來的基本保險金（PIA）。在日益惡化的製度撫養比下（2010年是2.9，預計今後將達到2.0[①]），儘管目前社保基金收支還保持盈餘，但趨勢仍然不樂觀。

　　第二支柱是雇主養老保險計劃，包括 DB 計劃、20 世紀 80 年代以後發展起來的 DC 計劃，以及近年來出現的「混合型計劃」。其中 DC 計劃最典型的就是1978年《國內收入法》確定的401K 計劃（Section401K），該計劃由雇主和雇員共同出資，實行基金完全累積模式，政府主要通過稅收優惠予以支持[②]，個人和雇主繳費率分別為員工工資收入的5%和10%，向該類帳戶繳納的資金可投資於股票、證券或其他金融資產，員工退休時累積的本金和利息就是帳戶餘額，用於按照終身年金或固定額度支付養老金待遇。截至2011年，約60%的美國家庭都有401K 養老金帳戶[③]。雇主養老金計劃雖然在增加退休員工經濟保障方面成效顯著，但是也存在對勞動者覆蓋面不完全、對通貨膨脹風險防禦能力較弱、提前終止工作人員一次性領取養老金給付後沒用於養老投資等弊端[④]。

　　第三支柱是個人儲蓄養老保險。個人退休帳戶（IRA）是為員工提供補充性退休收入的一種自願儲蓄計劃，通過有收入的員工每年向某個退休計劃繳款，在特定的繳費額度以內可以享受稅收優惠，具體形式包括傳統 IRA 稅收優惠、Roth IRA、已婚 IRA 等。此外，對於收入不足的老年人還通過進行收入調查後提供補充性保障收入計劃（SSI）。

---

　　① 中華人民共和國財政部國際司. 美國養老保險製度介紹［EB/OL］. http://gjs.mof.gov.cn/pindaoliebiao/cjgj/201310/t20131025_1003316.html.
　　② 雇主和雇員向個人帳戶注入的資金免徵個人所得稅，待領取養老金時再與其他收入合併徵收個人所得稅，由於在職時的工資水平一般高於養老金水平，因此遞延納稅降低了職工的稅負。
　　③ 中華人民共和國財政部國際司. 美國養老保險製度介紹［EB/OL］. http://gjs.mof.gov.cn/pindaoliebiao/cjgj/201310/t20131025_1003316.html.
　　④ 喬治·E. 雷吉達. 社會保險和經濟保障［M］. 陳秉正，譯. 北京：經濟科學出版社，2005.

```
                    老年收入
      ┌──────────┬──────────┬──────────┐
   養老、遺屬及殘   雇主養老金   個人儲蓄   補充性保障收
   障保險（OASDI）                      入計劃（SSI）
                 ┌────┴────┐
              DB計劃    DC計劃
                      （例如401K）
```

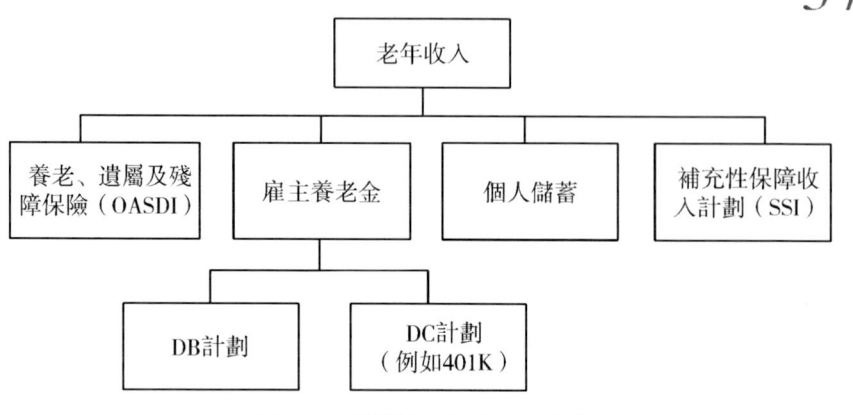

圖 6-2　美國的老年收入保障體系

（3）日本的養老保險以年金製度為典型特徵。20 世紀 80 年代日本老齡化進程加快，養老金體系發生財務困難，日本同樣面臨養老保險製度選擇的難題。日本的養老保障體系又稱為年金製度，包括公共年金和企業年金等內容。公共年金具有強制性，籌資來源包括不同時代參保人口繳納的保險費和財政補貼。公共年金又可以具體包括國民年金製度、厚生年金保險製度和各種共濟年金。國民年金製度始於 1959 年的「國民年金法」，凡未被厚生年金和共濟年金製度所覆蓋的 20~60 週歲的日本國民均可稱為國民年金的被保險人，從而實現了「國民皆年金」的目標。共濟年金覆蓋國家公務員、地方公務員、私立學校教職員、公營企業雇員和農林漁團體雇員。厚生年金主要是為私營企業員工建立的公共養老金製度。多種年金製度林立，使得無論是待遇支付金額還是繳費率都存在很大差距，公平性問題亟待解決。1985 年日本政府對《國民年金法》進修訂，導入基礎年金製度，構建了三層年金製度的框架。

第一層是所有 20~59 週歲的日本居民都強制加入的國民年金，保障年滿 60 週歲人員的最基本生活水平，資金來源於參保人繳納的定額保險費和國庫補助。國民年金被保險人分為三類，個體經營者稱為第 1 號被保險人，由於他們達到退休年齡後也能獲得收入，因此只能領取國民年金中的基礎年金；厚生年金和共濟年金的參加者稱為第 2 號被保險人；第 2 號被保險人的被撫養配偶（主要是家庭主婦）稱為第 3 號被保險人。

第二層是強制性質的被雇傭者年金製度，其核心的是以企業雇員為對象的厚生年金保險製度，還包括以中央和地方公務員、私立學校教職員工為對象的共濟年金，這一層次年金的目的是使退休人員能夠保持較為富裕的生活水平。

向被雇傭者提供的年金是疊加在國民年金之上的，根據參保人在職收入的一定比例進行發放，參保繳費每滿一年可領取相當於月工資0.75%的給付金額，厚生年金的計發公式更注重繳費期限，而不是所交保費的多少①。個體經營者不存在強制加入的第二層年金製度，但他們可以根據自己的意願加入國民年金基金製度和個人型確定繳費年金製度。

第三層是以企業雇員為對象的自願參加的企業年金製度，其目的是進一步提高退休人員的生活水平。② 第一層次和第二層次都是具有強制性的公共年金，這是日本養老保險的主體，而公共年金採用的是現收現付融資模式，因此日本的養老保險製度從籌資角度來看是現收現付製度模式（見圖6-3）。

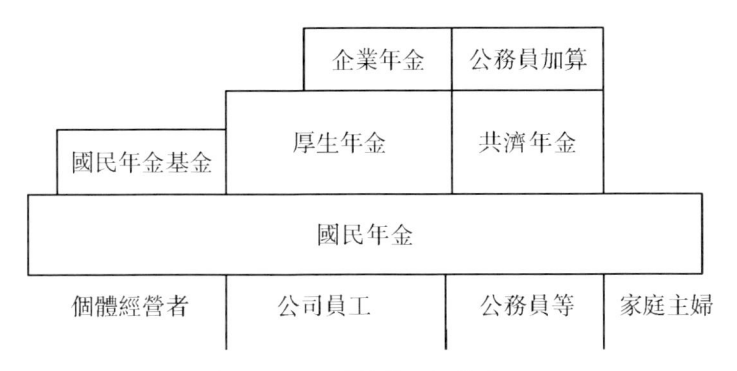

圖6-3 日本的養老保險體系

（4）智利的養老保險製度以私有化改革聞名於世。1980年頒布的《養老保險法》要求被新製度覆蓋的參保人必須將相當於月工資收入的10%存入個人帳戶，個人完全承擔養老金的供款責任，參保人也可以在10%的基礎上自願附加繳費，在最高繳費額以內可以享受稅收優惠；參保人自由選擇由國家批准成立的私營金融機構（即養老金管理公司，AFPS）負責繳費的收集、帳戶的管理和進行個人帳戶資產的投資營運，投資收益存入個人帳戶進行累積，參保人在達到待遇領取年齡後自主選擇分期領取或轉化為終身年金，給付水平取決於雇員退休時的個人帳戶資產累積餘額、預期壽命以及折現率等因素；參保人除了規定比例的繳費外，還需要向養老金管理公司支付一定額度的佣金，用於彌補管理成本和形成利潤來源。戴蒙德認為智利的私有化養老金模式在減輕政治風險和促進資本市場發展的同時，明顯存在管理成本過高（甚至高於傳統

---

① 高山憲之. 信賴與安心的養老金改革 [M]. 張啓新，譯. 上海：上海人民出版社，2012：92.
② 宋健敏. 日本社會保障製度 [M]. 上海：上海人民出版社，2012.

的現收現付制模式下的管理成本）的弊端，而且智利受到該國特殊的政治環境所支持，其他國家很難進行複製①。

（5）新加坡的養老保險製度是中央公積金製度的重要組成部分。新加坡的養老金製度受到世界關注是因為它建立了一種名為「中央公積金（CPF）」的獨特製度。中央公積金製度是一種強制加入的儲蓄養老保險模式，參保人的公積金個人帳戶由政府來管理和營運，參保人自己無權決定帳戶資金的投向。從這一方面來看，中央公積金製度與養老金私營化改革的方向還是不同的。該國《中央公積金法》規定「55 歲以下的公積金會員每月繳納公積金」。繳款費率由雇主和雇員對半負擔，費率高低隨時間作調整，標準費率是勞資雙方合計 40%。實際上，該國的中央公積金製度並不是單一的養老保險製度，而是包含了住房保障、養老保障、醫療保障和個人儲蓄等多種功能。正因為中央公積金不是單一養老保險項目，幾乎一半以上的保險費是住房公積金，因此帳戶累積額在退休前往往已經花掉大半。公積金個人帳戶資金按照一定的複利率進行累積②，且利息不繳納所得稅。55 歲以後公積金會員的特別帳戶和普通帳戶③中的存款共同轉入退休帳戶，用於養老金支出。

參保人有三種選擇：一次性領取、領取有限期限的年金、領取終生年金。有學者認為，僅憑退休時個人帳戶剩下的金額（約占中央公積金總額的 1/10）來度過漫長後半生是不大可能的④，目前新加坡的老人依然主要靠子孫的贍養度過晚年。新加坡公積金制的本質是強制個人儲蓄制，缺乏社會共濟性。而且適應於新加坡的人口少、經濟發展快的特殊國情，對於大國特別是農村人口占比較大的國家來說，是否適用公積金製度還缺乏實踐經驗。

（6）瑞典的名義帳戶制是國際社保界研究的典型案例，在一定程度上代表了國際養老金改革的新動向。經過 20 世紀 90 年代的改革後，瑞典新的國家養老金體系由三種養老金構成：

①收入型養老金，實行的是繳費確定型現收現付制模式，也就是廣為人知的名義帳戶，雇主和雇員按照費率 18.5% 繳納的養老保險費中的 16% 進入該帳戶，用於支付已退休者的養老金。

---

① 彼得·戴蒙德. 社會保障私有化：智利經驗 [J]. 拉丁美洲研究，2010 (6).
② 中央公積金約定的投資收益被政府設定為低於市場的投資回報，在帳面上記錄的投資回報率與實際投資回報率是不一致的，因此具有名義帳戶的一些屬性。
③ 公積金個人帳戶包括普通帳戶、特別帳戶和保健儲蓄帳戶三個不同的帳戶。
④ 高山憲之. 信賴與安心的養老金改革 [M]. 張啓新，譯. 上海：上海人民出版社，2012：85.

②累積型養老金,實行的是基金累積制個人帳戶,18.5%繳費中剩下的2.5%進入該帳戶,並直接投資於資本市場,產生收益。

③保證型養老金。對於沒有收入的人群來說,政府設立了最低養老保障線,通過財政預算撥款保證其得到最低生活保障。

除了國家養老金之外,瑞典的退休職工還可以享受職業養老金或私人養老金。瑞典養老保障體系改革最突出的特點是建立了全新的養老模式,即名義帳戶。該帳戶來源於雇主、雇員和政府預算撥款,這些資金在四種緩衝基金中進行均攤,每種基金獲得1/4的繳費,同時也承擔未來1/4的養老金給付責任。從籌資方式來講名義帳戶是現收現付制,資金來源是當代年輕人的繳費,給付方式是繳費確定型,養老金金額是按照老年人年輕時繳費額的多少來確定,最終的養老金是嚴格按照累積制繳費確定型來支付的,參保者未來獲得的養老金數額取決於與經濟增長率或工資增長率掛鉤的名義回報率。①

6.1.3 國際養老保險製度改革的經驗與啟示

通過對國際養老保險製度改革歷程的回顧和幾個具有代表性國家養老保險製度的考察,可以得出以下幾點認識:

(1)應對養老保險現實及潛在的財務危機是各國進行養老保障製度改革的直接動機。從20世紀70年代開始,在西方發達國家中出現的人口老齡化現象逐步向發展中國家蔓延,國際社會普遍面臨著人口老齡化趨勢帶來的挑戰,養老保險這項具有典型代際關係的製度首當其衝,財務的可持續性令人擔憂,尤其是歐洲福利國家模式更是面臨養老保險財政赤字的巨大壓力。在這樣的背景下,以化解養老金製度面臨的財務危機為直接目標,世界各國都對自己原有養老保險製度重新審視,並進行形式多樣、內容豐富的政策調整。從政策工具來講,可分為結構性調整和參數調整。參數調整是在不對原有製度進行根本性改變的前提下對某些製度參數進行一定程度的改動,例如,西方國家普遍提高了首次領取養老金的年齡條件,英國擬在2044年前將男性和女性退休年齡逐步提高到68歲,分別提高3年和8年;法國將領取全額養老金的工作年限提高了5年;德國計劃在2035年前將退休年齡提高2年;美國也制定法令將退休年齡延遲到67歲,同時對養老金替代率和繳費率也進行了一定的調整。進入21世紀後,西方發達國家都試圖降低養老金替代率,日本擬將目標替代率

---

① 粟芳,等. 瑞典社會保障製度 [M]. 上海:上海人民出版社,2012.

降低20個百分點,並將厚生年金的繳費率從13.58%提高到18.3%[①]。參數調整明顯是朝著提高養老基金收入、降低支出的目標,但是參數調整的效果畢竟有限,為此各國對養老金製度進行結構性調整的努力更加明顯。各國都不同程度地降低了公共養老金的比重,引入了具有私營養老金性質的完全累積模式,例如英國政府鼓勵參保人以「協議退出」的形式將公共養老金轉向私營部門,美國更加注重發展帶有累積功能的DC型養老金計劃。這一系列的改革都是為了減輕政府在養老保險中的直接財務責任。

(2)養老金製度私有化改革並不是應對人口老齡化的靈丹妙藥,事實上完全累積制從來就不是國際養老保險製度改革的主流。除了像智利等少數幾個國家進行了比較徹底的養老金私營化改革的嘗試,或者像新加坡這樣將養老的責任直接推給參保者個人外,世界上很少有國家完全靠私營養老保險體系來實現社會養老的功能,因為私營養老金製度很難實現養老保險應當具有的代際和代內收入再分配功能。而且完全累積制所面臨的最大難題是如何確保規模龐大的個人帳戶基金的保值增值。2011年29個OECD國家(無愛爾蘭和德國數據)養老金平均實際投資收益率為-1.7%,表現最好的是丹麥,收益率為12.1%,最差的是土耳其,為-10.8%,收益率為0或小於0的有20個國家,收益率為正值的僅有9個國家。在17個非OECD國家中,養老金平均實際投資收益率為-3.4%,最低的肯尼亞為-24.2%,最高的烏克蘭為5.6%[②]。如果完全累積模式的養老金系統無法有效實現基金的增值保值,這種製度模式的有效性就會再打折扣。

(3)養老保險自身的複雜性表明沒有哪一種模式能夠放之四海而皆準,更不要寄希望在單一的製度裡實現多個價值目標。可以說,在人類社會中,養老保險是最具複雜性的系統之一,涉及世代之間、同代之間、宏觀與微觀、政府與個體、現實與傳統、道德與經濟、國內與國際等關係,很難說有一種製度模式能夠完美地處理好以上的諸多關係,甚至可以說各國的養老保險製度都有自己獨特的血統。而且在養老保險體系的製度目標中,諸如老年基本生活保障、托底的社會救濟、代際負擔均衡、收入再分配、激勵在職努力工作、自我保障責任等,這些製度目標之間存在著一定的排斥性,很難在一種製度中能夠實現以上價值目標的全部或者多個。因此,公共養老保險製度主要應該實現保

---

① 高山憲之. 信賴與安心的養老金改革[M]. 張啓新,譯. 上海:上海人民出版社,2012:13.

② OECD. Pension Markets in Focus 2012. http://www.oecd.org/daf/fin/privatepensions/Pension-MarketsInFocus2012.pdf.

障老年基本生活的功能，私營養老保險製度更多地體現效率，國民基礎養老金則可以擔當起社會的托底責任。現收現付模式更多地體現再分配效應，基金累積制可以體現責任分擔和自我保障責任。從世界銀行對養老金私有化改革的推薦本意來說，也不是希望完全替換原有的現收現付製度，而是通過引入基金累積制來分擔政府的財政支付負擔。儘管在應對人口老齡化方面基金累積制並不如最初設想的那樣有效，但是市場化機制的引入可以增強養老金系統的靈活性，改變傳統的完全現收現付模式的單一和僵化格局。

（4）多支柱模型具有更強的包容性，國際養老金製度改革表現出一定程度的趨同性。世界銀行修訂後的「多支柱」模型適應了養老保險價值目標多重性的要求，各支柱能夠實現功能互補的效果。完全累積的第三支柱具有個體風險大、再分配功能缺失等短板，第一支柱的現收現付公共養老金進行了彌補；第二支柱的名義帳戶制既突出了個體的自我保障責任，體現了效率原則，又降低了基金累積過大存在的投資風險；第二、三支柱的個人帳戶累積性質糾正了第一支柱可能存在的平均主義傾向，也減輕了政府的財政支付責任；零支柱的老年救助可以將遺漏在上述製度之外的缺乏任何老年收入保障的人群納入政府的救濟範圍。由此可見，「多支柱」模型具有較強的靈活性，各國可以根據自己國情選擇各支柱的具體比例、管理模式和投資策略。也正因為如此，以「多支柱」模型來構建養老保險體系已經成為國際社會的通例，例如美國、德國、英國、日本等發達國家的養老保險都可以明顯地看出「多支柱」的特徵，而且將現收現付制與基金累積制的各自功能和優勢通過不同製度體現出來。儘管國際勞工組織和世界銀行在現收現付模式和基金累積模式的觀念上存在差異，但是都認識到單一模式的養老保險體系是難以應對養老保險領域存在的各種風險，必須通過更具靈活性的製度組合共同承擔起分散老年人收入風險的責任。

（5）養老金改革具有強烈的路徑依賴效應，一個國家的傳統文化和原有的製度模式對改革方向的影響深遠。在製度變遷過程中，有限理性的改革者往往難以清楚地判斷哪一種製度是更優的選擇。而且考慮到巨大的改革成本和風險，決策者更傾向於認同舊的基本製度結構，通過對原有的製度結構進行一定的調整來實現改革的要求，製度表現出自我強化的屬性。由於養老保險改革的複雜性和高成本，決策者選擇改革的路徑不可能完全拋開原有製度進行創新，往往要顧及經濟、文化和政治環境等諸多因素。從世界各國進行養老保險製度改革的經驗來看，充分考慮本國的文化傳統和政治格局，在原有的製度基礎上進行結構調整和參數調整，是多數國家的通行做法。因此，如果原有製度經過

參數調整或結構調整能實現改革目標,就不應該全盤否定原有製度而另闢蹊徑,充分利用原有製度的合理內核可以節省改革成本。

6.2 優化養老保險製度可持續性的改革思路

中央政府一直在致力於養老保險製度的頂層設計,目前國家人力資源和社會保障部已經初步完成頂層設計工作方案,據估計這個方案將會採取「一個總方案+若干配套方案」的形式進行公布,並在未來的幾年中逐步推出。本書結合國際國內養老保險製度改革的主要趨勢,從學術研究的角度提出了完善中國養老保險製度的主要設想,對改革的總體思路、基本原則、製度框架、配套措施進行系統規劃。

6.2.1 優化養老保險製度設計的總體思路與基本原則

從已有的文獻來看,對中國養老保險製度改革方案的設計有三種主流的思路:一是顛覆式的大改,即將現有的養老金體系推翻,重新進行規劃,其基本內容是國家財政承擔國民基礎年金製度加個人繳費儲蓄養老金製度。二是調整結構式的中改,這種改革是將現有的製度進行整合,按照資金來源的性質趨同歸並,形成國民基礎年金加企業年金合併的格局。三是動參數式的小改,將製度模式相同的製度歸並,然後對現有模式中的製度參數進行調整,以求待遇平衡。

本書針對優化養老保險製度設計提出的總體思路如下:在國內現行製度基礎上,借鑑世界銀行「五支柱」模型的理念和基本架構,通過系統規劃和整體設計,以防止發生老年貧困和提供更具充足性、靈活性、可靠性的老年收入保障為目標,在普惠型加多層次的基本框架下,堅持結構性調整與參數調整相結合,繳費型與非繳費型相結合,現收現付與基金累積相結合,待遇確定型與繳費確定型相結合,正式製度與非正式製度相結合,經濟補償與養老服務供給相結合,加快實現整個養老保險製度的定型和可持續發展。

養老保險製度改革設計是一項十分複雜的系統工程,涉及退休者與就業者、上代人與下代人、高收入者與低收入者、政府與市場、宏觀與微觀等利益關係,如果沒有普遍認同的價值理念和基本原則來指導、統籌和權衡,將很難制定出一套有實施價值的具體改革方案。為此,提出以下幾條改革的基本原則或理念:

（1）公平正義是養老保險製度的核心價值。維護代內和代際的相對公平是進行養老保險製度設計必須尊重的首要原則，也是養老保險製度價值的內在要求。製度應當盡早定型並長期平穩運行，每一次製度大的調整和變動不可避免會發生轉軌成本，也難以避免導致某一部分人或一代人受損。製度架構越是成熟固定，製度參數調整越是平穩，每一代人在養老保險製度中的貢獻和收益之比就越均衡，代際的分配公平才可能得到保證。在發生系統性的人口和經濟風險時，各代有義務共同分擔系統性風險帶來的額外成本，避免任何一代人或部分群體從製度變革中獲得淨收益既高於前代又高於後代的情況發生。

（2）養老保險製度設計不能忽視微觀的激勵效應。在任何時候，公平都不應當理解為平均主義，在養老保險製度中也要講效率，享受養老金待遇水平要與繳費水平適當掛鉤，養老金製度要成為一種社會激勵機制，鼓勵社會成員對經濟社會發展多作貢獻和多繳費長繳費。

（3）突出單個製度的主要功能價值。養老金製度的每一種具體模式都有自己特殊的功能價值，不要寄希望在一種製度裡實現多個價值目標，避免在一個製度中因價值衝突而導致製度應有功能的失效，應當通過製度模式的重新定位和有效組合，提升多種製度的協同效應。

（4）分清政府與市場的責任邊界。均衡參保者個人、雇主和政府的責任，政府鎖定基本責任，突出雇主責任和個體自我保障責任；政府提供的公共養老金重在社會兜底和保障老年基本生活，市場提供的私營養老金重在提高效率和保障水平。

（5）堅持精算平衡原則。養老保險性質決定了基金必須保證收支的長期平衡，在製度設計過程中，人口變量是精算的基礎變量，要科學測算人口的變化趨勢，在確保代際公平和基金收支平衡的前提下，合理確定製度內參數的賦值範圍。前幾年各地在執行將集體企業超齡人員納入城鎮養老保險、徵地農民納入城鎮職工養老保險等政策時，地方政府對製度規定隨意「開口子」，不考慮精算公平，對基金的財務可持續性帶來了很多的問題。

6.2.2 多層次養老保險體系的製度框架

參考世界銀行「五支柱」模型對國內現行的養老保險製度進行系統化調整和改造，形成新的多層次養老保險體系，基本框架和改革路徑如下（見圖6-4）：

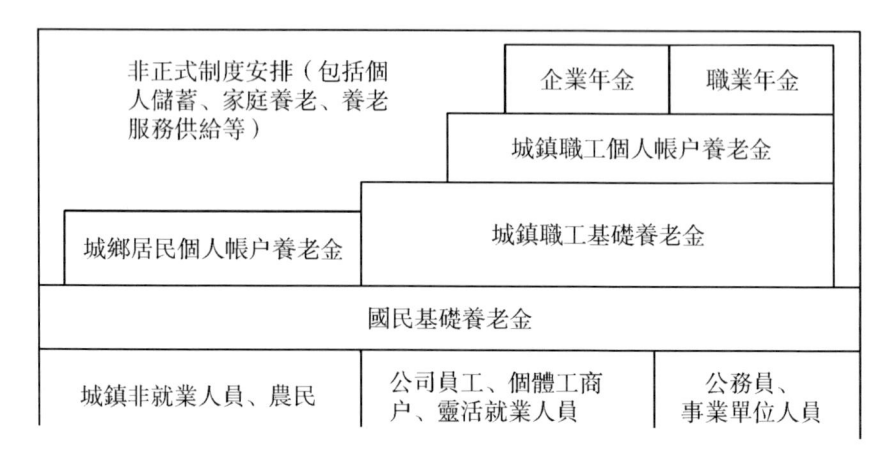

	非正式制度安排（包括個人儲蓄、家庭養老、養老服務供給等）	企業年金	職業年金
		城鎮職工個人帳戶養老金	
城鄉居民個人帳戶養老金	城鎮職工基礎養老金	
國民基礎養老金
城鎮非就業人員、農民	公司員工、個體工商戶、靈活就業人員	公務員、事業單位人員

圖 6-4　多層次養老保險體系的新架構

（1）零支柱是國民基礎養老金。將養老保險體系的覆蓋面擴展到所有老年群體，必須注重構建旨在緩解貧困的非繳費型的零層次或基本層次[①]。普惠型零支柱的基本要求是具有中華人民共和國國籍的公民，無論就業狀況或參保繳費歷史，只要年滿 65 週歲（隨法定退休年齡調整而改變）均可享受政府提供的國民基礎養老金。國民基礎養老金屬於非繳費型，通過對目前城鄉居民基本養老保險的基礎養老金政策進行調整而實現。待遇水平相當於上年度社會平均工資的 3%，具體操作是在目前基礎養老金的水平上逐年增加，到 2020 年替代率達到上年度城鎮單位就業人員年平均工資的 3% 左右，所需資金由中央財政全額補助。建立國民基礎養老金的障礙並不大，只要中央政府下定政治決心和提供一定的財政支持就可以實現。其最大難點在於確定待遇水平，待遇過低達不到保障的效果，待遇過高又會危害到整個養老保險體系的健康協調發展，導致逆向選擇的道德風險發生。將待遇水平設定為就業人員年平均工資的 3% 正是綜合考慮了整個養老保險製度的可持續發展。對於只有國民基礎養老金的貧困老年人通過以收入調查為前置條件的城鄉低保來進行彌補。3% 的待遇水平又可以與優化後的城鎮職工基本養老保險和城鄉居民個人帳戶養老金有效銜接。

（2）第一和第二支柱分別是城鎮職工基礎養老金和個人帳戶養老金。這兩個支柱都是強制參加的公共養老保險，第一支柱注重實現社會正義，縮小養老金差距；第二支柱與繳費工資掛鉤，注重激勵多繳費和長繳費。通過對現行的城鎮職工基本養老保險製度進行深度改革而實現，覆蓋對象為有勞動合同的

[①] 羅伯特·霍爾茨曼，理查德·漢茲.21 世紀養老保險改革展望 [J].經濟社會體制比較，2006（3）.

企業職工、國家公職人員（公務員和事業單位工作人員）。單位（雇主）按上一年度職工工資總額的12%繳納養老保險費，職工個人按本人上一年度平均工資的8%繳納養老保險費。個人繳費工資基數為社會平均工資60%～300%的部分，不足社會平均工資60%的按社會平均工資確定繳費基數。靈活就業人員（包括城鎮個體工商戶、農民）自願加入這兩項養老金計劃，繳費率為20%，繳費基數由參保人自己在社會平均工資60%以上進行選擇。所有參保人員個人繳費基數低於社會平均工資時，繳費補足統籌標準（社會平均工資乘12%）後的剩餘部分建立個人帳戶。所有繳費資金進入現收現付的統籌帳戶，用於支付已退休人員的待遇。考慮到機關事業單位繳費來源的特殊性，將其基金獨立建帳運行。個人繳費以名義帳戶制的形式建立個人帳戶，記帳利率不超過社會平均工資增長率（理想的情況是接近於社會平均工資增長率）。在名義帳戶制下養老金籌資依然來自於當期在職職工的繳費，所不同的是名義帳戶制建立了個人繳費與其未來養老金待遇之間的對應關係，提高了在職人員的繳費積極性[①]。參保人退休後的養老金待遇由兩部分構成：

城鎮職工基礎養老金＝上年度社會平均工資×繳費年限×0.78%

個人帳戶養老金＝個人帳戶儲存額÷計發月數

城鎮職工養老保險要求參保人繳滿20年才能領取相應待遇，基礎養老金替代率在18%～33%。一個職工從25歲開始連續參保繳費，繳費基數為社會平均工資，到65歲退休時繳費滿40年的「國民基礎養老金＋城鎮職工基礎養老金＋個人帳戶養老金」三部分養老金加總的替代率可以達到51.1%。

值得注意的是，在優化後的城鎮職工基本養老保險計發辦法中已經包含了待遇調整機制，即城鎮職工基礎養老金由上年度社會平均工資確定，基礎養老金每年隨在崗職工工資增長而增長；個人帳戶在進入待遇領取階段後，帳戶餘額仍然按照社會平均工資增長率計算利率，也就實現了個人帳戶養老金的年度調整。

非城鎮就業人員可以選擇上年度社會平均工資0.1%、0.3%、0.5%、0.7%、1%、3%、5%、7%、10%、12%十個檔次參加個人帳戶養老金計劃，政府按照參保人選擇的繳費檔次給予相應比例的補貼，但補貼比例最高不超過1.25%，繳費補貼由中央政府和地方政府各負擔50%，個人帳戶實行名義帳戶制，記帳利率不超過社會平均工資增長率，計發辦法與城鎮職工個人帳戶養老金計發辦法相同。

（3）第三支柱是企業年金和職業年金。建立自願性的私營養老金計劃，其目標是為高收入群體帶來更高的收入替代率，同時不會帶來財政資

---

① Cichon, M. Notional defined-contribution schemes: Old wine in new bottles?. International Social Security Review, Vol.52 (4), 1999, p.87–105.

金的投入增加①。企業年金針對有雇主的就業人員，參加意願取決於企業的文化傳統、經營理念和經濟效益，企業方的費率原則上控製在職工工資總額的6%以內，個人繳費比例不超過本人繳費工資的6%②。超過費率上限的繳費部分計入當期工資基數，按照個人所得稅率和社會保險稅率徵收相應的所得稅和社會保險費。如此可防止企業通過降低社保繳費工資基數、提高企業年金繳費額的辦法規避繳納社會保險費和個人所得稅責任。雇主和個人繳費都計入企業年金個人帳戶，並進入資本市場投資營運收益，按實際的淨投資收益率進行基金完全累積，政府採取稅收優惠的方式對企業參加年金計劃予以支持。企業年金個人帳戶具有可攜帶性，員工達到退休年齡後可以選擇一定的形式從本人年金個人帳戶領取相應待遇。職業年金是為了提高對國家公職人員的退休金水平而由法律賦予單位的強制義務，單位以工資總額的8%進行繳費，按照國家統一公布的記帳利率計算利息實行記帳累積，利率不超過工資增長率；個人繳費比例為本人繳費工資的4%，實行實帳累積，職工退休時兩部分累積加總後的餘額轉為年金化收益。

（4）第四支柱是一些非正式製度設計，主要包括以實現養老為目的的家庭儲蓄、家庭養老、慈善救濟、親友互助、住房養老、養老服務提供等（見表6-2）。

表6-2　　　　　　　　製度優化後的多層次養老保險體系

支柱	項目名稱	目標群體	主要標準		
			特徵	參與	籌資
0	國民基礎養老金	所有老年群體	福利型	普惠	財政預算
1	城鎮職工基礎養老金	正規就業群體	公共養老金、現收現付	強制	雇主和在職者繳費
2	個人帳戶養老金	所有群體	公共養老金、名義帳戶制	強制	個人繳費
3	企業年金或職業年金	正規就業群體	私營養老金、完全累積DC或DB型	自願	雇主和在職者繳費
4	家庭養老、養老服務供給等	所有老年群體	非正規製度	自願	現金、實物、服務等形式

---

① 羅伯特‧霍爾茨曼,理查德‧漢茲. 21世紀養老保險改革展望［J］. 經濟社會體制比較, 2006（3）.

② 通過本章5.4.2的測算，個人帳戶最優繳費率為20%左右，由於第二支柱的繳費率設定為8%，大約還有12%的空間發展企業年金。

6.2.3 完善基本養老保險的主要思路和措施

在完善製度總體架構的同時，一些配套製度也應該研究制定：

（1）做實基本養老保險繳費基數。本書優化城鎮職工基本養老保險方案設計的基本前提（假設）是要求做實繳費基數，只有做實的繳費基數，12%的單位繳費率和8%的個人繳費率這一規定才有實際意義。如何才能更好做實繳費基數？有兩種思路：一是依靠政策激勵，如本方案所述，參保人選擇任何的繳費基數，都必須首先將所有繳費用於補足「社會平均工資乘以12%」的統籌帳戶基準繳費標準，選擇過低的繳費基數將面臨沒有或減少個人帳戶累積的後果。二是加強基本養老保險基金徵繳與監管，通過將社會保險費徵繳上升到與稅務徵繳相同的立法層次，制定「社會保險費徵繳法」，規定參加城鎮職工基本養老保險的單位和個人都必須如實申報養老保險繳費基數並按時足額繳納基本養老保險費，逃避繳費意味著違反國家法律法規，建議參照《稅收徵管法》的有關規定，政府針對社保逃費行為制定嚴厲的懲罰措施，尤其對少報、漏報、瞞報繳費人數和繳費基數的違法行為，經查實後可對單位處瞞報工資總額1倍以上3倍以下的罰款，對企業負責人處以一定金額的個人罰款，加大企業和相關人員的違法成本。

（2）建立基本養老保險基金全國統收統支的機制。國家人社部確定將在2017年出抬具體的基礎養老金全國統籌改革措施。但從優化製度設計的角度出發，我們認為僅僅實施基礎養老金全國統籌並不是一個可行的解決辦法。在公共養老金製度上糾結於中央和地方財政責任的分配是一個偽命題，不管怎麼界定地方的財政責任，基金出現缺口後責任最終還是要迴歸到中央政府。由於第一支柱和第二支柱都是實行現收現付制，其基金性質是一樣的，因此，我們主張實施基本養老保險基金全國統收統支，具體規定如下：①統一全國城鎮職工基本養老保險製度的主要參數，在繳費基數（依據各省社會平均工資確定）、繳費率、待遇計發辦法、最低繳費年限等方面作出統一規定。②各省將年度徵收的城鎮職工基本養老保險費的65%上繳中央，由中央財政承擔國民基礎養老金和城鎮職工基礎養老金的支付責任，剩餘的部分建立中央調劑金；地方政府剩餘的35%的保險費收入用於支付個人帳戶養老金，出現支付缺口時由中央政府進行轉移支付。③目前各地的基金結餘全額上繳中央財政專戶或全國社會保障基金。

（3）調整法定退休年齡和個人帳戶計發月數。採取漸進式提高法定退休年齡的策略，在2050年以前將男性和女性的退休年齡統一提高到65歲；根據

整體人口退休時的平均預期壽命變化適時調整個人帳戶計發月數。

(4) 更加明確了城鎮職工基本養老保險轉軌成本補償辦法。《社會保險法》已經明文規定：「國有企業、事業單位職工參加基本養老保險前，視同繳費年限期間應當繳納的基本養老保險費由政府承擔。」轉軌成本承擔主體是明確的，關鍵的是要通過精算的方法科學合理確定每年企業職工基本養老保險的轉軌成本數額，以此作為財政對企業職工基本養老保險的法定最低補貼金額，建議將該層意思作為《社會保險法》第十三條的修正案。

(5) 制定城鎮職工養老保險參保繳費不滿 20 年的處理意見。建議將最低繳費年限從目前的 15 年提高到 20 年。個人參加城鎮職工基本養老保險繳費年限累計不滿 20 年的，可按退休時上年度社會平均工資作為繳費基數一次性補繳不足年限的養老保險費，然後享受相應的退休待遇；累計繳費年限不足 20 年的參保人，可以將其個人帳戶儲存額轉入城鎮居民基本養老保險，享受城鎮居民養老保險的相應待遇。

(6) 完善養老保險國家戰略儲備基金的注入和增值機制。養老保險戰略儲備基金用於應對人口老齡化高峰期到來後突發性的養老金支付危機，是平衡各期繳費率均衡的重要機制，應將基本養老保險累計結餘資金的一部分、財政定期撥入和劃撥的國有資產用於建立養老保險戰略儲備基金，在確保基金安全的前提下進行投資營運，提高基金投資收益率。

(7) 建立全國統一的社會保險信息系統。加強全國社會保障信息化建設的宏觀管理，自上而下統一規劃設計、統一技術標準、統一集中建設，逐步形成國家、省、市、縣、鄉五級網路；繼續推進社會保障卡發行，大力推進「一卡通」發行應用，完善個人參保信息數據，加載金融功能和個人誠信評級功能，實現「記錄一生、保障一生、服務一生」的目標。

6.3　養老保險製度優化後的可持續性評估

財務可持續並不是養老保險的製度目標，只是實現製度價值的條件和物質基礎，單純評價財務可持續的兩項指標沒有任何意義，必須結合製度的可持續來評價才有現實價值。

6.3.1　製度的公平性

養老保險製度優化後的公平性可以從以下三個方面得到體現：

（1）代際負擔的均衡性。每個時期退休人員的替代率和在職人員的繳費率是固定的，也就是說每一代參保人的收益率和成本率是一致的，體現了代際公平。製度優化後，不再發生大的製度變更，實現了製度的定型和長期平穩運行。同時財政對養老保險的投入比例也維持在相同的一個區間，實現了每一代勞動適齡人口養老負擔的均衡性，也保證了每一代老年人的絕對收入水平隨經濟發展而提高，相對收入水平大致相同，這也正是代際公平的基本含義，是可持續發展的基本要求。

（2）新的製度為所有16歲以上的公民參加養老保險提供了統一的製度體系，有助於實現機會公平和過程公平。就業群體被建議參加城鎮職工養老保險，其中建立正式勞動關係的公司員工、公務員、事業單位工作人員被強制要求參加第一支柱的城鎮職工基礎養老金和第二支柱的城鎮職工個人帳戶養老金；個體工商戶、靈活就業人員、農民自願選擇參加上面兩個層次的養老金計劃或者選擇參加城鄉居民個人帳戶養老金計劃，但是選擇第一支柱就必須同時選擇城鎮職工個人帳戶養老金；非就業群體建議參加城鄉居民個人帳戶養老金計劃，如果有繳費能力和意願，也不排斥參加城鎮職工養老保險。通過這樣的製度安排，所有人都有平等的機會選擇，實現了同一製度的全覆蓋。

（3）新的製度縮小了養老金待遇差距，有助於實現結果公平。在基本養老保險部分，高收入群體與低收入群體在相同繳費年限的條件下，養老金差距為2.7倍，而現行製度下差距是3倍。高收入群體與獲得平均收入群體的養老金差距只有1.7倍，而現行製度下差距是2.3倍。通過製度改革後，明顯縮小了養老金待遇的差距，在養老金支出總量不變的前提下，能夠防止更多退休人員發生老年貧困。這樣的差距縮小是由於設計第一支柱養老金的計發辦法只考慮繳費年限不管繳費工資基數高低，這實際上是製度設計理念的巨大轉變。以往在計算城鎮職工基礎養老金時將其與繳費工資基數掛鈎，導致對低收入群體的待遇傾斜力度不夠。其實應該明白這樣一些道理，在強制養老保險計劃中，參保人繳費多少主要依據的是現實收入水平而不是意願，不應當將工作期間因個人稟賦不足獲得的低收入完全帶到退休以後，讓這部分人群終生處於最低收入或收入不足的弱勢地位，這也不符合公共養老金的福利性質。另外，改革後的城鄉居民基本養老保險與城鎮職工養老保險的待遇差距也得到基本消除，例如選擇按照社會平均工資12%的檔次參加城鄉居民基本養老保險得到的替代率，等於選擇社平工資60%作為繳費基數的城鎮職工養老保險待遇，二者的繳費負擔一致，待遇水平一致，公平性得到增強。

6.3.2 保障的充足性

通過養老金替代率水平反應保障的充足性。為計算製度優化後的替代率，作如下假設：平均繳費年限設為 n 年，n 取值為 37[①]；國民基礎養老金替代率保持在 3%；城鎮職工基礎養老金替代率等於繳費年限乘以 0.75；個人帳戶記帳利率與工資增長率保持一致，65 歲退休人員個人帳戶計發年數為 16.5（2010 年「五普」時 65 歲城鎮女性人口和男性人口的平均預期壽命分別是 15.7 年和 18.7 年，綜合權衡個人帳戶替代率水平，將計發年數確定為 16.5）。在崗職工平均工資為 $\overline{W}_t$，繳費工資基數為 w_t，工資增長率為 g，個人繳費率用 c 表示，計算程序如下：

城鎮職工基礎養老金 = 上年度社會平均工資×繳費年限×0.75%

$$\text{城鎮職工基本養老金替代率} = 3\% + \text{繳費年限} \times 0.75 + \frac{\sum_{t=1}^{n} \frac{cw_t(1+g)^t}{16} \cdot 5}{\overline{w}_n}$$

$$\text{城鎮居民基本養老金替代率} = 3\% + \frac{\sum_{t=1}^{n} \frac{cw_t(1+g)^t}{16} \cdot 5}{\overline{w}_n}$$

職業年金替代率計算方法與個人帳戶養老金替代率相同，企業年金的收益由市場決定，因此利率具有不確定性。製度優化後的城鎮職工基本養老保險替代率、城鄉居民基本養老保險替代率和各類參保群體的總替代率如表 6-3 和表 6-4 所示。

表 6-3　　　　改革後的城鎮職工基本養老保險替代率　　　　單位:%

繳費年限	國民基礎養老金	城鎮職工基礎養老金	繳費基數為在崗職工平均工資60%		繳費基數為在崗職工平均工資		繳費基數為在崗職工平均工資3倍	
			個人帳戶	合計	個人帳戶	合計	個人帳戶	合計
40	3	30	0	33	18.1	51.1	54.4	87.4
39	3	29.3	0	32.3	17.7	50	53	85.3
38	3	28.5	0	31.5	17.2	48.7	51.6	83.1
37	3	27.8	0	30.8	16.8	47.6	50.3	81.1
36	3	27	0	30	16.3	46.3	48.9	78.9
35	3	26.3	0	29.3	15.9	45.2	47.6	76.9

---

① 其理由見本書表 5-1。

表6-3(續)

繳費年限	國民基礎養老金	城鎮職工基礎養老金	繳費基數為在崗職工平均工資60%		繳費基數為在崗職工平均工資		繳費基數為在崗職工平均工資3倍	
			個人帳戶	合計	個人帳戶	合計	個人帳戶	合計
34	3	25.5	0	28.5	15.4	43.9	46.2	74.7
33	3	24.8	0	27.8	14.9	42.7	44.8	72.6
32	3	24	0	27	14.5	41.5	43.5	70.5
31	3	23.3	0	26.3	14	40.3	42.1	68.4
30	3	22.5	0	25.5	13.6	39.1	40.5	66.3
29	3	21.8	0	24.8	13.1	37.9	39.4	64.2
28	3	21	0	24	12.7	36.7	38	62
27	3	20.3	0	23.3	12.2	35.5	36.7	60
26	3	19.5	0	22.5	11.8	34.3	35.3	57.8
25	3	18.8	0	21.8	11.3	33.1	34	55.8
24	3	18	0	21	10.9	31.9	32.6	53.6
23	3	17.3	0	20.3	10.4	30.7	31.3	51.6
22	3	16.5	0	19.5	10	29.5	29.9	49.4
21	3	15.8	0	18.8	9.5	28.3	28.5	47.3
20	3	15	0	18	9.1	27.1	27.2	45.2

就城鎮就業人員來言，如果以社會平均工資60%作為繳費基數，繳費滿37年（提高法定退休年齡後全社會的平均繳費年限）的參保者「國民基礎養老金+城鎮職工基礎養老金+個人帳戶養老金」三項合計的替代率為30.8%，以社會平均工資作為繳費基數的替代率為47.6%，以社會平均工資三倍作為繳費基數的替代率為81.1%。全部退休者平均的替代率大概在47.6%左右的水平，與現行製度實際的替代率水平相同。

表 6-4　　　改革後的城鄉居民基本養老保險替代率　　　單位:%

繳費年限	國民基礎養老金	選擇0.1%檔次		選擇1%檔次		選擇3%檔次		選擇12%檔次	
		個人帳戶	合計	個人帳戶	合計	個人帳戶	合計	個人帳戶	合計
40	3	1.4	4.4	4.3	7.3	9.1	12.1	30	33
39	3	1.3	4.3	4.2	7.2	8.8	11.8	29.3	32.3
38	3	1.3	4.3	4.1	7.1	8.6	11.6	28.5	31.5

表6-4(續)

繳費年限	國民基礎養老金	選擇0.1%檔次 個人帳戶	選擇0.1%檔次 合計	選擇1%檔次 個人帳戶	選擇1%檔次 合計	選擇3%檔次 個人帳戶	選擇3%檔次 合計	選擇12%檔次 個人帳戶	選擇12%檔次 合計
37	3	1.3	4.3	4	7	8.4	11.4	27.8	30.8
36	3	1.2	4.2	3.9	6.9	8.2	11.2	27	30
35	3	1.2	4.2	3.8	6.8	7.9	10.9	26.3	29.3
34	3	1.2	4.2	3.7	6.7	7.7	10.7	25.5	28.5
33	3	1.1	4.1	3.6	6.6	7.5	10.5	24.8	27.8
32	3	1.1	4.1	3.4	6.4	7.2	10.2	24	27
31	3	1.1	4.1	3.3	6.3	7	10	23.3	26.3
30	3	1	4	3.2	6.2	6.8	9.8	22.5	25.5
29	3	1	4	3.1	6.1	6.6	9.6	21.8	24.8
28	3	1	4	3	6	6.3	9.3	21	24
27	3	0.9	3.9	2.9	5.9	6.1	9.1	20.3	23.3
26	3	0.9	3.9	2.8	5.8	5.9	8.9	19.5	22.5
25	3	0.8	3.8	2.7	5.7	5.7	8.7	18.8	21.8
24	3	0.8	3.8	2.6	5.6	5.4	8.4	18	21
23	3	0.8	3.8	2.5	5.5	5.2	8.2	17.3	20.3
22	3	0.7	3.7	2.4	5.4	5	8	16.5	19.5
21	3	0.7	3.7	2.3	5.3	4.8	7.8	15.8	18.8
20	3	0.7	3.7	2.2	5.2	4.5	7.5	15	18

註：選擇繳費檔次為0.1%、1%、3%、12%獲得政府補貼分別為0.5%、0.9%、1%、1.25%。

假如城鄉居民分別選擇相當於社會平均工資0.1%、1%、3%、12%四個檔次的繳費滿37年，養老金的替代率分別為4.3%、7.0%、11.4%、30.8%。選擇最高檔次繳費的養老金替代率等於城鎮職工養老保險中按照社會平均工資60%作為繳費基數享受的養老金待遇水平，實現了兩種製度之間的有效銜接。再來計算一種特殊情況：靈活就業人員可以自願選擇參加城鎮職工養老保險或城鄉居民基本養老保險，如果他選擇1%的繳費檔次參加城鄉居民基本養老保險，再將每年相當於社會平均工資19%的收入去購買商業養老保險，假如商業養老保險的年均收益率與社會平均工資增長率同步，兩項加總的替代率約為47.1%，低於繳費水平相同的城鎮職工養老金替代率（47.6%），參加城鎮職

工養老保險的淨收益更高，從而防止因製度設計而誘導城鎮就業人員選擇參加城鄉居民基本養老保險的情況發生（見表6-5）。

表6-5　　　　　　製度改革後的各類參保群體的替代率　　　　　　單位：%

繳費年限	國民基礎養老金	城鎮職工基礎養老金	城鎮職工個人帳戶養老金	城鄉居民個人帳戶養老金	企業年金或職業年金	非城鎮就業人員	城鎮就業人員	加年金的城鎮職工
1	2	3	4	5	6	7=2+5	8=2+3+4	9=8+6
40	3	30	18.1	30	27.2	33	51.1	78.3
39	3	29.3	17.7	29.3	26.5	32.3	50	76.5
38	3	28.5	17.2	28.5	25.8	31.5	48.7	74.5
37	3	27.8	16.8	27.8	25.1	30.8	47.6	72.7
36	3	27	16.3	27	24.5	30	46.3	70.8
35	3	26.3	15.9	26.3	23.8	29.3	45.2	69
34	3	25.5	15.4	25.5	23.1	28.5	43.9	67
33	3	24.8	14.9	24.8	22.4	27.8	42.7	65.1
32	3	24	14.5	24	21.7	27	41.5	63.2
31	3	23.3	14	23.3	21.1	26.3	40.3	61.4
30	3	22.5	13.6	22.5	20.4	25.5	39.1	59.5
29	3	21.8	13.1	21.8	19.7	24.8	37.9	57.6
28	3	21	12.7	21	19	24	36.7	55.7
27	3	20.3	12.2	20.3	18.3	23.3	35.5	53.8
26	3	19.5	11.8	19.5	17.7	22.5	34.3	52
25	3	18.8	11.3	18.8	17	21.8	33.1	50.1
24	3	18	10.9	18	16.3	21	31.9	48.2
23	3	17.3	10.4	17.3	15.6	20.3	30.7	46.3
22	3	16.5	10	16.5	14.9	19.5	29.5	44.4
21	3	15.8	9.5	15.8	14.3	18.8	28.3	42.6
20	3	15	9.1	15	13.6	18	27.1	40.7

註：城鎮職工繳費基數為社會平均工資，城鄉居民繳費檔次選擇社會平均工資的12%，職業年金和企業年金都選擇單位加個人繳費率合計12%。

經過製度調整完善後，各類群體都能夠獲得相應的養老保障收入，以平均參保繳費年限37年為例，選擇按照社會平均工資12%的檔次繳費的替代率約為30.8%；城鎮就業人員養老金的平均替代率約為47.6%，加上企業年金或職業年金後替代率為72.7%，完全能夠滿足絕大部分就業群體退休後的基本生活所需，甚至達到不降低退休前生活水平的效果。

6.3.3　繳費的可承擔性和權利與義務的對等性

優化後的城鎮職工基本養老保險單位加上個人的總繳費率為20％，目前製度的名義繳費率為28％，通過本書5.4.1的分析可知，2010年以來的實際繳費率均值為16.5％，改革後的實際繳費率提高了3.5個百分點。本書5.4.2的分析結論是：單位最優繳費率為17.4％左右，個人帳戶最優繳費率為19.6％左右，因此改革後的單位和個人繳費率都在最優繳費率以內，而且給發展企業年金留下了空間。

製度為非城鎮就業人員提供了選擇上年度社會平均工資0.1％～12％十個檔次進行繳費，同樣考慮了具體參保者的繳費能力差異。

平均主義並不是真正的公平，優化後的製度充分考慮到了不同群體之間的差異性，兼顧了效率原則，因此這是一種相對的公平而非絕對的平均。設計第二支柱養老金的計發辦法時既考慮了繳費年限也與繳費工資基數掛鉤，體現了多繳多得、長繳多得的精神。有雇主的就業人員增加了自願選擇參加第三支柱的企業年金，用於對人力資源的激勵，有助於提高效率。

6.3.4　基金支付能力的長期可持續性

經濟增長率和工資增長率與本書5.1.1中假設一致，折現率與經濟增長率一致，替代率按照表6-2設定為繳費滿37年的平均替代率為47.6％，再加上約1.5％的喪葬撫恤補助，用於測算基金總支出的替代率為49.1％。經過製度優化後，城鎮職工基本養老保險（主要指企業職工基本養老保險）當期保費結餘在2039年轉為負數並缺口迅速擴大，到2050年當期保費結餘為-33,971億元。財政對城鎮職工基本養老保險基金的財務責任主要以補償轉軌成本和補貼國民基礎養老兩種形式來體現。城鎮職工基本養老保險歷年的累計結餘在2050年以前仍然可以保持為正值，基金滾存結餘220,680億元，按照當年的基金支出估計，可靜態支付2.5年；如果加上全國社會保障基金，可靜態支付3.7年（見圖6-5）。

值得注意的是，儘管到2050年城鎮職工基本養老保險基金累計仍然為正，但是從圖6-5可發現2036年後基金徵繳收入與總支出之間的缺口還比較大，而且基金總支出還沒有走平的跡象，這可能與死亡率參數設置有一定關係。製度優化後與現行製度比較起來，基金償付能力有了明顯提升，但還不能說從根本上解決了財務的可持續問題，需要在人口老齡化高峰期對財政補貼、繳費率、替代率等參數再次進行適當調整。

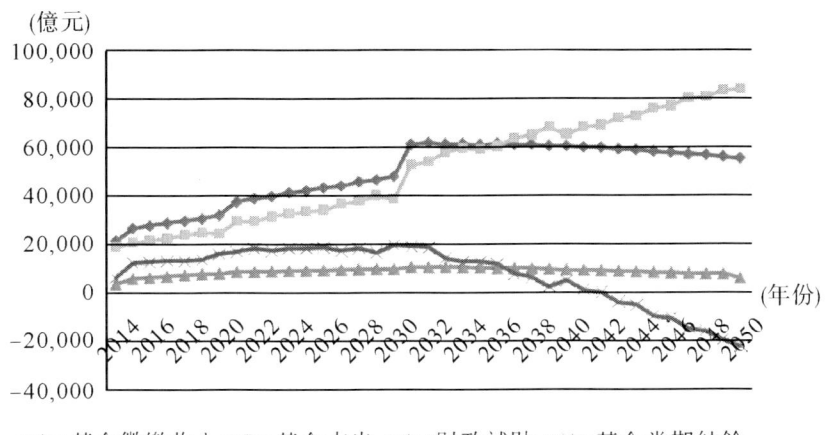

圖 6-5 城鎮職工基本養老保險基金收支預測

註：數據由本書作者預測；採用現值表示，折現到 2014 年。

經過制度改革後，城鄉居民基本養老保險不但大幅度提高了替代率，而且財務狀況良好。在選擇最高繳費檔次（12%）下，基金在 2034 年出現當期結餘為負數，2050 年基金滾存結餘 255,535 億元，按照當年的基金支出估計，可靜態支付 6 年。在選擇較低繳費檔次（1%）下，基金在 2037 年出現當期結餘為負數，2050 年基金累計結餘 34,194 億元，按照當年的基金支出估計，可靜態支付 4 年（見表 6-6）。

表 6-6　2015—2050 年改革後的城鄉居民基本養老保險基金收支測算

單位：億元

年份	繳費檔次選擇 12%				繳費檔次選擇 1%			
	繳費收入	財政補貼	基金支出	基金結餘	繳費收入	財政補貼	基金支出	基金結餘
2015	23,550	6,256	1,815	27,991	1,962	4,293	2,043	4,212
2020	22,024	6,291	2,804	25,511	1,835	4,455	2,987	3,303
2025	22,563	6,998	9,067	20,494	1,880	5,118	4,825	2,173
2030	18,089	6,553	16,100	8,542	1,507	5,045	5,897	655
2035	22,204	8,397	32,892	-2,291	1,850	6,546	8,454	-58
2040	22,341	7,863	34,707	-4,503	1,862	6,002	8,142	-278
2045	22,112	7,516	37,274	-7,646	1,843	5,674	8,301	-784
2050	18,845	6,860	41,317	-15,612	1,570	5,289	8,802	-1,943

註：數據由本書作者預測；採用現值表示，折現到 2014 年。

6.3.5 財政負擔的可控性

從表6-7中可見,在人口老齡化不斷加深的背景下,增加財政對養老保險的投入比重是必然的事情。經過製度改革後,財政對養老保險的補貼支出占財政收入的比重會大幅度增加,尤其在改革之初增加幅度較大,這是製度改革必然帶來的轉軌成本。但是從長期來看,需要保持向養老保險體系投入占財政收入12%~13%的資金,才可以達成養老保險改革的目標,減小基金出現缺口的風險。例如目前英國社會保障支出占財政支出總額的30.3%[①],國內進行製度改革後的財政負擔應該在政府的承受範圍之內。

表6-7　　　2014—2050年製度改革後財政補貼預測　　　單位:億元

年份	職保補貼	居保補貼	機關事業單位離退休支出	占財政收入比重(%)
2014	3,548	1,644	5,952	7.9
2015	5,720	4,293	7,164	12.1
2020	7,949	4,455	7,645	13.5
2025	9,167	5,118	8,183	12.9
2030	9,696	5,045	9,273	13.1
2035	10,280	6,546	13,412	12.8
2040	9,371	6,002	14,715	12.5
2045	8,381	5,674	15,496	12
2050	5,989	5,289	16,379	10.9

註:2014年為實際數,2015年以後為預測數;採用現值表示,折現到2014年。

6.4 本章小結

(1)國際養老保險製度發展改革的主要歷程說明,與人口撫養比息息相關的養老金製度近年來直接受到老齡化的挑戰,發達國家和轉型國家紛紛進行了程度不等的養老金政策調整。受到英國、智利等國進行養老金私有化改革的示範效應影響和世界銀行的積極推薦,以減輕政府財政支出為導向的改革在世

[①] 中華人民共和國財政部國際司.英國社會保障製度概述 [EB/OL]. http://gjs.mof.gov.cn/pindaoliebiao/cjgj/201304/t20130409_813504.html.

界範圍內廣泛開展，但是就公共養老保險而言，基金累積制從來就沒有占據主導地位，甚至很少有國家通過私營模式來提供公共養老保險項目。國際養老保險學術界通過反覆爭論基本上明確了基金累積制在應對人口老齡化方面並不具有可靠的優勢，反而是現收現付更能體現養老金製度的本質，因此結合現收現付與基金累積兩種製度優勢的名義帳戶制近年來大行其道。世界各國的養老金製度表現出一定程度的趨同性，構建多支柱養老保險體系已經成為國際社會的一種通例，這也表明多支柱模型具有較強的靈活性和適應性。

（2）本書在借鑑國際養老金改革經驗和國內改革方案設計的基礎上，提出優化養老保險製度設計應當秉持代際公平觀的基本原則，借鑑「五支柱」模型，在充分考慮現行製度的路徑依賴並且不新增一項製度的前提下，通過結構性調整和參數調整，使原來雜亂無章的體系顯得更加清晰，製度目標更明確。優化後的製度通過實證檢驗，在製度的公平性、保障的充足性、繳費的可承擔性、權利與義務的對等性、基金支付能力的長期可持續性、財政負擔的可控性上都比現行製度有了極大的改進，對實現養老保險可持續發展具有積極意義。

（3）優化多層次養老保險體系的關鍵性措施有三項：一是建立國民基礎養老金、城鎮職工基礎養老金、個人帳戶養老金、企業年金或職業年金、非正式養老製度等新「五支柱」體系，重構多層次養老保險的製度框架。二是引入名義帳戶制，將目前個人帳戶「名不正言不順」的現收現付模式法定化，正式摒棄個人帳戶的完全累積功能，同時個人帳戶記帳利率宜與經濟發展成果掛鉤。三是調整繳費率和替代率這兩個製度內參數。城鎮職工基本養老保險統籌帳戶和個人帳戶的繳費率分別為12%和8%，繳費滿37年的替代率水平為47.6%；城鄉居民基本養老保險的個人帳戶繳費率分為與社平工資掛鉤的10個檔次，選擇最高檔次繳費的替代率與城鎮職工基本養老保險以社平工資60%作為繳費基數的替代率水平一致。

7 結論

7.1 主要結論與政策建議

本書通過對養老保險可持續發展的理論探討，深入分析了全覆蓋背景下中國養老保險製度發展面臨的挑戰和困難，重點分析了導致養老保險財務不可持續的主要因素，並對製度優化提出了基本思路，本書獲得的主要結論和給出的相應政策建議如下：

7.1.1 養老保險可持續發展的核心在於公平公正地處理代際分配矛盾

代際由於對資源分配存在排他性的競爭關係，產生矛盾不可避免。養老保險作為在代際進行資源分配的一項製度，要實現製度的可持續發展，代際公平必須成為最基本的價值選項。尤其在人口結構發生巨變的情況下，養老保險內在的平衡機制被破壞，年輕人與老年人之間、在場一代人和不在場若干代人之間的利益格局需要重新調整。如果沒有一個作為評判製度變革的標準，最終會導致製度設計缺乏公認的正當性，製度的可持續性也會受到懷疑。這就要求養老保險製度設計應更加注重公平性，體現在三個方面：①在製度全覆蓋後，對於應該納入還沒有納入養老保險覆蓋範圍和支付範圍的群體，盡快通過完善政策，提高製度吸引力，加大擴面力度，將所有適齡人員都納入相應的養老保險製度中，為當前及未來所有老年人提供製度化的收入保障。②製度的穩定性是實現代際公平的前提，應盡快實現製度的定型和平穩運行。③堅持精算平衡原則，確保基金安全。養老保險基金長期收支平衡是實現代際公平的物質基礎，在製度架構和參數設計相對穩定的前提下，如果基金收支能夠實現長期平衡，不存在養老保險待遇承諾無法實現或者需要增加繳費才能實現原有的待遇承諾情況。對於不同時期的參保人來說，他們從養老保險系統中得到的貢獻收益比

是一致的，代際公平得到了體現。

7.1.2 人口老齡化是相當長時期内影響養老保險可持續發展的關鍵約束條件

人口年齡結構變動將導致勞動年齡人口減少而老年人口快速增長，製度撫養比急遽下降。根據現收現付制下基金平衡原理，人口老齡化的不斷加深必須通過調整繳費率或替代率才能實現基金的長期收支平衡，任何一個參數的調整都會影響到相應群體之間的利益。從代際公平的價值觀出發，因人口老齡化帶來的額外成本應當在代際進行合理分攤，不應當由某一代人來承擔所有的改革成本。因此，在製度設計中，要避免短視行為，不能只考慮在場一代人的利益，而忽視甚至損害不在場人群的利益。涉及的具體建議是：政府要充分意識到人口老齡化對養老保險體系帶來的巨大挑戰，從長計議，盡早規劃，建立養老保險基金運行年度評估機制，引入專業化的精算預測方法，建立科學的基金償付能力預警系統，改變以往在政策制定和參數調整過程中的經驗主義做法，通過精算的方法在代際和代際之內合理分配人口老齡化帶來的額外成本。

7.1.3 解決人口老齡化背景下養老保險財務可持續問題的根本途徑在於發展經濟

無論是現收現付制還是基金累積制，都面臨相同的人口老齡化挑戰，問題的關鍵不僅僅是貨幣的供給，更核心的是產品和服務的供給。人口老齡化本質上是一個經濟問題，因人口老齡化給養老保險系統帶來的支付危機只有回到生產本身才能從根本上應對。無論採取何種模式的養老保險模式，養老基金增長主要源於年輕一代人口的增長和勞動生產率的提高。相應的對策建議是提高勞動參與率和勞動生產率，通過中老年人力資源開發，積極推動 50~65 歲人口的經濟參與，增加社會產出和公共財政收入；通過增加人力資本投資，創造人才紅利來提高勞動生產率。

7.1.4 擴大養老保險覆蓋面是追求代際公平的必然選擇，而不是為了實現基金增收的目標

在實務中，常常將擴面徵繳視為一體，誤以為擴大覆蓋面可以增加繳費來源，而沒有看到擴面的同時也意味著債務累積。從本書的研究中可以發現，參保率從 85% 提高到 95%，到未來的某個時點上，製度撫養比是一致的，而且債務的絕對額還要更高，擴大覆蓋面可以暫時將基金缺口的時間點向後推延，

但是不能從根本上扭轉基金缺口的趨勢。這實際上告訴我們，擴面徵繳不能不計成本，一味地將參保的門檻降低，如近年來部分省降低繳費基數的政策就值得商榷。

7.1.5 做實個人帳戶不是應對人口老齡化的唯一有效措施,相反,做實的個人帳戶還會面臨基金貶值風險

理論上已經證明基金累積制與現收現付制面臨同樣的人口老齡化危機，至少在公共養老金領域基金累積制不是最佳模式。儘管我們製度設計的初衷是希望城鎮職工養老保險個人帳戶走實帳累積的道路，但是在運行中走向了空帳累積。理論與實踐都將證明，個人帳戶採用名義帳戶制模式更為合理。

7.1.6 提高法定退休年齡或降低公共養老保險替代率是必然的趨勢

提高法定退休年齡從基金收入支出兩個方面都會對基金長期收支平衡產生積極效果，因此提高法定退休年齡也是應對人口老齡化的有效選擇。在提高法定退休年齡的同時，會對延遲退休者提供一定的替代率補償，但是與原退休製度相比，替代率水平實際是下降了，這也是應對人口老齡化的必然結果。

7.1.7 繳費率調整對基金平衡的效應十分明顯

儘管目前社會上對降低養老保險繳費率的呼聲甚高，但是從製度可持續發展的角度講，在實際繳費率本身已經很低的情況下，降低實際繳費率並不可取。更為可行的辦法是，將名義繳費率降低到20%，但是必須做實繳費基數，縮小實際繳費率與名義繳費率的差距。採用名義帳戶制有助於建立起繳費激勵機制，降低在申報工資基數時瞞報少繳的道德風險。規範繳費政策，涉及政策的概念應更加準確，邏輯更加清晰，參數設計要統籌協調，對政策概念、口徑、計算方法等（如平均工資口徑問題、繳費工資、繳費基數及繳費工資指數計算口徑）進一步細化明確，重點對補繳養老保險費範圍、對象、條件等政策予以規範、明確，嚴格規範清理部分省、市、區已經實施的降低繳費基數的做法。規範參保繳費行為，加強基金徵繳管理，嚴厲懲罰逃費漏費的行為。

7.1.8 工資增長率對養老保險基金平衡影響不明確

工資增長將同時導致基金收入增長和基金支出增長，這兩個效果的方向相反，而且影響大小的比較需要具體分析，因此工資增長率對基金平衡的影響方向難以確定。

7.1.9　政府在養老保險可持續發展中必須扮演更加積極的角色

財政補貼是提高養老保險財務可持續性的重要的手段，從本書的預測來看，在製度模式調整、製度參數調整的同時，還需要增加政府的財政投入，各項養老保險補貼支出加總後占財政收入的比例應當在目前的水平上大幅度提高，才能確保基金在預測期間內實現收支平衡。相應的建議措施是：①政府必須清晰界定自己在養老保險領域的責任，財政補貼主要用於彌補企業職工養老保險轉軌成本，支付城鄉居保的基礎養老金，對城鄉居保的繳費進行補貼。②政府鎖定基本責任，公共養老保險的目標是消除老年貧困和再分配，應嚴格限定公共養老保險的替代率水平，將更高的替代率獲取交給市場和參保者個體去承擔。③政府在嚴格界定基本責任的前提下，針對企業職工基本養老保險基金出現的缺口，政府要承擔起兜底責任。

7.1.10　增強城鄉居民基本養老保險製度吸引力的關鍵是制定合理的記帳利率

目前的城鄉居保雖然採用的完全累積模式，但是基金的記帳利率往往採用的是一年期活期利率，在工資增長率或居民收入增長率遠遠高於一年期活期利率的情況下，參加個人帳戶是包輸不贏，這是製度缺乏吸引力的根源。因此，增加城鄉居民製度吸引力和可持續的關鍵，是從重「補出口」轉變為更加重視「補入口」，增加繳費補貼的比例，同時將記帳利率與工資增長率或居民收入增長率掛鉤。

7.1.11　必須大力發展補充養老保險

政府公共養老保險目標替代率以上部分的養老待遇由企業年金（職業年金）和商業養老保險解決。公共養老保險要給補充養老保險留下足夠的空間，政府要通過稅收優惠和加強監管等途徑，積極支持企業年金和商業養老保險的健康發展。

7.2　進一步研究的主要設想

養老保險是一項複雜的系統性工程，本書研究對象涉及面較寬，難免會存在淺嘗輒止的傾向，而且還有諸多遺漏、模糊、不準確的地方。在後續研究中，擬對三個方面進行重點補充：

（1）延長測算的年限。本書的測算止於2050年，這不能不說是一個遺憾，因為到那時中國的人口老齡化高峰期還沒有走過，將測算的年限延長可以更好地觀察人口老齡化對養老保險財務可持續的影響到底有多深多遠。

（2）將養老保險與勞動力市場、儲蓄、投資等宏觀經濟變量聯繫起來進行研究。本書中已經認可了養老保險能否應對人口老齡化的關鍵是產出這一觀點，但是在研究過程中將養老保險視為一個封閉系統，沒有與宏觀經濟變量進行有機結合，沒能最終闡明養老保險如何通過提高產出水平來實現製度目標。

（3）研究基金的投資增值問題。雖然本書對現收現付製度模式給予了更多的關注，但是在第三支柱中也引入了完全累積模式，而基金累積的關鍵問題是如何實現基金的保值增值，在進一步的研究中要對此加以重視。

參考文獻

一、英文部分

[1] Aaron George Grech, 2010. Assessing The Sustainability of Pension Reforms in Europe. A thesis submitted to the Department of Social Policy of the London School of Economics for the degree of Doctor of Philosophy, London.

[2] Aaron, 1966. The Social Insurance Paradox. The Canadian Journal of Economics and Political Science, 32 (3).

[3] Agarwala, Ramgopal, 1997. Old Age Seeurity Pension Reform in China. World bank, Washington D. C.

[4] Alan J. Auerbach, Laurence J. Kotlikoff, 1991. Generational Accounts: A Meaningful Alternative to Deficit Accounting. National Bureau of Economic Research, Inc.

[5] Barr N. A, 2002. Ref orming Pension: Myths, Truths, and policyChoices. International Social Security Review.

[6] Barro RobertJ, 1974.「Are Government Bonds Net Wealth?」. Journal of Politic Economy.

[7] Beveridge, W, 1995. Social Insurance and Allied Services: Report by Sir William Beveridge. HMSO.

[8] Brussels, 2010. Luxembourg: Publications Office of the European Union.

[9] Colin Gillion, John Turner, Clive Bailey and Denis Latulippe (eds.), 2000. Social Security Pensions: development and reform. International Labour Office, Geneva.

[10] Deborah Roseveare, Willi Leibfritz, Douglas Fore, Eckhard Wurzel, 1996. Ageing Populations, Pension Systems and Government Budgets: Simulations for 20 OECD Countries. OECD Publishing.

[11] Dimond, P. A, 1965. National Debt in a Neoclassical Growth Model. American Economic Review, (December).

[12] European Commission, 2010. Green Paper Towards Adequate, Sustainable and Safe European Pension Systems.

[13] European Commission, 2001. Objectives and working methods in the area of pensions: Applying the open method of coordination. Joint Report of the Social Protection Committee and the Economic Policy Committee. Luxembourg: Official Publications of the European Communities.

[14] Feldstein, M, 1974. Social Security induced retirement, andaggregate capital accumulation. Journal of Politic Economy 82 (5), part 2.

[15] Feldstein, Martin. and Liebman, Jeffery B, 2001. Social Security. NBER Working Paper Series 8451.

[16] Hans Werner Sinn, 1997. The Value of Children and Immigrants in a Pay-as-you-go Pension System. National Bureau of Economic Research, Inc.

[17] Holzmann, Robert and Richard Hinz, 2005. Old-Age Income Support in the 21st Century: An International Perspective on Pension Systems and Reform. Washington, D. C: World Bank.

[18] ILO, 1952. Social Security (Minimum Standards) Convention (No. 102), Geneva.

[19] Kaldor, Nicholas, 1961. Capital Accumulation and Economic Growth. In F. A. Lutz and D. C. Hegue, eds., The Theory of Capital, 177-222. New York: St. Martin's Press.

[20] Martin Feldstein, 2005. Rethinking Social Insurance . NBER Working Paper No. 11250 http://www.nber.org/papers/w11250.

[21] OECD, 2012. Pension Markets in Focus 2012. http://www.oecd.org/daf/fin/privatepensions/PensionMarketsInFocus2012.pdf.

[22] OECD, 2009. Pensions at a Glance 2009: Retirement-Income Systems in OECD Countries. www.oecd.org/publishing/corrigenda.

[23] Page T, 1977. Conversation and Economic Efficiency: An approachto Material Policy. The Johns Hopkins University Press.

[24] Paul van den Noord, Richard Herd, 1993. Pension Liabilities in the Seven Major Economies. OECD Publishing.

[25] Richard A. Epstein, 1989. Justice across the Generations. Texas Law Re-

view, Vol. 67.

［26］Samuelson, P. A, 1958. An Exact Consumption-Loan Model of Interest with or without the Social Contrivance of Money. Journal of Political Economy, LXVI.

［27］Schnabel, R., 1997, Internal Rates of Return of the German Pay-As-You-Go Social Security System, public Finance Analysis, New Series, 55.

二、中文部分

［1］世界銀行. 防止老齡危機——保護老年人及促進增長的政策［M］. 北京：中國財政經濟出版社，1996.

［2］Heikki Oksanen. 中國養老保險製度——改革方案的初步測評［J］. 社會保障研究，2011（1）.

［3］阿薩爾·林德貝克，馬茨·佩爾松. 養老金改革的收益［J］. 比較，2014（3）.

［4］貝弗里奇. 貝弗里奇報告——社會保險和相關服務［M］. 社會保險研究所，譯. 北京：中國勞動社會保障出版社，2004.

［5］彼得·戴蒙德. 社會保障私有化：智利經驗［J］. 拉丁美洲研究，2010（6）.

［6］大衛·皮爾斯. 綠色經濟的藍圖［M］. 何曉軍，譯. 北京：北京師範大學出版社，1996.

［7］戴維·羅默. 高級宏觀經濟學［M］. 蘇劍，等，譯. 北京：商務印書館，2004.

［8］高山憲之. 信賴與安心的養老金改革［M］. 張啟新，譯. 上海：上海人民出版社，2012.

［9］羅伯特·霍爾茨曼，理查德·漢茲. 21 世紀養老保險改革展望［J］. 經濟社會體制比較，2006（3）.

［10］羅伯特·霍爾茨曼，等. 21 世紀的老年收入保障［M］. 鄭秉文，等，譯. 北京：中國勞動保障出版社，2006.

［11］羅爾斯. 正義論［M］. 何懷宏，等，譯. 北京：中國社會科學出版社，1988.

［12］尼古拉斯·巴爾. 福利國家經濟學［M］. 穆懷中，譯. 北京：中國勞動社會保障出版社，2003.

［13］尼古拉斯·巴爾. 養老金改革：謬誤、真理與政策選擇：保險與社會保障［M］. 鄭秉文，譯. 北京：中國勞動社會保障出版社，2006.

［14］喬治·E.雷吉達.社會保險和經濟保障［M］.陳秉正,譯.北京:經濟科學出版社,2005.

［15］世界環境與發展委員會.我們共同的未來［M］.長春:吉林人民出版社,1997.

［16］約翰·威廉姆森,凱瑟琳·迪特鮑姆.社會保障改革:部分私有化在中國是否可行［J］.社會保障研究,2006,2(4).

［17］詹姆斯·舒爾茨.老年經濟學［M］.雄必俊,譯.北京:華夏出版社,1990.

［18］艾慧,張陽,楊長昱,吳延東.中國養老保險統籌帳戶的財務可持續性研究——基於開放系統的測算［J］.財經研究,2012(2).

［19］蔡昉.人口轉變、人口紅利與經濟增長可持續性［J］.人口研究,2004(2).

［20］蔡向東.統帳結合的中國城鎮職工基本養老保險製度可持續性研究［M］.北京:經濟科學出版社,2011.

［21］陳豐元,等.基本養老保險轉軌成本的計算偏誤與償付機制［J］.保險研究,2013(11).

［22］陳平路.養老保險體系的世代交疊CGE模型:一個研究綜述［J］.商情,2007(1).

［23］成偉.代際交換之正義［J］.學術交流,2007(4).

［24］程永宏.現收現付制與人口老齡化關係定量分析［J］.經濟研究,2005(3).

［25］褚福林.養老保險金替代率研究［J］.北京市計劃勞動管理幹部學院學報,2004(3).

［26］鄧大松,薛惠元.新型農村社會養老保險替代率的測算與分析［J］.山西財經大學學報,2010(4).

［27］杜亞軍.代際交換——對老化經濟學基礎理論的研究［J］.中國人口科學,1990(3).

［28］杜亞軍.代際交換與養老製度［J］.人口研究,1989(5).

［29］費孝通.家庭結構變動中的老年贍養問題——再論中國家庭結構的變動［J］.北京大學學報(哲學社會科學版),1983(3).

［30］封進.中國養老保險體系改革的福利經濟學分析［J］.經濟研究,2004(2).

［31］高建偉,丁克詮.中國基本養老保險基金缺口模型及其應用［J］.

系統工程理論方法應用，2006（1）．

［32］郭慶旺，等．中國傳統文化信念、人力資本累積與家庭養老保障機制［J］．經濟研究，2007（8）．

［33］郭志剛．對中國20世紀90年代生育水平的研究與討論［J］．人口研究，2004（2）．

［34］國務院發展研究中心社會保障課題組．分離體制轉軌成本，建立可持續發展製度——世紀之交的中國養老保障製度改革研究報告［J］．管理世界，2006（6）．

［35］何凌雲，胡振虎．中國財政收入超GDP增長的比較研究［J］．財政研究，2013（6）．

［36］何平．企業改革中的社會保障製度［M］．北京：經濟科學出版社，2000．

［37］何文炯．構建公平和可持續的社會養老保障體系［J］．浙江統計，2009（3）．

［38］胡秋明．可持續養老金製度改革的理論與政策研究［D］．成都：西南財經大學，2009．

［39］胡秋明．走向可持續的養老金製度［J］．中國社會保障，2011（10）．

［40］胡英．中國分城鎮鄉村人口平均預期壽命探析［J］．人口與發展，2010（2）．

［41］賈洪波，高倚雲．基於帕累托優化的基本養老金替代率測算［J］．市場人口分析，2007（1）．

［42］康傳坤，楚天舒．人口老齡化與最優養老金繳費率［J］．世界經濟，2014（4）．

［43］勞動保障部法制司和社會保險研究所，博時基金管理有限公司．中國養老保險基金測算與管理［M］．北京：經濟科學出版社，2001．

［44］李超民．美國社會保障製度［M］．上海：上海人民出版社，2009．

［45］李紹光．建立可持續的養老保險製度［J］．中國社會保障，2008（3）．

［46］李紹光．養老金：現收現付制和基金制的比較［J］．經濟研究，1998（1）．

［47］李珍，王海東．基本養老保險目標替代率研究［J］．保險研究，2012（1）．

［48］林寶. 人口老齡化與養老金模式關係辨析［J］. 人口與發展, 2010 (6).

［49］林義, 林熙. 人口老齡化與養老保險製度可持續發展需要重視的問題［J］. 老齡科學研究, 2015 (3).

［50］林義. 農村社會保障的國際比較及啟示研究［M］. 北京：中國勞動社會保障出版社, 2006.

［51］林義. 養老保險改革的理論與政策［M］. 成都：西南財經大學出版社, 1995.

［52］林毓銘. 社會保障可持續發展論綱［M］. 北京：華齡出版社, 2005.

［53］劉昌平, 孫靜. 再分配效應、經濟增長效應、風險性［J］. 財經理論與實踐, 2007 (7).

［54］劉昌平. 中國基本養老保險「統帳結合」製度的反思與重構［J］. 財經理論與實踐, 2008 (9).

［55］劉貴平. 關於中國未來退休職工工資替代率水平的初步研究［J］. 遼寧大學學報, 1995 (5).

［56］劉瑋. 「梯度責任」：「個人—政府」視角下的養老保險［J］. 經濟問題探索, 2010 (12).

［57］劉瑋. 個人責任：養老保險的一種理論分析［J］. 雲南社會科學, 2006 (3).

［58］劉曉霞. 代際再分配與中國養老保險模式的選擇［J］. 商業研究, 2007 (3).

［59］劉學良. 中國養老保險的收支缺口和可持續性研究［J］. 中國工業經濟, 2014 (9).

［60］路和平, 杜志農. 基本養老保險基金收支平衡預測［J］. 經濟理論與經濟管理, 2000 (2).

［61］駱正清, 陸安. 中國養老保險製度的個人退休帳戶缺口的精算模型及影響因素分析［J］. 統計與決策, 2010 (17).

［62］馬凱旋, 侯風雲. 美國養老保險製度演進及其啟示［J］. 山東大學學報（哲學社會科學版）, 2014 (3).

［63］孟昭喜. 養老保險精算理論與實務［M］. 北京：中國勞動社會保障出版社, 2008.

［64］牛淑珍, 劉芳. 基於中國基本養老保險製度的最優繳費率研究［J］. 商場現代化, 2007 (2).

[65] 邱東. 養老金替代率水平及其影響的研究 [J]. 財經研究, 1999 (1).

[66] 邱玉慧. 澄清養老保險「代際公平」內涵 [N]. 中國社會科學報, 2014-08-22 (B02).

[67] 邱玉慧. 代際正義視角下的社會養老保險製度研究 [D]. 長春: 吉林大學, 2013.

[68] 邱玉慧. 國外養老金代際公平論爭及啟示 [J]. 國外理論動態, 2015 (11).

[69] 邱長溶, 張立光, 郭妍. 中國可持續社會養老保險的綜合評價體系和實證分析 [J]. 中國人口資源與環境, 2004 (3).

[70] 邵宜航, 等. 存在收入差異的社會保障製度選擇——基於一個內生增長世代交替模型 [J]. 經濟學 (季刊), 2010 (4).

[71] 宋春榮. 英國社會保障製度 [M]. 上海: 上海人民出版社, 2012.

[72] 宋健敏. 日本社會保障製度 [M]. 上海: 上海人民出版社, 2012.

[73] 粟芳, 等. 瑞典社會保障製度 [M]. 上海: 上海人民出版社, 2012.

[74] 孫祁祥.「空帳」與轉軌成本——中國養老保險體制改革的效應分析 [J]. 經濟研究, 2001 (5).

[75] 孫雅娜, 等. 中國養老保險最優繳費率的實證分析 [J]. 當代經濟管理, 2009 (7).

[76] 湯曉莉. 自願儲蓄、強制儲蓄和「稅收—債券發行」安排 [J]. 金融研究, 2000 (12).

[77] 萬春. 中國混合制養老金製度的基金動態平衡研究 [M]. 北京: 中國財政經濟出版社, 2009.

[78] 萬春. 中國養老保險領域的政府七大職能分析 [J]. 中央財經大學學報, 2005 (10).

[79] 汪澤英. 提高法定退休年齡政策研究 [M]. 北京: 中國經濟出版社, 2013.

[80] 王德文. 中日養老金籌措及其可持續性分析 [J]. 經濟社會體制比較, 2006 (5).

[81] 王曉軍, 米海杰. 老金支付缺口: 口徑、方法與測算分析 [J]. 數量經濟技術經濟研究, 2013 (10).

[82] 王曉軍, 喬楊. 中國企業與機關事業單位職工養老待遇差距分析 [J]. 統計研究, 2007 (5).

[83] 王曉軍, 任文. 中國養老保險的財務可持續性研究 [J]. 保險研究, 2013 (4).

[84] 王曉軍. 對中國養老金製度債務水平的估計與預測 [J]. 預測, 2002 (1).

[85] 王曉軍. 中國基本養老保險的十個「迷思」[J]. 保險研究, 2013 (11).

[86] 王新梅. 全球性公共養老保障製度改革與中國的選擇——與 GDP 相連的空帳, 比與資本市場相連的實帳更可靠更可取 [J]. 世界經濟文匯, 2005 (6).

[87] 王作寶. 代際公平與代際補償: 養老保險可持續發展研究的一個視角 [J]. 東北大學學報, 2016 (1).

[88] 吳永求. 中國養老保險擴面問題及對策研究 [D]. 重慶: 重慶大學, 2012.

[89] 席恒, 翟紹果. 更加公平可持續的養老保險製度的實現路徑探析 [J]. 中國行政管理, 2014 (3).

[90] 楊再貴. 養老保險繳費率和人口增長率的 OLG 模型分析 [J]. 西部發展評論, 2008 (1).

[91] 於洪, 鐘和卿. 中國基本養老保險製度可持續運行能力分析 [J]. 財經研究, 2009 (9).

[92] 袁志剛, 葛勁峰. 由現收現付制向基金制轉軌的經濟學分析 [J]. 復旦學報: 社會科學版, 2003 (4).

[93] 袁志剛. 中國養老保險體系選擇的經濟學分析 [J]. 經濟研究, 2001 (5).

[94] 翟振武. 全面建設一個中等發達的社會和綜合解決人口問題 [J]. 人口研究, 2003 (1).

[95] 張暢玲, 吳可昊. 基本養老保險個人帳戶能否應對老齡化 [J]. 中國人口科學, 2003 (2).

[96] 張為民, 崔紅豔, 2003. 對 2000 年中國人口普查完整性的估計 [J]. 人口研究, (4).

[97] 張熠. 延遲退休年齡與養老保險收支餘額: 作用機制及政策效應 [J]. 財經研究, 2011 (7).

[98] 鄭秉文. 金融危機對全球養老資產的衝擊及對中國養老資產投資體制的挑戰 [J]. 國際經濟評論, 2009 (5).

［99］鄭秉文. 養老保險「名義帳戶」制的製度淵源與理論基礎［J］. 經濟研究, 2003（4）.

［100］鄭功成. 從地區分割到全國統籌［J］. 中國人民大學學報, 2005（3）.

［101］鄭功成. 科學發展與共享和諧［M］. 北京：人民出版社, 2006.

［102］鄭功成. 全國統籌：優化養老保險製度的治本之計［N］. 光明日報, 2013-07-23.

［103］鄭功成. 中國養老保險製度的未來發展［J］. 勞動保障通訊, 2003（3）.

［104］鐘誠, 周婷婷. 基於世代交疊模型的養老保險製度與儲蓄率關係研究［J］. 海南金融, 2009（5）.

［105］周渭兵. 社會養老保險精算理論、方法及其應用［M］. 北京：經濟管理出版社, 2004.

［106］周志凱. 試論養老保險製度的可持續發展. 理論月刊, 2005（6）.

附　表

附表1　　2010—2050年中國總人口及人口結構預測　　單位：萬人

年份	總人口	16歲以上	16~59歲	60歲以上	65歲以上
2010	133,281	109,346	91,587	17,759	11,893
2011	134,198	110,263	91,834	18,428	12,255
2012	135,111	110,957	91,637	19,320	12,681
2013	136,019	111,575	91,393	20,182	13,131
2014	136,909	112,199	91,018	21,181	13,727
2015	137,772	112,666	90,522	22,144	14,356
2016	138,597	113,172	90,163	23,010	14,970
2017	139,375	113,645	89,647	23,998	15,791
2018	140,098	114,046	89,248	24,798	16,580
2019	140,751	114,409	89,191	25,218	17,496
2020	141,329	114,894	89,153	25,741	18,374
2021	141,838	115,356	89,382	25,974	19,156
2022	142,272	115,850	88,824	27,026	20,051
2023	142,634	116,329	87,625	28,704	20,764
2024	142,931	116,826	86,811	30,015	21,112
2025	143,168	117,306	85,951	31,355	21,555
2026	143,355	117,549	84,876	32,673	21,720
2027	143,496	118,228	84,511	33,717	22,666
2028	143,596	118,896	83,630	35,266	24,208
2029	143,662	119,551	82,956	36,595	25,393

附表1(續)

年份	總人口	16歲以上	16~59歲	60歲以上	65歲以上
2030	143,695	120,178	82,052	38,126	26,605
2031	143,697	120,763	81,341	39,422	27,789
2032	143,678	121,303	80,656	40,647	28,708
2033	143,636	121,781	80,008	41,772	30,110
2034	143,580	122,192	79,426	42,766	31,292
2035	143,515	122,525	78,952	43,573	32,666
2036	143,438	122,771	78,467	44,304	33,810
2037	143,350	122,938	78,164	44,774	34,881
2038	143,245	123,023	77,683	45,339	35,855
2039	143,127	123,027	77,110	45,917	36,704
2040	142,995	122,967	76,580	46,388	37,375
2041	142,834	122,838	75,949	46,889	37,971
2042	142,646	122,655	75,027	47,628	38,315
2043	142,427	122,424	74,350	48,074	38,755
2044	142,169	122,149	73,633	48,517	39,206
2045	141,872	121,839	72,882	48,957	39,548
2046	141,533	121,496	71,863	49,632	39,926
2047	141,151	121,121	70,552	50,569	40,534
2048	140,725	120,727	69,359	51,368	40,858
2049	140,259	120,317	67,974	52,343	41,185
2050	139,747	119,895	66,465	53,430	41,508

註：數據由作者預測。

附表 2　1998—2050 年中國企業職工基本養老保險「老人」數、「中人」數及轉軌成本

年份	「老人」數（萬人）	「中人」數（萬人）	「老人」轉軌成本（億元）	「中人」轉軌成本（億元）	轉軌成本合計（億元）
1998	2,461	266	409	35	444
1999	2,388	472	448	69	517
2000	2,314	692	488	109	597
2001	2,239	922	493	155	648
2002	2,163	1,169	511	218	729
2003	2,086	1,475	476	297	773
2004	2,008	1,776	482	384	866
2005	1,929	2,092	504	490	994
2006	1,850	2,414	560	614	1,174
2007	1,770	2,812	600	775	1,375
2008	1,689	3,233	676	1,000	1,676
2009	1,607	3,814	710	1,296	2,006
2010	1,525	4,380	742	1,566	2,308
2011	1,442	4,992	781	1,903	2,684
2012	1,359	5,705	823	2,333	3,156
2013	1,275	6,022	899	2,630	3,529
2014	1,192	6,576	891	2,982	3,873
2015	1,109	7,116	909	3,430	4,339
2016	1,027	7,610	901	3,819	4,720
2017	946	8,109	888	4,226	5,114
2018	867	8,615	871	4,660	5,531
2019	790	9,220	849	5,137	5,986
2020	715	9,761	822	5,620	6,442
2021	642	9,601	790	5,898	6,688
2022	572	9,444	739	6,071	6,810
2023	505	9,275	685	6,237	6,922
2024	441	9,093	628	6,391	7,019
2025	382	8,899	571	6,537	7,108
2026	328	8,688	515	6,668	7,183

附表2(續)

年份	「老人」數（萬人）	「中人」數（萬人）	「老人」轉軌成本（億元）	「中人」轉軌成本（億元）	轉軌成本合計（億元）
2027	278	8,461	458	6,778	7,236
2028	233	8,216	403	6,867	7,270
2029	193	7,958	351	6,937	7,288
2030	158	7,686	302	6,986	7,288
2031	127	7,401	254	7,010	7,264
2032	101	7,103	209	6,907	7,116
2033	79	6,789	170	6,772	6,942
2034	60	6,467	133	6,615	6,748
2035	45	6,135	103	6,433	6,536
2036	33	5,797	79	6,226	6,305
2037	24	5,447	59	5,991	6,050
2038	17	5,093	43	5,735	5,778
2039	12	4,733	32	5,451	5,483
2040	9	4,377	25	5,152	5,177
2041	6	4,027	17	4,848	4,865
2042	4	3,680	12	4,525	4,537
2043	3	3,343	9	4,199	4,208
2044	2	3,012	6	3,860	3,866
2045	0	2,693	0	3,526	3,526
2046	0	2,387	0	3,188	3,188
2047	0	2,096	0	2,857	2,857
2048	0	1,820	0	2,533	2,533
2049	0	1,566	0	2,224	2,224
2050	0	1,338	0	562	562

註：數據由作者預測。轉軌成本採用終值表示。

國家圖書館出版品預行編目(CIP)資料

中國全覆蓋背景下養老保險可持續發展研究——以財務可持續為主線 / 唐青 著. -- 第一版. -- 臺北市： 崧博出版：崧燁文化發行, 2018.09

面； 公分

ISBN 978-957-735-463-1(平裝)

1.人身保險 2.老人福利 3.中國

563.746　　　107015187

書　名：中國全覆蓋背景下養老保險可持續發展研究——以財務可持續為主線
作　者：唐青 著
發行人：黃振庭
出版者：崧博出版事業有限公司
發行者：崧燁文化事業有限公司
E-mail：sonbookservice@gmail.com
粉絲頁　　　　　　　網　址：
地　址：台北市中正區重慶南路一段六十一號八樓815室
8F.-815, No.61, Sec. 1, Chongqing S. Rd., Zhongzheng Dist., Taipei City 100, Taiwan (R.O.C.)
電　話：(02)2370-3310　傳　真：(02) 2370-3210
總經銷：紅螞蟻圖書有限公司
地　址：台北市內湖區舊宗路二段121巷19號
電　話:02-2795-3656　傳真:02-2795-4100　網址：
印　刷：京峯彩色印刷有限公司（京峰數位）
本書版權為西南財經大學出版社所有授權崧博出版事業有限公司獨家發行電子書繁體字版。若有其他相關權利及授權需求請與本公司聯繫。

定價：400 元

發行日期：2018 年 9 月第一版

◎ 本書以POD印製發行